D1725758

Dieter Hoch, Holger Korber, Dirk Ladwig

Die Geschichte der NFL

Von den kleinen Anfängen
bis zum Aufstieg zur
größten Profiliga der Welt

HUDDLE Verlags GmbH, Berlin

Bibliographische Information der Deutschen Bibliothek

Die Deutsche Bibliothek verzeichnet diese Publikation in der
Deutschen Nationalbibliografie; detaillierte bibliografische
Daten sind im Internet unter http://dnb.ddb.de abrufbar.

ISBN: 978-3-9811390-6-8

Fotos: HUDDLE Archiv / Getty Images

2. überarbeitete und aktualisierte Auflage

Die Geschichte der NFL

I. Die Anfänge

Chaos und Gründung

Weichenstellung für die Zukunft

II. Aufbruch

Die goldenen Jahre des Footballs

Das Fernsehzeitalter beginnt

Die Geschichte der NFL

Die Geschichte der NFL

IV. Statistischer Anhang

Tabellen und Playoff-Spiele

Die Anfänge

Chaos und Gründung

Schwarze Schafe der Sportwelt

„Der Profi-Football ist eine Bedrohung für die Entwicklung unserer jungen Menschen zu sauberen, gesunden, rechtschaffenen und patriotischen Bürgern." Was heute absurd klingt, war Anfang der 20er Jahre des 20. Jahrhunderts keine selten geäußerte Meinung. Der zitierte Satz stammt von keinem Geringeren als Amos Alonzo Stagg, dem wohl bekanntesten College-Coach aller Zeiten. Stagg, der insgesamt 71 Jahre als Football-Trainer arbeitete und in diesem Zeitraum 314 Siege erreichte, schrieb diese Warnung 1923 in einem offenen Brief an alle Freunde und Unterstützer des College Footballs. Es nützte nichts. Die noch in den Kinderschuhen befindliche NFL sollte in den nächsten knapp 100 Jahren die wohl mächtigste Sportliga der Welt werden. Doch ihre Anfänge waren alles andere als glamourös.

Titelseite Time vom 20.10.1958 zum 90. Geburtstag von Amos A. Stagg

Offiziell betrachtet die NFL das Jahr 1920 als das Jahr ihrer Gründung. Sichtet man jedoch das historische Material, ist diese Auffassung alles andere als gesichert. Etwa ab 1980 stürzten sich ganze Heerscharen von Historikern auf die unterschiedlichsten Quellen und brachten Erstaunliches ans Licht. Sicher ist, dass die NFL zwischen 1919 und 1922 von einem lockeren Klub von Gleichgesinnten zu einer Sportliga mit Statuten und daraus resultierenden Rechten und Pflichten für die Mitglieder avancierte. Dass die genaue Benennung eines echten Gründungsjahres so schwierig ist, liegt vor allem daran, dass es keine anerkannte Interpretation gibt, was eine Liga denn eigentlich ausmacht. Ist es ein einheitlicher Spielplan? Ist es ein festes Regelwerk, dessen Einhaltung penibel überwacht wird? Misst man die damaligen Verhältnisse an solchen heutigen Maßstäben, kann man für die Zeit vor 1932 kaum von der NFL als einer Liga sprechen. Dazu waren die damaligen Verhältnisse einfach zu chaotisch. Um dies zu verstehen, muss man sich die Situation zu jener Zeit genauer vor Augen führen.

Football wurde in den USA bereits seit 1869 gespielt, auch wenn dieser Sport damals mehr eine Mischung aus Rugby und unserem europäischen Fußball darstellte. Spieler wurden von den Klubs mitunter auch für ihre Dienste bezahlt, was sie somit zu Profispielern in einer Welt von Amateuren machte. Profi-Football wurde vor allem in den bevölkerungsreichen Industriezentren im Nordosten der USA gespielt: in den Staaten New York, Pennsylvania, Indiana, Illinois und vor allem in Ohio. Einige dieser regionalen Zentren kürten jährlich auch Meister – gestützt auf Umfragen unter Fachleuten oder solchen, die zumindest dafür gehalten wurden –, so wie es im College Football noch Jahrzehnte später üblich war. Zu jener Zeit war dies die einzige, ja logische Variante, einen Meister zu ermitteln. Solch ein regionaler Meister nannte sich zuweilen auch schon mal unbescheiden „World Champion of Professional Football".

Vergleiche zwischen den Teams der unterschiedlichen Regionen gab es kaum, was im Wesentlichen an den Transportproblemen lag. Auch wenn es schon Autos gab, war es mangels geeigneter Überlandstraßen unmöglich, längere Strecken damit zu überbrücken, ganz abgesehen davon, dass eine Football-Mannschaft mehrere Autos oder einen Bus benötigt hätte. Die Eisenbahn war die einzige Möglichkeit, größere Entfernungen zurückzulegen, mehr als 300 Kilometer pro Reisetag waren aber auch mit den stählernen Dampfrossen nicht zu schaffen. So blieben die regionalen Teams unter sich, abgesehen vielleicht von ein, zwei solchen Auswärts-Abenteuern im Jahr.

Dennoch sind sich die Experten heute einig, dass die Canton Bulldogs aus Ohio der erste den Profi-Football dominierende Klub waren. Die Bulldogs waren unter Führung des legendären Jim Thorpe zwischen 1917 und 1919 unumstrittener Meister in Ohio, was sie nach Ansicht der einheimischen Bevölkerung automatisch zum World Champion machte. Zumindest im Ansatz kann man dieser Argumentation folgen, zeigen doch die damaligen Spielergebnisse eine eindeutige Dominanz der Bulldogs. Und Thorpe, ein „Native American" nach heutiger Lesart, zur damaligen Zeit noch schlicht Indianer genannt, war selbst Nicht-Football-Fans ein Begriff. 1912 hatte er bei den Olympischen Sommerspielen in Stockholm die Goldmedaille im Fünf- und im Zehnkampf gewonnen, was ihn nicht nur in den Augen der Amerikaner zum größten Athleten der Welt machte. Bestätigt wird diese Einschätzung un-

Hall of Fame
Trading Card
Jim Thorpe

ter anderem dadurch, dass seine Marke von 8413 Punkten im Zehnkampf mehr als zwanzig Jahre in den Rekordbüchern Bestand haben sollte. Der Sohn einer Indianerin und eines irischen Schmiedes trat in Schweden noch unter seinem ursprünglichen Namen Wa Tho Huck an. Seine beiden Medaillen musste er nur ein Jahr später wieder abgeben, da ihm das olympische Komitee nachwies, dass er in den Jahren zuvor semiprofessionell Baseball gespielt hatte. Thorpe soll damals für 15 Dollar die Woche in verschiedenen unterklassigen Vereinen aktiv gewesen sein. Nach damaliger Leseart ein schwerer Verstoß gegen den hehren Amateurstatus. Erst fast 30 Jahre nach seinem Tod (1953) wurde Jim Thorpe rehabilitiert, und es wurden ihm posthum am 13.10.1982 durch das IOC die Siege wieder zuerkannt. Zur „verspäteten" Ehrung erhielten seine Kinder neu geprägte Goldmedaillen.

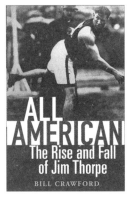

Buchtitel
All American
The Rise and Fall
of Jim Thorpe

Aus den Reihen eben jener Bulldogs sollte der Anstoß zur Gründung der NFL ausgehen. Dies liest sich allerdings heutzutage leichter, als es in der Umsetzung war. Trotz der Popularität von Thorpe galt der Profi-Football als ein Übel in der Sportwelt. Dies war zahlreichen Skandalen und Unregelmäßigkeiten seit der Jahrhundertwende geschuldet. Zunächst einmal standen praktisch alle Profi-Teams permanent am Rande des Bankrotts. Während die Spiele der Football-Teams der großen Universitäten schon damals vor bis zu 100.000 Zuschauern stattfanden, spielten Profiteams vor etwa 2.000 bis 4.000 Zuschauern. Bei einem üblichen Eintrittspreis von einem Dollar reichte dies hinten und vorne nicht. Bemerkenswerterweise wurden schon damals in der Regel die Einnahmen zwischen beiden Teams zu gleichen Teilen geteilt, eine Urform der bis heute gängigen Praxis der NFL, unter ihren Teams für eine Art finanziellen Solidarausgleich zu sorgen, der in den meisten Sportligen der Welt ja keinesfalls üblich ist.

Heute werden auf diese Weise Profite annähernd gleich auf die NFL-Teams verteilt, damals waren es die Verluste, denn allein aus den Zuschauereinnahmen konnten die Kosten für Spielergagen, Stadion, Schiedsrichter und Reisen kaum gedeckt werden. Und so verschwanden Teams genauso schnell, wie sie gegründet wurden. Hinzu kam, dass einzelne Spieler mitunter Woche für Woche das Team wechselten. So konnte es schon mal vorkommen, dass ein begehrter Spieler an einem Wochenende für eine Mannschaft spielte, um am folgenden Wochenende mit einer anderen gegen seinen Arbeitgeber der Vorwoche anzutreten. Der berühmte Knut Rockne soll einmal in einer Saison bei fünf Teams gespielt haben. Mitunter wechselten aber auch halbe Mannschaften mitten in einer Spielzeit das Team – was dann meist die Auflösung ihrer alten Klubs nach sich zog.

Spielfilm
Knut Rockne –
All American
von 1940 mit
Pat O'Brien und
Ronald Reagan

Zu verhindern war unter diesen Bedingungen auch eine andere Unsitte nicht, die allerdings gleichzeitig nicht das beste Licht auf den angeblich der Rechtschaffenheit verpflichteten College Football wirft. Viele College-Spieler, die am Samstag brav ausschließlich für Ruhm und Ehre ihrer Universität spielten, besserten sich am Sonntag beim örtlichen Profi-Klub als spielender Tagelöhner ihr Taschengeld auf. Natürlich unter falschem Namen, denn sonst hätte der Ausschluss von der Universität gedroht. Einige Profis legten ebenfalls schon mal eine Doppelschicht ein, vor allem solche aus Pennsylvania, wo Spiele aus religiösen Gründen nur am Samstag ausgetragen wurden. Am Sonntag konnte man da ganz prima bei einem Team in einem anderen Bundesstaat mitwirken...

Alles in allem waren dies natürlich keine Umstände, die geeignet waren, eine solide Basis oder eine treue Fangemeinde entstehen zu lassen. Ralph E. Hay, ein örtlicher Automobilhändler, der den Canton Bulldogs in jener Zeit als Manager vorstand, sah die Notwendigkeit, dem Profi-Football ein neues Image zu verpassen. Seine Idee war es, mit der Gründung einer Liga eine Reihe der Probleme zu lösen. So lud er im Juli und August 1919 die Vertreter der damals bekanntesten Football-Teams nach Canton ein. Bei den Eingeladenen handelte es sich sämtlichst um Teams aus Ohio. Dass auch ein Vertreter aus New York anreiste, geschah wohl weniger in der Absicht, tatsächlich an einer Liga teilzunehmen, sondern mehr aus dem Grund, um mit den Canton Bulldogs in Kontakt zu kommen und sie für ein Gastspiel in New York zu verpflichten. Bis auf eine Vereinbarung zur einheitlichen Bezahlung der Schiedsrichter und einige blumige Absichtserklärungen brachte die Versammlung aber nichts wirklich Bemerkenswertes hervor. Die Zeit war schlicht noch nicht reif für eine echte Profi-Football-Liga.

Ein Hauch von Ordnung

Nur ein Jahr später um die gleiche Jahreszeit unternahm Autohändler Hay einen weiteren Versuch. Am 17. September 1920 schließlich erklärten sich immerhin zehn Klubs, bis Saisonbeginn wurden daraus 14, bereit, eine Vereinigung zu gründen, auch wenn gar nicht alle dieser Klubs zu der Versammlung Vertreter entsandt hatten. Als Namen dieser Vereinigung wählte man das Wortmonstrum „American Professional Football Association" oder kurz APFA. Das Wort Liga wurde dabei bewusst vermieden, und erst 1922 erfolgte die Umbenennung in National Football League (NFL). Jim Thorpe wurde zum Präsidenten der APFA ernannt. Dies geschah wohl kaum wegen seiner administrativen Fähigkeiten. Vielmehr wollte man die Popularität von Thorpe für die Imagepflege nutzen.

Aus heutiger Perspektive wird die Saison 1920 als erste der NFL, wenn auch noch unter anderem Namen, gesehen. Als Jahrzehnte später die NFL mit ligaeigenen Veröffentlichungen begann, ihre eigene Geschichte zu dokumentieren, wurden die Tabellen ab jener Saison 1920 aufgelistet, was suggeriert, dass davor keine Tabellen geführt wurden und ab 1920 binnen eines Jahres eine deutlich straffere Organisation vorherrschte. In Wahrheit setzte die APFA in ihrem ersten Jahr keine Impulse oder löste auch nur eines der bekannten Probleme. Als einziges Zeichen ihrer Verbindung benutzten alle Teams einen einheitlichen Briefkopf, welcher sie als Mitglied der APFA auswies. Die Erinnerung daran, dass das Chaos 1920 kaum kleiner war als 1919, verblasste oder starb im Laufe der Zeit mit den Zeitzeugen. Übrig blieben die (spärlichen) schriftlichem Dokumente auf diesem einheitlichen Briefkopf, und fertig war die Legende von der Liga.

Footballtrikot
um 1920

Sportlich war diese „Association" keine bemerkenswerte Weiterentwicklung. Einen einheitlichen Spielplan gab es nicht, es gab nicht einmal eine Mindestanzahl von Spielen, die ausgetragen werden mussten. Die Gegner für die jeweiligen Spiele wurden in der Regel weiterhin nach individuellen finanziellen Erwägungen der Klubs ausgewählt. Einziger „Fortschritt": In dem Bewusstsein, dass am Ende der Saison der Titel eines APFA-Meisters vergeben werden sollte, gab es bei der Gegnersuche für manch einen Klub nun auch ein „sportliches" Argument. Mit Spielen gegen nicht konkurrenzfähige Teams wurde die Zahl der Siege billig nach oben getrieben. Da die APFA-Mitglieder weiterhin auch gegen Teams antreten durften, die nicht in der APFA organisiert waren, war das gar nicht schwer. Die Rochester Jeffersons etwa spielten 1920 elf Partien, darunter aber nur eine gegen ein anderes APFA-Team. Die Ernennung des Meisters gestaltete sich als schwierig, denn die APFA führte selbst keine Tabelle.

Lange Jahre behauptete die NFL später zunächst, es hätte 1920 keinen offiziellen Meister gegeben. Historiker fanden allerdings dann heraus, dass die Vertreter der APFA den Akron Pros als einzigem ungeschlagenen Team der Saison 1920 am 30. April 1921 die Meisterwürde verliehen hatten. Dies geschah aber eher beiläufig bei einer erneuten Besprechung zur Lage der Teams. Ein weiterer Beleg, wie wenig eigentlich dafür spricht, dass 1920 bereits eine wirklich relevante Liga existiert hat. Dass Zeitzeugen die „American Professional Football Association" kaum als eine solche empfunden haben, belegt auch ein Artikel in der New York Times vom 19. November 1925, in dem das Jahr 1921 als Gründungsjahr genannt wird.

So bleiben aus dem Jahr 1920 eigentlich nur drei Dinge erwähnenswert: Die Akron Pros wurden Meister der APFA, was auch immer dieser Titel wert war. Mit den Decatur Staleys (später Chicago Bears) und den Racine Cardinals (später in Chicago beheimatet und heute als Arizona Cardinals dabei) waren bereits zwei der heutigen NFL-Teams in der APFA „organisiert", und einige mutige Pioniere stellten die ersten Weichen für eine organisierte Interessenvertretung des Profi-Footballs. Unter diesem Aspekt ist es dann wieder verständlich, dass die NFL das Jahr 1920 als Jahr ihrer Konstitution betrachtet.

Footballhelm
um 1925

Interessant wurde es jedoch 1921. Am gleichen Tag, an dem die Akron Pros zum Meister gekürt wurden, wurde Joseph F. Carr zum Präsidenten und Nachfolger von Thorpe gewählt. Carr war der Manager der Columbus Panhandles und hatte bereits administrative Erfahrung bei der Führung einer Baseball-Liga erworben. Er setzte erstmals minimale Regularien durch, von oben herab, auch gegen den teilweisen Widerstand einiger Teams, und verschaffte so der Liga eine gewisse Ordnungsmacht im Interesse des Ganzen. So mussten die Teams vor Saisonbeginn 1921 Spielerlisten erstellen, um das illegale Pendeln der Spieler zwischen den Teams zu unterbinden. Auch legte er fest, dass für die Meisterschaftswertung nur Spiele von Teams der APFA untereinander zählen sollten, auch wenn zunächst weiter gegen andere Teams gespielt werden durfte.

Die sportliche Szenerie dominierten die Chicago Bears. Sie gewannen die Meisterschaft vor den Buffalo All-Americans. Die Titelvergabe war aber wieder eine höchst dubiose Sache. Beide Teams

George S. Halas

hatten in der Saison zweimal gegeneinander gespielt und beide je einmal gewonnen, ansonsten blieben sie ungeschlagen. Die Chicago Bears hatten aber ein Spiel weniger absolviert als die All-Americans. Eigentlich sprach also alles für Buffalo. Der gerissene George S. Halas, seines Zeichens Spieler, Coach und Manager der Bears, ließ sein Team daraufhin nachträglich noch einige Spiele austragen, während die Mannschaft der All-Americans, in der Annahme die Saison sei bereits beendet, sich in alle Winde zerstreut

hatte. Halas machte sich den Umstand zunutze, dass es keinen fest terminierten Beginn oder Endpunkt für die Saison gab. So erreichten die Bears noch einen Gleichstand mit den All-Americans. Da die Bears die zweite, spätere Partie gegen Buffalo gewonnen hatten, wurden sie von Carr zum Meister bestimmt. Eine damals durchaus übliche Methode, wie Halas später in seiner Biografie erläuterte. Der zweiten Saisonbegegnung zwischen zwei Teams wurde damals immer deutlich mehr Gewicht als der ersten eingeräumt. Das Jahr 1921 war außerdem auch deswegen bemerkenswert, weil die bereits 1919 gegründeten Green Bay Packers der APFA beigetreten waren und damit eine lange und hartnäckige Rivalität zwischen ihrem Klub und den Chicago Bears begründeten, welche bis zum heutigen Tage andauert.

Präsident Carr, aus den Ereignissen des Jahres 1921 schlau geworden, verfeinerte die Regeln für die Saison 1922. Nun mussten Teams mindestens sieben, durften aber nicht mehr als 13 Spiele austragen, um für die Meisterschaft infrage zu kommen. Ebenso wurden die Schiedsrichter nicht mehr von den Heimteams, sondern vom Präsidenten persönlich bestimmt. Erstmals gab es auch eine feste Saisondauer. Nur Spiele zwischen dem 1. Oktober und dem 10. Dezember wurden für die Meisterschaft berücksichtigt. Auch führte die APFA erstmals eine offizielle Tabelle. Und ein weiteres Novum beherrschte die Schlagzeilen. Die Teams verpflichteten sich, wöchentlich nicht mehr als 1.800 Dollar für den Spielbetrieb auszugeben. Die erste Salary Cap der Geschichte war geboren. Die Konkurse zahlreicher Teams in den kurz darauf einsetzenden wirtschaftlich schwierigen Zeiten konnte dies aber nicht verhindern. Die wichtigste Änderung betraf jedoch den Namen. Der in der Öffentlichkeit kaum registrierte und in den eigenen Reihen ungeliebte Name APFA wurde durch NFL ersetzt. Nun war die Interessengemeinschaft der „Profi-Football-Schaffenden" auch für Außenstehende als Liga zu erkennen.

Auch im sportlichen Bereich gab es erstmals etwas Stabilität. Die wieder erstarkten Canton Bulldogs gewannen 1922 und 1923 jeweils ungeschlagen die Meisterschaft und als Cleveland Bulldogs 1924 noch ein drittes Mal in Folge. Sie waren damit die erste „Dynastie" im Profi-Football. Die NFL war trotz aller Widrigkeiten organisatorisch gefestigt. Zwar immer noch das schwarze Schaf der Sportwelt, ungeliebt oder sogar bekämpft, aber für einen kleinen und stetig wachsenden Teil von Sportbegeisterten unverzichtbar. Daran konnten auch die Warnungen von Amos Alonzo Stagg nichts mehr ändern.

Ein primitives Spiel

Gäbe es die Möglichkeit der Zeitreise, Football-Freunde von heute würden sie sicherlich nutzen, um in die 20er Jahre des vorigen Jahrhunderts zu düsen und eines der Spiele zu besuchen. Aber die meisten würden einen solchen Trip wohl nur einmal machen – fast alles von dem, was im modernen Football die Massen elektrisiert, nicht zuletzt auch über die flächendeckende Versorgung mit Zeitlupenwiederholungen aus Dutzenden von Kameraperspektiven, fehlte im Spiel des ersten NFL-Jahrzehnts. Quarterback-Stars, die in den letzten zwei Minuten ein 31:44 mit zwei 60-Yard-Pässen noch in ein 45:44 umbiegen? Fehlanzeige, der Quarterback war damals hauptsächlich ein Vorblocker. Und abgesehen davon, dass die Spezialisierung von Spielern auf Offense oder Defense erst viel später Einzug hielt, wenn überhaupt Spieler zu „Stars" wurden, dann vor allem wegen ihrer Leistungen in der Verteidigung. Football funktionierte zu dieser Zeit nach dem Prinzip: Verteidigung ist der beste Angriff. Während heute darauf abgezielt wird, möglichst

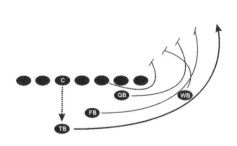

Single Wing Formation

oft und lange in Ballbesitz zu sein (und sei es nur, um die gegnerische Offense vom Feld zu halten), war man damals exakt auf das Gegenteil bedacht. Man gab dem Gegner den Ball und hoffte auf dessen Fehler.

Die meisten Teams spielten im Angriff mit nur einer Formation, der Single Wing. Diese Formation war besonders für das Laufspiel geeignet. Man versuchte schlicht, den Gegner mit dem maximalen Einsatz an massigen Körpern zu überrennen. Üblicherweise gab es zwei grundsätzliche Spielzüge: einen Lauf durch die Mitte mit allen Running Backs oder einen Lauf über die Seite. Zwar konnte man aus dieser Formation auch Pässe werfen, dies geschah aber nur in Ausnahme- oder Notfällen. Chronisten berichten von etwa fünf Pässen einer Mannschaft pro Spiel, von denen vielleicht ein Pass einen eigenen Mitspieler fand. Hatte man den Gegner trotz massiven Körpereinsatzes nicht erfolgreich überrannt, wurde gepuntet.

Bei dieser Spielanlage wurde der Punter zwangsläufig zum wichtigsten Mann im Team. Punts waren die wichtigste Angriffs- und auch Verteidigungswaffe. In vielen Fällen, vor allem in Nähe der eigenen Endzone, versuchte man gar nicht erst, die fehlende Distanz für ein First Down zu holen, sondern ließ den Punter gleich beim ersten Versuch ans Werk. Das Risiko, in der Offense den Ball

zu verlieren, war einfach zu groß, so dass die Teams lieber den Ball an den Gegner abgaben, wenn es drohte, brenzlig zu werden. Der Punt war so die am häufigsten genutzte taktische Variante im Spiel. Allerdings war dies auch nicht ungefährlich. Viele Touchdowns entstanden aus geblockten Punts.

**2006 NFL
Record & Fact Book**

Das offizielle Record & Fact Book der NFL führte lange als absoluten Rekord 16 Punts in einem Spiel aus dem Jahre 1998. Tatsächlich gab es aber in den Anfangsjahren der Liga häufiger solche Spiele. Im Jahr 1923 sollen die Green Bay Packers in einem Spiel in St. Louis sogar 19 Mal gepuntet haben. Die Rekordlisten der NFL werden inzwischen aufgearbeitet, fünf Spiele mit 16 oder mehr Punts durch ein Team wurden mittlerweile zusätzlich identifiziert.

Die Angreifer hatten es aus den verschiedensten Gründen schwerer als ihre Kollegen heute: Hash Marks, die dafür sorgen, dass jeder Spielzug im Verhältnis zu den Seitenlinien im Zentrum des Feldes startet, mit Optionen den Spielzug nach links und rechts zu richten, gab es noch nicht. Angespielt wurde exakt vom Punkt des Endes des letzten Spielzuges, war der Ballträger ins Aus gelaufen, direkt von der Seitenlinie aus. Eine leichte Aufgabe für die Defense zu erraten, in welche Richtung der nächste Spielzug der Offense führen würde... Meistens verbrauchten die Angreifer also einen weiteren Spielzug, um den Ball wieder in die Mitte des Feldes zu bringen, wenn auch oft nur, um dem Punter im nächsten Spielzug eine günstigere Ausgangsposition zu geben.

Der Huddle zur komplexen Aufgabenverteilung unter den Angreifern vor einem Spielzug war ebenfalls noch unbekannt. Üblicherweise sagte der „Spielmacher", in der Single-Wing-Formation der Tailback, den Spielzug direkt an der Line of Scrimmage an. Da es keine komplexen Spielzüge gab, reichte dies völlig aus, man muss es aber aus heutiger Sicht andersherum sehen: Ohne Huddle waren komplexe Spielzüge auch nicht zu entwickeln, weil in der Praxis nicht umsetzbar.

Dass es bei dieser taktischen Ausrichtung nicht zu vielen herausgespielten Touchdowns kam, ist verständlich. Die aus dem Fußball bekannte Phrase „die Null muss stehen" könnte aus dem Football jener Zeit stammen. In der Saison 1920 endeten zwölf Spiele (13 Prozent) mit einem 0:0. 53 Spiele (58 Prozent) waren „Shutouts", bei denen ein Team vergeblich um Punkte gerungen hatte.

Football aus der
Zeit um 1920

Field Goals wurden dagegen viel häufiger als heute genutzt, um zu punkten. Dies wurde durch die Position der Goal Posts direkt auf der Goal Line noch begünstigt. Die Form des Balls war ebenfalls wie geschaffen für Field Goals. Er ähnelte sehr dem heutigen Rugby-Ei und war deshalb relativ leicht zu kicken. Erst 1934 erhielt er seine bis heute unveränderte schlankere Form. Field Goals wurden dabei üblicherweise als Drop Kick geschossen. Hierbei ließ der ballführende Spieler den Ball aus dem Spielverlauf heraus vor sich auf den Boden fallen und trat diesen nach Bodenberührung in Richtung Torstangen. Meister des Drop Kicks war Jim Thorpe. Viele Zuschauer kamen nur, um „Old Jim" kicken zu sehen.

Da es die Spezialisten für Offense und Defense wie heute noch nicht gab und ein Kader von maximal 18 Spielern gebildet wurde, mussten alle Spieler in Angriff und Verteidigung gleichermaßen antreten. Und es verwundert auch nicht, dass die Spieler, bis auf das Trikot, ihre eigene Ausrüstung stellen mussten. Helme waren noch nicht vorgeschrieben und wurden deshalb von den Spielern oft nicht getragen. Sämtliche Schutzausrüstung war meist aus Leder gefertigt, das war aber schon die Luxusausführung. Wo das Geld nicht reichte, da wurden auch schon mal ein paar alte Zeitungen zu Pads zusammengekleistert.

Kampf um Anerkennung

„Der Profi-Football wird dem College Football niemals den Rang ablaufen können. Aber das ist auch nicht unser Ziel." Der Mann hätte es besser wissen können. George S. Halas, Spieler, Coach und Eigentümer der Chicago Bears, werden diese Worte zugesprochen. Es kann heute nicht mehr bewiesen werden, ob er dies tatsächlich so formuliert hat. Tatsächlich hat er aber alles unternommen, um die seinerzeitige Popularität des College Footballs auf den Profi-Football zu übertragen. Zu einer Zeit, als die NFL schon fünf Jahre auf dem Buckel hatte, erschien sie den Zeitgenossen immer noch als eine obskure, ja sogar obszöne Art der Berufstätigkeit. „Football spielt man nicht für Geld", soll der in Berlin geborene Robert Zuppke, Football-Coach an der Universität Illinois, seine Spieler immer wieder ermahnt haben. Doch ausgerechnet ein Spieler seiner Universität sollte, in Zusammenarbeit mit Halas, dem Profi-Football die so dringend benötigte Aufmerksamkeit verschaffen.

Robert Zuppke
Harold Grange

Viele NFL-Teams standen Mitte der 20er Jahre am Rande des finanziellen Zusammenbruchs und schauten neidisch auf die im College-Bereich üblichen Zuschauerzahlen, die schon mal das Zehnfache dessen ausmachen konnten, was in der NFL üblich war. Halas begann im November 1925 geheime Gespräche mit dem absoluten Star unter den College-Spielern, Harold „Red" Grange, mit dem Ziel, diesen für seine Chicago Bears zu verpflichten. Grange galt als Multitalent an der Universität Illinois und war schon zu Lebzeiten eine Legende. Zwischen 1923 und 1925 agierte Grange als Ballträger, Passgeber, Punter und Returner und erzielte die für damalige Verhältnisse astronomische Anzahl von 31 Touchdowns selbst. Auch der Titelgewinn von Illinois 1923 war vor allem sein Verdienst. Grange war zu jener Zeit der mit Abstand populärste Footballer der USA.

Halas und Grange einigten sich auf einen Vertrag, der Grange einen prozentualen Anteil an den Zuschauereinnahmen der Bears zusicherte, gestaffelt nach Zuschauerzahlen zwischen 10 und 40

Prozent. Nur vier Tage nachdem er seiner Universität vor 90.000 Zuschauern zu einem 14:9-Erfolg über Ohio State verholfen hatte und noch ohne Universitätsabschluss avancierte Grange am Thanksgiving Day bei den Chicago Bears zum Publikumsrenner. 36.000 Fans wollten sein Debüt im Trikot der Bears gegen die Chicago Cardinals sehen. Dass es am Ende nur ein 0:0 wurde, lag an der Defense der Cardinals, die dem auch für damalige NFL-Maßstäbe schmächtigen Grange keinen nennenswerten Raumgewinn erlaubte. Die 36.000 Zuschauer bedeuteten jedoch einen absoluten Zuschauerrekord für die NFL.

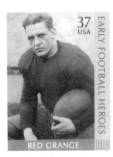

US-Briefmarke
zu Ehren von
„Red" Grange

Halas nutzte die Gunst der Stunde, um eine bis dahin einmalige Football-Tour zu starten. Er arrangierte kurzfristig für die Bears acht Spiele in nur zwölf Tagen, um das entflammte Zuschauerinteresse auszunutzen. So spielten die Bears fast täglich gegen Teams, egal ob aus der NFL oder nicht, überall dort, wo sich der Name Grange leicht in Dollars umwandeln ließ. Am 6. Dezember trafen die Bears im Rahmen ihres Mammutprogramms in New York ein, um ein Match gegen die neu in die Liga aufgenommenen Giants auszutragen. Die New York Times berichtet von 70.000 begeisterten Football-Fans, welche die Stadiontore stürmten, eine bis dahin unvorstellbare Zahl für ein Profi-Football-Spiel. Und wäre das Stadion größer gewesen, es hätten noch mehr sein können. Jeder New Yorker Fan versuchte mit allen erdenklichen Mitteln, sich Zutritt zum Stadion zu verschaffen.

Am 13. Dezember trafen die Bears ausgelaugt und erschöpft und mit drei Niederlagen in Folge im Gepäck wieder in Chicago ein und verloren auch ihr letztes Saisonmatch, das Rückspiel gegen die Giants, mit 0:9. Sportlich war diese Tour mehr als fragwürdig, die Meisterschaft war für Chicago nicht mehr zu holen. Finanziell war der Klub aber alle seine Sorgen los. Doch dies war erst der Anfang. Halas hatte noch Größeres vor. Am 25. Dezember starteten die Bears eine vergleichbare Tour, welche sie nach Florida, New Orleans, Los Angeles und San Francisco führen sollte. Die zweite Tour war aber nicht annähernd so strapazenreich wie die erste. In sechs Wochen absolvierten die Bears immerhin noch neun Spiele, meistens gegen lokale Auswahlmannschaften, die keine ernsthafte sportliche Herausforderung darstellten. Am 16. Januar konnte man in Los Angeles mit 75.000 Zuschauern gegen die L.A. Tigers einen neuen Rekord feiern. Am Ende hatten insgesamt 291.200 Besucher Eintritt bezahlt, um Grange spielen zu sehen. Die Zeitungen des Landes waren voll mit Berichten über Grange und die Bears.

Noch heute tun sich Historiker schwer bei der Analyse der so genannten „Red-Grange-Tour". Die einen bezeichnen sie als das Schlüsselereignis, das der NFL die nötige Akzeptanz in der Öffentlichkeit einbrachte. Kritiker wiederum glauben, dass sie nicht mehr als ein Marketing-Gag gewesen sei, der der sportlichen Entwicklung der NFL schwer geschadet und sie in ihrer Entwicklung um Jahre zurückgeworfen hätte. Vermutlich stimmt das eine so wenig wie das andere. Diejenigen, die Eintritt bezahlt hatten, um ein sportliches Highlight zu sehen, sind mit Sicherheit arg enttäuscht worden. Aber dies waren die wenigsten Amerikaner. Entscheidend war sicher der Popularitätsschub für die NFL, welcher durch die Berichterstattung in den Medien ausgelöst wurde, ein wenig auch der finanzielle Effekt, vor allem für die Bears, aber auch für einige ihrer Gegner. Die Entscheidung von Grange, in die NFL zu gehen, hat sicher die Tür für weitere College-Spieler geöffnet. Wenn schon der größte College-Spieler aller Zeiten für Geld Football spielte, dann konnte dies doch nichts Anrüchiges mehr sein. Und so war seine Tour wie eine Aufforderung an andere College-Stars, es Grange gleich zu tun und Profi zu werden.

Und was hat dies alles Grange gebracht? Er hat nach eigenen Angaben 125.000 Dollar mit diesen 17 Spielen verdient, eine für die damalige Zeit ungeheure Summe. Körperlich hatte er mehr als gelitten, versuchten die gegnerischen Teams doch allerorten, ihn mit den rauesten Mitteln zu Fall zu bringen, und schreckten auch vor regelwidrigen Methoden nicht zurück. Verletzt, erschöpft und ausgelaugt präsentierte sich Grange vor allem bei den späteren Spielen auf der ersten Tour, sehr zum Ärger des zahlenden Publikums, dem das Verständnis für seine extreme Belastung fehlte. Dort, wo er wegen Verletzung nicht mitspielte, fühlten sich viele Zuschauer um ihr Geld betrogen. In Detroit war zuvor bekannt geworden, dass er nicht würde spielen können. 60 Prozent der Zuschauer gaben daraufhin ihre Tickets zurück.

Sportlich hat Grange nicht viele Spuren in der NFL hinterlassen. Schon im nächsten Jahr war er nicht mehr bei den Bears dabei. Kaum war Geld in nennenswerter Menge im Spiel, begann der Streit. Grange überwarf sich mit Halas und gründete 1926 seine eigene Liga. Diese Organisation ging jedoch im Jahr darauf bankrott. Schlimmer noch: Grange hatte sich 1927 so schwer am Knie verletzt, dass er 1928 ganz aussetzen musste. 1929 kehrte er schließlich zu den Bears zurück, seinen legendären Status vergangener Jahre hatte er da aber längst nicht mehr inne. Bis 1934 spielte er noch in Chicago, gewann in dieser Zeit noch zwei Meistertitel, bevor eine weitere Knieverletzung das Ende seiner Laufbahn erzwang.

Die NFL selbst schien, trotz dieses Popularitätsschubes, immer noch kaum gewandelt. Wieder einmal entstand eine Kontroverse um die Meisterschaft. Am Saisonende 1925 hatten die Pottsville Maroons den ersten Tabellenplatz belegt und feierten ihren vermeintlichen Meistertitel mit einem Show-Spiel gegen eine mit Spielern von Notre Dame aufgewertete Auswahlmannschaft. Das Problem war, dass dieses Spiel in Philadelphia ausgetragen wurde.

Zeitungsauschnitt aus dem Dezember 1925

Philadelphia gehörte aber zum Einzugsgebiet der Frankford Yellowjackets, die prompt Protest bei Präsident Joe Carr einlegten. Die Maroons wiederum beriefen sich auf eine erteilte Genehmigung von Carr und führten das Spiel durch. Carr suspendierte die Maroons im Anschluss. Die zweitplatzierten Chicago Cardinals führten wiederum noch zwei weitere Spiele durch, welche sie die Tabelle vor den Maroons abschließen ließ. So wurde man damals Meister der NFL...

Programm der Maroons aus dem September 1926 mit der Unterüberschrift World's Champions 1925

Warum die Cardinals plötzlich noch zwei Partien spielten, ist nicht mehr genau zu klären. Nach einigen Quellen soll Joe Carr dies angeordnet haben, nach anderen Berichten wollte der Eigentümer Chris O´Brien Tabellenführer werden, um danach als solcher noch ein lukratives Spiel gegen den Lokalrivalen Bears mit Grange zu bestreiten. Später nahm O´Brien die ihm angetragene Meistertrophäe nicht an, was wohl eher für die erste Theorie spricht.

Im Wirbel um Grange fand dieses Theater in den meisten Medien damals allerdings ohnehin keine Beachtung. Nur im kleinen Pottsville ist die Sache bis heute nicht vergessen. Noch immer treten offizielle Vertreter der Stadt in dieser Angelegenheit an die NFL heran, allerdings ohne Erfolg. Im Internet gibt es heute noch Umfragen, ob die NFL den Pottsville Maroons den Meistertitel zuerkennen sollte. Für deren Einwohner war die Situation jedenfalls schon damals klar. Sie überreichten ihren Helden eine selbst angefertigte Meisterschaftstrophäe aus Kohle, in Anspielung auf die Lage Pottsvilles im Kohlegürtel von Pennsylvania.

Weichenstellung für die Zukunft

Die ersten echten Stars

Ende der 20er Jahre schien die National Football League (NFL) sportlich wie organisatorisch gefestigt zu sein, zumindest was die interne Struktur betraf. Unheil drohte derweil jedoch von außen. Der große Börsenkrach von 1929 schickte die ohnehin nicht besonders stabile Weltwirtschaft in ihre größte Krise, was an der NFL natürlich nicht spurlos vorbei gehen konnte. Bereits 1927 hatte Joe Carr erkannt, wie wichtig finanziell gesunde Teams, von denen es ja nicht besonders viele gab, für den Erfolg der Liga waren, und er begann auszusortieren. Fortan bekamen nur noch Klubs mit soliden Etats eine Lizenz für die NFL. Die internationale Wirtschaftskrise beschleunigte den Ausleseprozess zusätzlich. Binnen sechs Jahren schrumpfte die Zahl der NFL-Teams von 22 auf nur noch acht im Jahre 1932, der Saison, in der die geringste Anzahl von Teams in der Geschichte der NFL an den Start ging. Die Liga insgesamt gewann dadurch aber an Stärke oder zumindest an Potenzial für die Zeit nach der Krise. Trotz aller wirtschaftlichen Schwierigkeiten hatten die Macher der Liga den Mut und die Kraft, im zweiten Jahrzehnt der Liga wichtige Weichenstellungen für die Zukunft vorzunehmen.

Curly Lambeau

Nach Harold „Red" Grange suchten weitere College-Stars den Weg in die NFL, deren Namen bald jedes Kind kannte. Im kalten Green Bay hatte Coach Curly Lambeau mit den Linemen Carl Hubbard und Mike Michalske, End Johnny „Blood" McNally und Quarterback Arnie Herber, welche später allesamt mit der Aufnahme in die Hall of Fame geehrt wurden, ein wahres „Star-Team" um sich geschart. Die Packers wurden dem Potenzial auch gerecht und gewannen von 1929 bis 1931 dreimal in Folge die Meisterschaft.

Ein weiterer dieser Stars war Bronko Nagurski, der an der Universität Minnesota seinen Ruhm dem Einsatz auf vier verschiedenen Positionen verdankte. In der NFL sollte er vor allem als Fullback der Chicago Bears für Furore sorgen, obwohl er von den körperlichen Ausmaßen eher dem damaligen Ideal eines Linienspielers entsprach. Mit etwa 105 Kilo Körpergewicht war er gut 30 Kilo schwerer als der berühmte Grange, für den er auch oft als Vorblocker agierte. Nagurski drückte den Bears sportlich seinen Stempel auf. Dank seiner körperlichen Ausmaße war es der gegnerischen Abwehr nur mit massiven kombinierten Attacken möglich, Nagurski zu stoppen. Ein Running Back, der so viel wog wie die Defensive Linemen seiner Zeit, ließ diese bei ihren Tackle-Versuchen oft hilflos aussehen.

Zahlreiche Legenden ranken sich um den ersten „Power Runner" der NFL. So soll Steve Owens, Coach der New York Giants, auf die Frage, wie man Nagurski stoppen könne, geantwortet haben: „Mit einem Gewehr, wenn er die Kabine verlässt." Eine weitere solche Anekdote, die die Härte und Zähigkeit von Nagurski beschreibt, bezieht sich auf einen Ausspruch von ihm während des Endspiels 1933. Nagurski hatte sich in seiner unnachahmlichen Art mit nach unten gebeugtem Kopf zunächst durch die Reihen der Abwehrspieler getankt, dabei zahlreiche Tackle-Versuche unbeschadet überstanden und gar nicht registriert, dass er bereits die Endzone erreicht hatte. In vollem Tempo rannte er in die kurz hinter der Endzone befindliche Außenmauer des Stadions. Leicht benommen soll er kurz und trocken erklärt haben: „Wow, der letzte Mann hat mich ganz schön hart erwischt."

Bis 1938, als er George S. Halas und die Bears im Streit ums liebe Geld verließ, um eine Karriere als Wrestler zu beginnen, waren die Bears sein Team. Mit einer eigens für ihn installierten T-Formation schöpfte Coach Ralph Jones das Potenzial von Nagurski voll aus. Mit seinen kraftvollen Läufen erreichten die Bears viermal das Endspiel und gewannen zwei Meistertitel. 1943 verhalf er seinen durch den Krieg in Personalnot geratenen Bears zu einer weiteren Meisterschaft.

**Ersttagsbrief der US-Mail
zu Ehren von
Bronko Nagurski**

Als Nagurski seine Laufbahn 1930 begann, gab es in der NFL noch kein Endspiel. Der Meister wurde durch die Liga ernannt und war meistens die am Saisonende die Tabelle anführende Mannschaft. Manchmal aber auch nicht, wie wir inzwischen erfahren mussten. Die Idee, ein Endspiel einzuführen, erschien zu diesem Zeitpunkt noch völlig absurd. Der Zufall musste nachhelfen, die wohl beste Idee der NFL in die Tat umzusetzen. Die Saison 1932 endete in einem für die NFL eher ungewöhnlichen Dilemma. Am Saisonende standen die von Nagurski angeführten Chicago Bears (6 Siege, 1 Niederlage, 6 Unentschieden) und die Portsmouth Spartans mit ihrem Star Earl „Dutch" Clark (6-1-4) gleichauf an der Tabellenspitze. Unentschieden wurden zu jener Zeit beim Tabellenstand gar nicht berücksichtigt. Joe Carr arrangierte aus diesem Grund ein „Play Off Game" zwischen diesen beiden Teams. Die drittplatzierten Green Bay Packers verpassten mit zwar zehn Siegen, aber drei Niederlagen derweil ihren vierten Titel in Folge.

Earl Clark

Carr hatte das Spiel auf den 18. Dezember 1932 in Chicago terminiert. Pech war nur, dass einige Tage vor diesem Termin ein schwerer Sturm die Stadt in eine Schneelandschaft verwandelte. Der Schnee soll laut Berichten hüfthoch in der Stadt gelegen haben. Ein bespielbares Stadion war in Chicago und Umgebung nicht zu finden, aber Halas hatte die rettende Idee. Zwei Jahre zuvor hatte er mit seinen Bears ein Wohltätigkeitsspiel gegen die Chicago Cardinals im Chicago Stadium absolviert, einer Halle, in der das Eishockey-Team der Chicago Black Hawks seine Heimspiele austrug. Hier sollte nun das große Match steigen. Allerdings hatte dort unmittelbar zuvor ein Zirkus Station gemacht und einen entsprechenden Untergrund hinterlassen. Neben allerlei Dreck berichteten Spieler auch über einige Portionen Elefantendung im weiten Rund. So saßen die 11.198 Zuschauer zwar warm und trocken, wurden aber auch einer nicht zu unterschätzenden Geruchsbelästigung ausgesetzt...

Und auch in sportlicher Hinsicht gab es einige Hürden zu meistern. Das Feld war nur 80 Yards lang. Um dennoch über 100 Yards zu spielen, einigte man sich auf einige Regelmodifizierungen. Wann immer ein Team im Angriff mit dem Ball die Mittellinie überquert hatte, wurde das nächste Anspiel um 20 Yards zurückverlegt, um zumindest „virtuell" 100 Yards zur Verfügung zu haben. Die Endzonen waren an den Ecken abgerundet, weil es sich ja eigentlich um eine Eishockeyfläche handelte. Field Goals waren nicht erlaubt, den Kickoff mussten die Teams von der 10-Yard-Linie ausführen. Die wichtigste Änderung betraf aber die Seitenauslinien. Diese waren identisch mit den Eishockey-Banden, was eine erhebliche Verletzungsgefahr bedeutete. Dies war die Geburtsstunde von „Hash Marks" im Football. Es wurde vereinbart, dass jeder Spielzug mindestens 10 Yards von der Seitenlinie entfernt beginnen musste. Was als Verletzungsprävention gedacht war, eröffnete dem Spiel völlig neue taktische Dimensionen.

Das Spiel selbst entschied schließlich Bronko Nagurski mit einen Touchdown-Pass auf Harold „Red" Grange für die Chicago

Bears. Aus einer Kontroverse um diesen Touchdown wurde letztlich eine weitere für die Entwicklung der NFL entscheidende Neuerung geboren. Die Portsmouth Spartans machten geltend, dass Grange zum Zeitpunkt des Wurfs weniger als die damals für einen Passversuch vorgeschriebenen fünf Yards hinter der Line of Scrimmage Line positioniert gewesen war. Alle ihre Proteste halfen aber nichts. Wenig später bescherte Spartans-Punter Mule Wilson durch einen verlorenen Snap den Bears zwei weitere Punkte zum 9:0-Endstand.

Fans und Medien hatte das Spiel jedoch ausgesprochen gut gefallen, so dass die Liga gravierende Änderungen der Regeln für die Saison 1933 beschloss. Die Liga wurde in zwei Divisionen zu je fünf Teams geteilt. Beide Divisionssieger kämpften nun in einem von vornherein geplanten Endspiel um den Meistertitel. Die Hash Marks avancierten zum festen Bestandteil der Regeln. Ligachef Carr hob auch die Einschränkungen beim Passspiel auf, seither ist es erlaubt, von jedem Punkt hinter der Line of Scrimmage einen Pass zu werfen. Nur dadurch konnte das Passspiel sich in der Folge von einer reinen Verzweiflungsmaßnahme zu einem echten Bestandteil der Angriffsphilosophie entwickeln. Ein weiterer damals

revolutionärer Vorschlag wurde jedoch abgelehnt. Die Idee, ein Spiel bei Punktgleichstand durch eine zehnmünitige Verlängerung zu entscheiden, fand noch keine Mehrheit.

Spielervertrag
aus den 30er Jahren

Die beschlossenen Änderungen führten zu einem attraktiveren Spiel mit deutlich mehr Pässen, wie es schon 1933 in einem dramatischen Endspiel exemplarisch zu erleben war. In diesem ersten „offiziellen" Meisterkampf zwischen den Chicago Bears und den New York Giants (23:21) begeisterten zahlreiche Trick- und lange Passspielzüge die Zuschauer. Die Führung wechselte sieben Mal, die Fans waren verzückt. Davon animiert veränderte die Liga 1934 auch noch die Form des Balles. Aus dem Rugby-Ei wurde das heute noch genutzte schlankere Spielgerät. Dadurch wurden Pässe noch mehr erleichtert. 1935 wurden dann die Hash Marks um weitere fünf Yards nach innen verlegt, sie waren damit bereits 15 Yards von der Seitenauslinie entfernt. Die fundamentalen Eckdaten für das heutige Spiel waren gelegt.

Die sportlichen Verbesserungen steigerten die Popularität. 1934 begann die NFL ihre Serie von Spielen am Thanksgiving Day. Die erste Partie bestritten die ehemaligen Portsmouth Spartans, die gerade nach Detroit umgezogen waren und nun als Lions firmierten, gegen die Chicago Bears. Diese Partie ging auch deswegen in die Geschichte ein, weil erstmals ein komplettes Spiel live im Radio übertragen wurde. Dank CBS wurden so auch Radiohörer Zeugen eines 19:16 der Bears.

Eine weitere Neuerung kam ebenfalls 1934 hinzu. Als Eröffnungsspiel der Footballsaison bestritt der NFL-Meister des Vorjahres ein Wohltätigkeitsspiel gegen eine Auswahlmannschaft aus den besten College-Spielern des Landes, das so genannte Chicago All-Star-Game. Die erste Partie zwischen den Bears und den All-Stars endete 0:0. Mit dem Chicago All-Star-Game wurde eine Tradition begründet, die erst 1976 wieder endete, als die Überlegenheit der Profis diesem Spiel seinen sportlichen Reiz genommen hatte.

Aber auch eine negative Neuerung hat es wohl ein Jahr zuvor, 1933, gegeben. In einer geheimen Absprache sollen sich die NFL-Eigentümer darauf geeinigt haben, keine schwarzen Spieler zu verpflichten. Zwar gibt es keine definitiven Beweise, aber doch zahlreiche Hinweise auf eine derartige Vereinbarung. Die Beteiligten haben eine Abmachung stets geleugnet und das Fehlen von schwarzen Spielern in den NFL-Teams zwischen 1934 und 1945 stets als eine Art von Naturphänomen dargestellt. Erst nach dem 2. Weltkrieg wurden Afro-Amerikaner wieder in der NFL aktiv.

Art Rooney Memorial

Eine Legende ist auch die gern erzählte Geschichte, Art Rooney hätte das Geld, um seine Pittsburgh Pirates (die später in Steelers umbenannt wurden) 1933 in die Liga zu bringen, beim Pferderennen gewonnen. Tatsächlich hat Rooney zwar 300.000 Dollar auf diese Weise „verdient", allerdings erst 1937, vier Jahre nachdem er die NFL-Lizenz für die Pirates erworben hatte. Wahr ist allerdings, dass er das gewonnene Geld dann umgehend in sein Footballteam investierte. Die Pittsburgh Pirates verschafften der NFL neben den Philadelphia Eagles ein zweites Standbein in der ehemaligen Football-Hochburg in Pennsylvania.

Schon 1932 hatten die Boston Redskins, welche 1936 nach Washington umzogen, ihren Spielbetrieb aufgenommen. Eigentümer war der exzentrische George Preston Marshall, der die Liga und die Gemüter der Fans lange Jahre bewegen sollte. Während er auf der einen Seite der NFL mit seinen Vorschlägen zu Fort-schrittten verhelfen wollte, standen Eskapaden und Intrigen auf der anderen Seite. So arrangierte er schon einmal die Abwahl von Commissioner Carl Storck, als dieser in einem Streit nicht für die Redskins Partei ergreifen wollte. Zusammen mit den Redskins, den Ea-gles und den Pirates nahmen seit 1933 schon acht der heute aktuellen NFL-Teams am Spiel-betrieb teil.

George Preston Marshall

Sportlich wurden die frühen 30er Jahre durch drei dieser Teams, die Green Bay Packers, die Chicago Bears und die New York Giants, do-miniert. 1934 nahmen die New York Giants in einem denkwürdigen Endspiel mit 30:13 an den ein Jahr zuvor siegreichen Chicago Bears erfolgreich Revanche. Jenes Endspiel ging erneut wegen einer besonderen Note in die Geschichte ein. Die Partie fand in New York statt, im Dezember wahrlich kein angenehmer Ort. Bei Temperaturen um den Gefrierpunkt hatte plötzlich einsetzender Regen auf dem seit Wochen tief gefrore-nen Boden eine dicke Eisschicht hinterlassen, die Verkehrs-meldungen heutiger Tage haben für dieses Wetterphänomen den Begriff Blitzeis geprägt. Beide Teams rutschen mehr, als dass sie liefen. Zur Halbzeit führten die Bears mit 10:3, und in der Kabine der Giants erinnerte sich End Ray Flaherty an seine College-Zeit bei der Universität in Washington State. Er erzählte seinen Coaches, dass sein Team dort bei vergleichbaren Witterungsbedingungen mit Basketballschuhen angetreten sei, was auf glattem Boden bes-

Szene aus dem „Sneakers Game"

seren Halt versprach, und dass man so die Gegner in Grund und Boden gespielt habe. Die Entscheidung des Coaching Staffs der Giants war klar: Basketballschuhe mussten her. Doch woher bekommt man an einem Sonntag schnell ein paar Basketballschuhe? Durch Kontakte mit dem lokalen Manhattan College organisierten die Giants immerhin neun Paar, rechtzeitig zu Beginn des letzten Viertels beim Stand von 13:3 für die Bears konnte sich so ein großer Teil der Mannschaft umziehen. Danach waren die Giants nicht mehr zu halten, bogen das Spiel mit vier Touchdowns in Folge noch um, und 37.000 begeisterte Fans feierten die zweite Mei-sterschaft für ihre Giants.

Ob tatsächlich die Schuhe für diesen Wandel verantwortlich wa-ren, wird wohl nie endgültig geklärt werden können. Tatsächlich aber zeigten die Giants eine nicht für möglich gehaltene Leistungs-explosion und demoralisierten die siegesgewissen Bears um Bronko Nagurski. In die NFL-Annalen ging dieses Spiel jedenfalls als das so genannte „Sneakers Game" ein.

Die NFL entdeckt das Passspiel

Mit den 1933 und 1934 vorgenommen Regeländerungen wan-delten sich die taktischen Grundlagen des Spiels. Die Verantwort-lichen der NFL hatten entdeckt, dass eine offene, weiträumige Spielanlage, in der das Passspiel eine zunehmende Rolle spielte, mehr Zuschauer in die Stadien und damit mehr Geld in die stets klammen Kassen brachte. Für Coaches und Spieler war dies eine völlig neue Herausforderung. Man hatte es gewagt, sein eigenes Regelwerk zu entwickeln und sich damit vom Vorbild College Foot-ball zu trennen. Das Geschehen im Universitätsbereich war zwar noch immer weitaus populärer als die NFL sowie ihre dann und wann auftretenden Konkurrenzligen, aber das zwielichtige Image hatte der Profi-Football abgelegt und sich als feste Größe in der US-Sportlandschaft etabliert.

Für den Mann, der als „First Great Passer" in die NFL-Geschich-te einging, kamen die Regeländerungen jedoch zu spät. Benny Friedman, Sohn jüdischer Einwanderer aus Russland, beendete seine Football-Laufbahn bereits 1934, in jenem Jahr, in dem das bis dahin eher klobige Sportgerät die heute übliche schlanke Form erhielt. Und obwohl Friedman von der „passfreundlichen" Form nicht mehr profitieren konnte, setzte er die Maßstäbe, an denen sich spätere Quarterbacks lange Zeit messen lassen mussten.

Schon früh hatte Friedman begonnen, auf eine Karriere als Footballspieler – vor allem als Werfer – hinzuarbeiten. Er betrieb Krafttraining, warf schwere Medizinbälle und erfand allerlei Übun-gen, um seine Finger beweglicher zu machen. Damit wollte er den klobigen Ball besser und kontrollierter werfen können. Und nach Augenzeugenberichten muss ihm dies besonders gut ge-lungen sein. Trotz einer eher begrenzten Reichweite, was eben sicherlich an der Form des Balles lag, erreichte er eine bis dahin nicht gesehene Genauigkeit. Seine Pässe fielen so akkurat in die Hände seiner Passempfänger, dass diese ihre Sprints ungehin-dert fortsetzen konnten. Was für heutige Fans selbstverständlich ist, war um 1930 schlicht eine wahre Sensation. Legendär wurde Friedman 1929, als er für die New York Giants 20 Touchdown-Pässe in einer Saison warf, ein Rekord, der damals für die Ewig-keit gemacht zu sein schien.

Nach seiner Zeit an der High School in Cleveland hatte Friedman den Weg zur Universität Michigan gefunden. Dies war eher dem Zufall geschuldet, da der nur 1,73 Meter große Friedman den meisten Coaches schlicht zu klein war. Und auch in Michigan dauerte es zwei Jahre und bedurfte eines Trainerwechsels, ehe er seine Chance erhielt. Nach zwei Jahren auf der Ersatzbank übernahm Friedman 1925 die Führung der Wolverines und wurde für seine Leistungen in diesem und dem folgenden Jahr mit der Auszeichnung zum „All-American" bedacht.

1927 begann Friedman in der NFL bei den Cleveland Indians, wechselte ein Jahr später zu den Detroit Wolverines, um 1929 für die New York Giants zu spielen, nachdem deren Eigentümer Tim Mara die kompletten Wolverines gekauft und die besten Spieler in seine Giants integriert hatte. Die Maßnahme hatte Erfolg. Die Giants erzielten 312 Punkte, verpassten allerdings die Meisterschaft durch ihre einzige Niederlage gegen den späteren Champion Green Bay Packers. Aber von da an waren die Giants die Attraktion in New York und verzeichneten stetig steigende Zuschauerzahlen. Jeder wollte das Passgewitter der Giants hautnah miterleben.

Präsentation einer Benny Friedman Trading Card anlässlich seiner Aufnahme in die Hall of Fame 2005

Friedman änderte die Art, wie Football gespielt wurde – für immer. Bis dahin waren Passspielzüge eher die Ausnahme und wurden nur in Notfällen genutzt. Friedman verwendete den Pass als Allzweckvariante, zu jedem Zeitpunkt des Spiels, unabhängig von der strategischen Situation. Friedman war der Erste, der beim First Down einen Pass warf, eine bis dahin für schlicht töricht gehaltene Variante. Obwohl Friedman wohl der erste Pionier des Passspiels war, kann seine Leistung kaum mit Zahlen belegt werden. Die NFL führte bis 1932 keine Statistiken. Historiker haben versucht, Friedmans Karriere anhand von alten Quellen nachzuvollziehen. Dabei ermittelten sie Zahlen von 68 geworfenen Touchdown-Pässen und von 7.400 erworbenen Yards, fast doppelt so viel wie der Zweitplatzierte auf seiner Position. Vor seinem Auftreten eine unvorstellbare Erfolgsquote.

Aber unabhängig von diesen Zahlen: Friedman war ein Pionier unter Pionieren. Ein Passspezialist unter Generalisten, seiner Zeit weit voraus. Und das Besondere an allem ist, dass er sich seine Fähigkeiten selbst beigebracht hat. Ausgeklügelte Wurftechniken gab es bis dahin noch nicht. Friedman hat als Autodidakt die ersten Grundzüge entwickelt, nach denen Quarterbacks bis heute geschult werden. Bis in die 60er Jahre hinein hielt Friedman regelmäßig Quarterback-Seminare ab. Die verdiente Aufnahme in die Hall of Fame erlebte Friedman nicht mehr. Erst 2005, 23 Jahre nach seinem Tod, als selbst den meisten Fachleuten der Name Friedman völlig unbekannt war, erfolgte die verspätete Ehrung. Tatsächlich aber war Friedman so etwas wie der Ur-Opa der späteren Montanas, Favres, Bradys oder Mannings.

Und noch ein anderer „Star" betrat in den 30er Jahren die NFL-Bühne – das Fernsehen. Am 22. Oktober 1939 übertrug der Sender NBC mit der Partie der Brooklyn Dodgers und der Philadelphia Eagles das erste NFL-Spiel live in die New Yorker Haushalte. Dieses Ereignis sorgte sofort für kontroverse Diskussionen. Kritiker befürchteten eine Benachteiligung des zahlenden Zuschauers. Denn wer würde noch Eintritt bezahlen, wenn man das Spiel kostenlos im Fernsehen geboten bekam? Angesichts von damals etwa 1.000 Fernsehgeräten in ganz New York war das natürlich noch eine Geisterdiskussion. Kaum einer konnte sich zu jener Zeit vorstellen, dass das Fernsehen einmal die zentrale Stütze der Existenz der NFL werden würde.

Kommentator dieser Debütsendung war Allen Walz, der seine Erinnerungen so schilderte: „Wir hatten zwei Kameras. Eine hoch oben im Stadion direkt neben mir und eine an der 50-Yard-Linie. Diese haben wir aber kaum genutzt, da sie fest stationiert war. Anders als im Radio habe ich nicht das kommentiert, was ich gesehen habe, sondern versucht, dem Zuschauer zusätzliche Informationen zu geben. So habe ich oft versucht, Spielzüge vorherzusagen oder auf besondere Spielzüge hinzuweisen. Dies war nicht besonders schwierig, da alle Teams nur über wenige Spielzüge verfügten. Diese konnte man schnell erlernen. Nur den Coaches hat dies nicht gefallen."

Die Übertragung war natürlich nicht frei von Schwierigkeiten. Mit zunehmender Spieldauer reichte das Licht nicht mehr für die damaligen Kameras aus, und Walz begann, seinen Kommentar wieder auf „Radioart" umzustellen. Und als er nach Spielende noch einige Spieler interviewte, war es auf den Bildschirmen schon vollends dunkel. „Aber dennoch haben die Zuschauer bis zum Schluss ausgeharrt und mir zugehört", berichtete Walz nicht ohne Stolz. Es war der Beginn einer bis heute anhaltenden Symbiose zwischen dem Fernsehen und der NFL.

Drei Jahre zuvor, zunächst weitgehend unbemerkt, war eine weitere Neuerung in Kraft getreten – die NFL Draft. Die Idee war schon 1934 entstanden: Bert Bell, Eigentümer der Philadelphia Eagles, hatte die Nase voll davon, dass die zahlungskräftigeren Teams in Chicago oder New York sämtliche College-Stars „weg-kauften". Auch er wollte sein Stück vom Kuchen abhaben. Er schlug vor, die besten College-Spieler beziehungsweise die „NFL-Rech-te" an ihnen in einem organisierten Auswahlverfahren auf die Teams zu verteilen, den jeweiligen Tabellenletzten des Vorjahres als ersten seine Wahl treffen zu lassen, danach die anderen Teams in der umgekehrten Reihenfolge ihres Abschneidens bis hin zum Meister. So sollten auch die schwächeren Teams die Chance ha-ben, Spitzenspieler zu verpflichten. Es gehört zu den großen Leis-tungen von Präsident Joe Carr, dieses Verfahren tatsächlich ge-gen die finanzkräftigen Teams durchgesetzt zu haben. Außer-halb der NFL wurde davon aber kaum Notiz genommen. Die New York Times widmete dem Thema gerade einmal 20 Zeilen.

Am 8. Februar 1936 schließlich fand die erste Draft unter Ausschluss der Öffentlichkeit im Ritz-Carlton in Philadelphia statt. Dort trafen sich die Vertreter der damals noch neun NFL-Klubs, um über die „ge-rechte" Verteilung der Nachwuchsspieler zu ent-scheiden. Ironischerweise hatte Bert Bell den ersten Zugriff. Sein Team aus Philadelphia war 1935 mit nur zwei Siegen Letzter der Liga geworden. Die Wahl der Eagles fiel auf Jay Berwanger, einen Tailback der

Jay Berwanger

Universität von Chicago und ersten Sieger der neu geschaffenen Heisman Trophy. Doch schon kurz darauf war das erste Tausch-geschäft der Draft-Geschichte perfekt: Bell gab die Rechte an Berwanger an die Chicago Bears und George Halas ab, im Aus-tausch gegen Tackle Art Buss, der schon zwei Spielzeiten für die Bears absolviert hatte. Für Bell war dies eindeutig das bessere Geschäft: Berwanger hatte nämlich gar nicht vor, professionell Football zu spielen, und machte lieber Karriere in der Wirtschaft…

„Slingin´ Sammy", Don Hutson und die „Monsters of the Midway"

Mitte der 30er Jahre kamen zwei außergewöhnliche Spieler in die NFL und erreichten schon bald legendären Status. Beide prägten ihre jeweiligen Positionen mit Wirkungen bis in die heutige Zeit, ja sie definierten die Rollen des Quarterbacks beziehungsweise Receivers geradezu neu. Und beide Namen fallen auch heute noch immer wieder, wenn über den besten Spieler aller Zeiten gestrit-ten wird. Die Rede ist von Wide Receiver Don Hutson und Quarter-back Sammy Baugh.

Samuel Adrian Baugh begann seine NFL-Laufbahn 1937 als hochgeschätzter Rookie-Quarterback. Für die Texas Christian University hatte er im College-Bereich die Zuschauer bereits mit seinen Pässen begeistert, in seinen 16 Jahren mit den Washington Redskins knüpfte er daran nahtlos an und avancierte zum absoluten Star-Quarterback. Dabei wäre Baughs Wurftechnik nach heutigem Standard stark verbesserungsbedürftig gewesen: Er warf den Ball seitwärts aus dem Handgelenk heraus mit einer bis dahin unbekannten Präzision und Schärfe. Diese Technik verschaffte ihm den Spitznamen „Slingin' Sammy" (im texanischen Slang der „schleudernde Sammy").

Sammy Baugh

Zeitzeugen berichteten, dass Baughs Pässe eine ähnliche Geschwindigkeit wie Würfe beim Baseball erreichten, also etwa 150 Kilometer pro Stunde! Dann und wann soll er auf diese Art seine Receiver auch schon mal regelrecht abgeschossen haben. Kein Wunder, denn die Zunft der Receiver war schließlich noch eine relativ neue Gilde im Football, und Baughs Mitspieler waren gezwungen, völlig neue Fangtechniken zu erlernen.

Schon in seiner ersten Saison führte er die Redskins zum Titel: Im Endspiel gegen die Chicago Bears warf er für 335 Yards und erzielte allein in diesem Spiel mehr Raumgewinn als viele Quarterbacks in der ganzen Saison. In sechs seiner Spielzeiten führte er die NFL-Statistik der Passer an und seine Redskins damit in fünf Endspiele, von denen sie zwei gewannen (1937 und 1942).

Auch um Baugh ranken sich zahlreiche Legenden, von denen eine besonders bemerkenswert ist: Während einer Trainingssitzung wurden neue Spielzüge eingeübt. Coach Ray Flaherty zeichnete die vorgesehene Bewegung des Receivers an der Tafel nach und begleitete den Punkt, an dem Baugh den Receiver den Ball zuspielen sollte, mit der Bemerkung: „Und hier triffst du den Receiver direkt ins Auge." Darauf Baugh in seiner ihm eigenen Art: „Ins rechte oder ins linke?"

Baugh war darüber hinaus noch viel mehr als nur ein genialer Werfer. Er galt als vielseitigster Spieler der Liga. 1943 führte er die NFL-Statistiken für Pässe, Interceptions und Punts an. 1945 vervollständigte er 70 Prozent seiner Pässe, zu einer Zeit, als jemand als guter Quarterback galt, wenn er 40 Prozent der Bälle an den Mitspieler brachte. Seine Fans bezeichnen ihn auch heute noch als den größten lebenden Athleten seiner Zeit, und Argumente dagegen sind schwer zu finden.

Das gleiche Attribut verdiente sich allerdings auch Donald Montgomery „Don" Hutson im kalten Green Bay, wenn auch auf einer anderen Position. Er war zwei Jahre vor Baugh in die Liga gekommen und ähnlich erfolgreich. Auch er war maßgeblich am Gewinn dreier Meisterschaften der Packers beteiligt (1936, 1939 und 1944). Schon mit seinem ersten Spielzug der NFL-Laufbahn hatte er der Konkurrenz deutlich gemacht, mit welch einem Athleten sie es in den nächsten elf Jahren zu tun bekommen würde: Er verwandelte ein Zuspiel von Quarterback Arnie Herber in einen 83-Yard-Touchdown-Pass.

Dabei war Hutson von der Universität Alabama mehr durch einen Zufall in die NFL gekommen. Er selbst hatte keinen Gedanken daran verschwendet, nach seinem College-Abschluss Profi-Football zu spielen. Wie hätte er auch auf die Idee kommen sollen, wenn in Alabama kaum jemand überhaupt wusste, dass die NFL existierte? In den Südstaaten gab es keine NFL-Teams, ergo auch keine Berichterstattung in den „Medien", was sich zu jener Zeit natürlich noch nahezu ausschließlich auf die Zeitungen beschränkte. In denen von Alabama war jedenfalls nichts von der NFL zu lesen, nicht einmal die Ergebnisse wurden in diese Region der USA übermittelt.

Don Hutson

Andersherum war der Informationsfluss besser. Die NFL-Teams und ihre Coaches verfolgten die College-Szene nicht nur in der näheren Umgebung. Zumindest hatte Curly Lambeau, Head Coach der Packers, von dem schmächtigen Hutson (80 Kilo) gehört, holte ihn nach Green Bay und machte aus ihm den ersten echten „Split End" der NFL, er positionierte ihn weit an den Außenseiten der Angriffsformation, um die Defense auseinander zu ziehen.

Hutson brillierte in der NFL mit Schnelligkeit und Beweglichkeit. Zum ersten Mal in der NFL-Geschichte sahen sich die Defensive Backs mit einem Receiver konfrontiert, der die 100 Yards in (nachgewiesenen) 9,8 Sekunden lief und in diesem Tempo dazu auch noch bis dahin nicht gesehene Täuschungsmanöver durchführte. Es war von Beginn an ein ungleicher Kampf. Elf Jahre später hatte Hutson 488 Pässe für 7.991 Yards sowie 99 Touchdowns in der NFL gefangen. Um diese Leistung richtig würdigen zu können, muss man sich vor Augen führen, dass der zweitplatzierte Spieler zu jener Zeit es nur auf 190 gefangene Pässe brachte. Die 99 Touchdowns blieben 44 Jahre lang der NFL-Rekord – erst 1989 fing Seattles Steve Largent als erster NFL-Receiver seinen 100. Touchdown-Pass.

Bevor Hutson und Baugh die NFL bereicherten, war Football ein reines Laufspiel gewesen. Die großen Stars wie Jim Thorpe, Bronko Nagurski, Harold Grange, John McNally und Dutch Clark waren allesamt der Zunft der Ballträger angehörig. Hutson und Baugh ist es zu verdanken, dass sich Football in ihrer Zeit von einem relativ primitiven Kampfspiel zu einer variantenreichen und offensiven Ballsportart entwickelte.

George S. Halas

Den individuellen Stars in Green Bay und Washington setzte George Halas in Chicago derweil das Prinzip des Teams dagegen. Er versammelte zahlreiche gute Spieler um sich, welche, angesichts ihrer überlegenen Spielweise in Offense und Defense, den Spitznamen „Monsters of the Midway" erhielten. Dabei war die Ausrichtung der Bears, anders als in Green Bay und Washington, eher lauforientiert. Die Linienspieler G Danny Fortman, T George Musso, T Joe Stydahar und C Clyde „Bulldog" Turner bildeten das Gerüst des mehrmaligen Champions.

Hinter diesen Spielern war es für QB Sid Luckman, die beiden Halfbacks George McAfee und Norm Standlee sowie FB Bill Osmanski ein Leichtes, durch die gegnerischen Reihen zu stürmen. Am Ende war Halas mit dieser Strategie ebenfalls erfolgreich. Die Bears erreichten zwischen 1937 und 1946 sechs Mal das Endspiel, wobei sie viermal erfolgreich waren (1940, 1941, 1943 und 1946).

73:0

Die Rivalität zwischen den Washington Redskins und den Chicago Bears und ihren beiden Quarterbacks Baugh und Luckman war prägend für die Zeit unmittelbar vor und während des 2. Weltkrieges. Beide Teams standen sich viermal (1937, 1940, 1942 und 1943) im Endspiel gegenüber, wobei beide Teams je zwei Partien für sich entscheiden konnten.

Das denkwürdigste Spiel dieser Serie fand 1940 in Washington statt. Zwei Jahre zuvor hatte Sammy Baugh seine Redskins zu einem 28:21 über die Bears und damit zur ersten Meisterschaft geführt. Und auch dieses Mal waren die Redskins klarer Favorit. Mit Sammy Baugh verfügten sie über den besten Passer der Liga und waren mit neun Saisonsiegen die beste Mannschaft der Saison. Die Redskins spielten darüber hinaus einen sehr modernen Football-Stil – 50 Jahre vor Joe Gibbs setzten sie mit vier Passempfängern und nur einem Running Back neue NFL-Maßstäbe in punkto Angriffsstrategie. Die Bears ihrerseits bauten nach wie vor auf „Power Football" der herkömmlichen Art, aus der guten alten T-Formation heraus verrichteten drei Running Backs ihre Arbeit. Was die Redskins nicht wussten: Clark Shaughnessy, Coach der Universität Stanford und ein alter Freund von Halas, hatte als Berater der Bears der scheinbar ergrauten T-Formation mit einigen Spezialitäten neues Leben eingehaucht. Geöffnet wurde die Trickkiste im Endspiel – und von da an galt die T-Formation als die Standardformation. Übrigens nicht nur in der NFL, sondern auch im College Football.

Viel schwerer wog aber für jenes denkwürdige Endspiel die Tatsache, dass die Redskins die Bears zwei Wochen zuvor am letzten regulären Spieltag an gleicher Stätte mit 7:3 geschlagen hatten. Die Bears hatten sich nach dieser Niederlage als schlechte Verlierer erwiesen und die Stimmung vor dem Endspiel mit ihren Klagen über angeblich ungerechte Schiedsrichterentscheidungen kräftig angeheizt.

Dies war ein gefundenes Fressen für Redskins-Eigentümer George Marshall, der keine Gelegenheit ausließ, in der Presse über die Bears und ihre „jämmerlichen Waschlappen" herzuziehen. Sein Spott brachte es bis auf die Titelseiten der Zeitungen und damit wiederum bis nach Chicago.

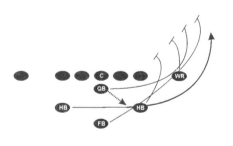

T-Formation

Dem alten Strategen George Halas war dies eine willkommene Hilfe, seine Truppe zum Endspiel moralisch aufzubauen. Es konfrontierte seine Spieler damit, indem er die Wände der Umkleidekabinen mit den Lästereien Marshalls tapezierte. Man kann sich gut vorstellen, wie sich die Motivation dieser „Jammerlappen" quasi in Sekundenschnelle verbesserte. Kombiniert mit einem strategisch meisterhaft ausgearbeiteten Plan war das Schicksal der Redskins eigentlich bereits vor Spielbeginn besiegelt.

Es dauerte nur 65 Sekunden, ehe die Bears mit dem zweiten Spielzug der Partie, einem 68-Yard-Lauf durch Fullback Bill Osmanski, mit 7:0 in Führung gingen. Da ahnte noch keiner bei den Redskins das drohende Unheil, Washington marschierte seinerseits im Gegenzug unter Führung von Baugh bis kurz vor die Endzone der Bears, wo Receiver Charley Malone aber einen sicher scheinenden Touchdown zum möglichen Ausgleich vergab. Es sollte die einzige Chance der Redskins an diesem Tag bleiben...

Bears-QB Sid Luckman blieb es vorbehalten, vier Minuten vor Ende des ersten Spielabschnitts auf 14:0 zu erhöhen und damit eine bis heute einmalige Punkteflut in der NFL-Geschichte einzuläuten. Es folgten insgesamt neun weitere Touchdowns der Bears, erzielt von acht verschiedenen Spielern. Als sich der Pulverdampf

gelegt hatte, stand ein 73:0 auf der Anzeigetafel, und ganz Amerika war am Radio Zeuge dieses ungewöhnlichen Endspiels geworden. Die Bears hatten 519 Yards Raumgewinn erreicht und acht Interceptions erobert, drei davon wurden auf direktem Wege zu Touchdowns verwandelt.

Titelseite LIFE
vom 24.10.1938
Sid Luckman

Nach dem Spiel wurde Baugh gefragt, ob das Spiel anders ausgegangen wäre, wenn Malone zum 7:7 ausgeglichen hätte. Seine trockene Antwort darauf: „Sicher. Der Endstand wäre dann 73:7 gewesen." Für Clark Shaughnessy und seine T-Formation, die er unter anderem durch das Konzept des „Mans in Motion", neue Passempfänger-positionen (den Flanker) und variable Abstände der Linienspieler aufgepeppt hatte, begann ein einmaliger Siegeszug.

Nur drei Wochen später schlug er mit eben dieser T-Formation und seinen Stanford Indians (heute heißt das Team Cardinal) die haushoch favorisierten Nebraska Cornhuskers im Rose Bowl mit 21:13. Der Doppelerfolg Chicagos und Stanfords gegen scheinbar überlegene Gegner machte Shaughnessy zum gefragtesten Mann Amerikas. Die New York Times titelte im Hinblick auf die Überlegenheit seiner Angriffsformation: „Shaughnessy hat ein Monster erschaffen".

Innerhalb weniger Jahre übernahmen fast alle Profi- und College-Teams seine T-Formation, welche bis heute die Grundlage des modernen Footballs darstellt. Erst Ende der 40er Jahre fand Coach Earle Neale von den Philadelphia Eagles eine adäquate Abwehr dagegen. Die Single-Wing-Formation mit dem Tailback als

Ballverteiler und Passgeber gehörte aber endgültig in die Mottenkiste der Footballtaktik.

Schattendasein im Krieg

Am 7. Dezember 1941 mussten die USA erfahren, dass sie sich aus dem schon zwei Jahre in Europa und Asien wütenden Krieg nicht würden heraushalten können. An diesem Sonntag, dem letzten regulären NFL-Spieltag der Saison, griffen die Japaner die amerikanische Marinebasis Pearl Harbour auf Hawaii an. Der Krieg begann exakt fünf Minuten vor Kickoff nach amerikanischer Ostküstenzeit. Bis sich die schreckliche Nachricht in den ganzen USA verbreitet hatte, war bereits Halbzeit. Vermutungen über einen bevorstehenden Krieg mit Japan gab es schon seit Wochen. An diesem Tag wurde es Gewissheit, als die Stadionsprecher in New York und Chicago alle anwesenden Militärangehörigen aufforderten, sich unverzüglich bei ihren Dienststellen zu melden. In Washington verzichtete man auf eine derartige Ansage, konnte aber dennoch nicht verhindern, dass die Nachricht die Runde machte und die Leute nach Hause zu den Radios rannten. Der entscheidende Touchdown-Pass von Sammy Baugh auf Joe Aguirre zum 20:14-Erfolg über die Philadelphia Eagles wurde vor schon fast leeren Rängen geworfen. An diesem Tag gab es einfach Wichtigeres als Football.

Die NFL-Saisons 1941 bis 1944 standen ganz im Zeichen des Krieges. Insgesamt leisteten 638 Spieler und Offizielle ihren Militärdienst, 21 davon verloren ihr Leben. In der Liga machte sich der Mangel an Aktiven deutlich bemerkbar. Er führte unter anderem zum Zusammenschluss von Teams, so fusionierten die Steelers 1943 erst mit den Eagles und ein Jahr später mit den Cardinals. Die Cleveland Rams setzten, mit Genehmigung der Liga, 1943 sogar ganz vom Spielbetrieb aus. Der Spielermangel sorgte auch für ein kurzes Comeback des legendären Bronko Nagurski im Endspiel 1943, sechs Jahre, nachdem er seine NFL-Laufbahn beendet hatte.

Und obwohl die NFL in diesen Jahren eine eher untergeordnete Rolle in der amerikanischen Gesellschaft spielte, entwickelte sich die Liga weiter. Die „Sudden-Death"-Verlängerung für Playoffs und Championship Games sowie die Helmpflicht wurden eingeführt. Die völlige Aufgabe von Beschränkungen bei Auswechslungen schuf die Grundlage für die Spezialisierung der Spieler auf nur noch einen Mannschaftsteil. Der Einfluss der Coaches wurde erhöht, indem das bis dahin geltende Verbot, mit verbalen taktischen Anweisungen in das Spiel einzugreifen, 1944 einer Regeländerung zum Opfer fiel.

Sportlich blieben auch weiterhin die Chicago Bears, die Washington Redskins und die Green Bay Packers das Maß aller Dinge. Zwischen 1936 und 1946 gewannen Bears, Packers und Redskins neun von elf Titeln. Lediglich den New York Giants (1938 gegen Green Bay) und den Cleveland Rams (1945 gegen Washington) gelang es, die Dominanz dieser Teams zu unterbrechen. Letztere holten mit ihrem neuen Quarterback Bob Waterfield ihren ersten Titel und läuteten damit auch einen Machtwechsel in der NFL ein. Der Erfolg der NFL, die nach der Finanzkrise der 20er Jahre nun auch die vom Krieg geprägte erste Hälfte der 40er Jahre überstanden hat-

Footballschuhe
um 1940

te, war unübersehbar. Kein Wunder, dass ab und an Nachahmer eigene Profi-Football-Projekte starteten, bis dahin aber ohne Erfolg. Ab 1946 sah sich die NFL allerdings einer Konkurrenzliga gegenüber, die ein schlüssiges Konzept mitzubringen schien und den Profi-Football gehörig durcheinander schüttelte.

Aufbruch

Die goldenen Jahre des Footballs

Rückkehr zur Normalität

Der Krieg in Europa sowie im Pazifik entwickelte sich positiv für die USA und ein erfolgreiches Ende schien nahe. Nach der Landung der Alliierten im Juni 1944 in der Normandie und den schnellen ersten militärischen Erfolgen hofften viele Amerikaner, ihre Söhne, Ehemänner, Väter und Footballspieler noch vor dem Weihnachtsfest 1944 wieder daheim begrüßen zu können. Die Menschen in den USA begannen, ihre Aufmerksamkeit wieder verstärkt zivilen Aktivitäten zuzuwenden, auch dem Football. Meldungen über zahlreiche Konkurrenzligen zur NFL sorgten in der allgemeinen Aufbruchstimmung für sportliche Schlagzeilen. Eine „United States Football League (USFL)", eine „Trans America League" und eine „All American Football Conference (AAFC)" sollten demnächst mit ihrem Spielbetrieb beginnen. Tatsächlich aber schaffte es nur die Letztgenannte, ihre Pläne auch in die Tat umzusetzen. Am 2. September 1944 verkündete Arch Ward, Sportredakteur der Chicago Tribune, den Beginn des Spielbetriebs der AAFC mit acht bis zehn Teams ab der Saison 1945, der später allerdings noch einmal auf 1946 verschoben werden sollte.

Programmheft
College-All-Star-
Game 1941

Ward war im Sportgeschäft kein Unbekannter und hatte sich bereits durch die Schaffung des „College-All-Star-Games", in dem der NFL-Meister gegen eine College-Auswahl spielte, einen Namen gemacht. Ward war ein Visionär, der ein Profi-Football-Team in jeder größeren amerikanischen Stadt sehen wollte, und er durfte bei allen seinen Unternehmungen auf die bedingungslose Unterstützung von Robert McCormick, des Herausgebers der Tribune, bauen. Seine Bemühungen, die NFL zur Gründung weiterer Teams zu veranlassen, stießen aber regelmäßig auf taube Ohren. Die in der Liga versammelten konservativen Eigentümer verwalteten die NFL als exklusiven und geschlossenen Kreis, nahmen lieber den Stillstand als die Innovation in Kauf und standen daher einer Expansion ablehnend gegenüber. Etliche wohlhabende Amerikaner hatten dies bereits am eigenen Leibe gespürt, zeigte ihnen die NFL, bei dem Versuch, eine Lizenz für ein eigenes NFL-Team zu erwerben, doch regelmäßig die kalte Schulter. Diese Unzufriedenen scharrte Ward um sich und forcierte die Gründung der AAFC.

Holzmagnat Anthony Morabito, der bereits seit 1940 vergeblich um eine NFL-Lizenz buhlte, erhielt die San Francisco 49ers, Schauspieler Don Ameche die Los Angeles Dons und Öl-Multi James F. Brueil, der sogar schon 25.000 US-Dollar im Voraus an die NFL für ein Team gezahlt hatte, konnte seinen Traum nun mit den Buffalo Bisons in der AAFC verwirklichen.

Don Ameche

Dass die AAFC heute in der Geschichte der NFL überhaupt eine Rolle spielt, ist aber Taxiunternehmer Mickey McBride zu verdanken. Er hatte vergeblich versucht, die Cleveland Rams aus der NFL zu kaufen und nahm nun mit den Cleveland Browns in der AAFC vorlieb. Seine Browns sollten später eines der erfolgreichsten Teams der Geschichte werden.

Zunächst einmal wirbelte die AAFC mit ihren innovativen Ideen die muffige Football-Landschaft gehörig durcheinander. Sie war eine Quelle neuer Ideen und Heimat neuer Köpfe. Zunächst war

sie die erste wirklich landesweite Profiliga mit Teams auch an der Westküste. Bis zu diesem Zeitpunkt bildete der Mississippi eine Art natürliche Grenze, die von keiner Sportliga durchbrochen wurde. Die AAFC schickte nämlich erstmals ihre Teams zu Auswärtsspielen mit dem Flugzeug auf die Reise und konnte so die gewaltigen Entfernungen für einen landesweiten Spielbetrieb überbrücken. Eine Vereinbarung mit United Airlines

So flog man damals: United Airlines Flugzeug

machte dies möglich. So konnte die neue Liga Mannschaften in Miami, Los Angeles und San Francisco etablieren.

Auch taktisch waren die AAFC-Coaches ihren Kollegen aus der NFL ein Stück voraus. Die AAFC hatte in großem Stil College-Coaches verpflichtet, die die strategischen Ansätze des noch immer weitaus populäreren College Footballs in die Welt des Profi-Footballs mitbrachten. So wurde zum Beispiel die Zonenverteidigung Standard in der AAFC, während die Coaches in der NFL weiterhin stur bei der wenig flexiblen Manndeckung blieben.

Gleichzeitig entbrannte ein Kampf um die besten Football-Spieler der Nation. Mehr als 100 Spieler wechselten unmittelbar aus der NFL in die AAFC, vor allem deswegen, weil dort höhere Gehälter gezahlt wurden. Allein die Washington Redskins verloren in wenigen Tagen ein Drittel ihrer Spieler. Doch war dies noch nicht alles. Die Brooklyn Dodgers der NFL wechselten sogar als komplettes Team die Liga. Und auch die meisten College-Spieler begannen nun ihre Profikarriere in der AAFC, primär wegen der finanziellen Umstände, aber auch wegen der dort tätigen Trainer, die ihren guten Ruf im College Football erworben hatten. Am Ende der vierjährigen Existenz der AAFC waren die Spielergehälter im Profi-Football um 200 Prozent gestiegen.

Die AAFC brachte auch ein lange existierendes Tabu zu Fall. Die Coaches verpflichteten die jeweils besten Spieler, unabhängig von deren Hautfarbe. So fanden nach zwölf Jahren Unterbrechung auch wieder schwarze Spieler den Weg in den Profi-Football.

Den vielfältigen Aktivitäten der Konkurrenzliga konnte die NFL nicht lange tatenlos zusehen. Obwohl man die Bedrohung durch die AAFC nach außen zunächst auf die leichte Schulter nahm, wollte man dennoch ein Zeichen setzen. Die Cleveland Rams, ihres Zeichens amtierender Meister nach einem 15:14 über die Washington Redskins, gaben am 13. Januar 1946 ihren Umzug nach Los Angeles bekannt. Einige Jahre zuvor hatten die NFL-Eigentümer das Ansinnen von Daniel Reeves, Besitzer der Rams, noch abgelehnt, jetzt befürworteten sie den Umzug nach Los Angeles. Die Existenz der AAFC hatte die Voraussetzungen verändert. Kampflos wollte man der „anderen Liga" die Westküste natürlich nicht überlassen. So buhlten in Los Angeles die nächsten vier Jahre zwei Profi-Teams um die Gunst der Zuschauer, die Rams für die NFL und die Dons für die AAFC. Auch schwarze Spieler waren plötzlich wieder in der NFL zu finden. Nicht überall, denn bei den Washington Redskins, deren Eigentümer George Preston Marshall entschieden gegen die Verpflichtung schwarzer Spieler war, blieben sie weiter außen vor. Überall anders begannen die Verantwortlichen der Teams aber immer mehr Wert auf die Leistung zu legen, statt auf die Hautfarbe zu achten.

Sportlich fanden die Chicago Bears 1946 noch einmal kurz zu alter Stärke zurück. Mit 24:14 holte man sich den Meistertitel gegen die New York Giants. Es war das vorerst letzte Aufbäumen des alten Champions. Andere Teams sollten die nächsten Jahre bestimmen. Nur wenige Kilometer entfernt, beim Stadtrivalen Cardinals, dem ältesten noch existierenden Profiklub, hatte man nach und nach ein schlagkräftiges Team aufgebaut. Die Cardinals hatten ein für diese Zeit einmaliges Backfield zusammengestellt. Quarterback Paul Christman sowie die Running Backs Charley Trippi, Pat Harder und Elmer Angsman waren einfach konkurrenzlos in der NFL. Mit gemeinsamen 1.184 Yards Raumgewinn durch Laufspiel waren Trippi, Harder und Angsman das Erfolgs-Trio der Liga im Laufspiel. Diese drei erhielten zusammen mit Christman dafür den Spitznamen „Dream Backfield".

Earle Neale

Härtester Konkurrent waren die Philadelphia Eagles, angeführt von Running Back Steve Van Buren, wegen seiner Nervenstärke auch „Ice Man" genannt, und ihrer Defense. Philadelphias Head Coach Alfred Earle „Greasy" Neale widmete sein Hauptaugenmerk der Verteidigung. Zahlreiche Innovationen in diesem Bereich, unter anderem die „Umbrella Defense" mit dem regulären Einsatz von vier Defensive Backs, gingen auf sein Konto. Für Neale galt es aber in erster Linie, den Aktionsradius des gegnerischen Quarterbacks zu begrenzen. Lange bevor die NFL für Quarterback Sacks offizielle Statistiken führte, zahlte Neale jedem Mann 10 Dollar extra, wenn er den gegnerischen Quarterback zu Fall gebracht hatte.

Die Cardinals und die Eagles dominierten die Zeit unmittelbar nach dem Krieg und gewannen die Meistertitel 1947, 1948 und

Programmheft zum „Blizzard Bowl"

1949. 1947 siegten die Cardinals dank ihres Dream Backfields mit 28:21 über die Eagles, die sich ein Jahr später vor heimischen Publikum mit 7:0 revanchierten. Dieses Spiel ging als der „Blizzard Bowl" in die Historie ein. Am Spieltag hatte ein schwerer Schneesturm ganz Philadelphia mehr oder weniger lahm gelegt. Aus heutiger Sicht unvorstellbar, mussten die Spieler beider Teams persönlich Sonderschichten fahren, um das Feld von Schnee und Eis zu befreien. Erstaunlich, dass trotzdem immerhin 28.864 Zuschauer den Weg in das Stadion fanden. Van Buren war mit 98 Yards Raumgewinn und dem einzigen Touchdown des Spieles der Held des Tages. Angesprochen auf die Witterungsbedingungen meinte er: „Der Boden war eigentlich in Ordnung. Ich habe halbwegs Halt gefunden. Nur sehen konnte ich vor lauter Schneefall nichts. Ich habe nicht einmal den Safety der Cardinals sehen können". 1949 setzten sich die Eagles ein weiteres Mal durch, diesmal mit 14:0 über die Los Angeles Rams, welche sich mit einer neuen Art Football an die Spitze katapultiert hatten. Den abwehrorientierten Eagles setzten sie ein ungeahntes Passfeuerwerk mit ihren beiden Quarterbacks Bob Waterfield und Norm van Brocklin entgegen. 1949 zogen sie im Finale allerdings noch den Kürzeren.

In der AAFC herrschte weitaus weniger Spannung: In allen vier Jahren der Existenz der Liga dominierten die Cleveland Browns und gewannen nach Belieben. Sie verloren innerhalb dieses Zeitraums insgesamt nur vier Spiele. 1948 gewannen sie sogar alle 14 Saisonspiele sowie die Meisterschaft und legten so als erstes Profiteam eine „perfekte Saison" hin, lange vor den Miami Dolphins 1972. Der Rest der Liga blieb eher blass. Die Miami Seahawks überlebten nur eine Spielzeit und wurden durch die Baltimore Colts ersetzt. Leistungsträger der Liga waren außer bei den Browns noch bei den San Francisco 49ers sowie den New York Yankees zu finden, auch wenn der Abstand zu den Browns deutlich war. Wirtschaftlich war die AAFC dagegen durchaus erfolgreicher als die NFL. Während die NFL zwischen 1946 und 1949 durchschnittlich 28.000 Zuschauer zu ihren Spielen begrüßen konnte, strömten zu den Spielen der AAFC im gleichen Zeitraum immerhin 38.000. Dennoch schrieben beide Ligen rote Zahlen. Die Verluste beliefen sich auf bis zu zwei Millionen Dollar je Team jährlich.

Hall of Fame
Trading Card
Bert Bell

Also gehorchten beide Ligen den Gesetzen des Marktes und verkündeten am 10. Dezember 1949, einen Tag vor dem Endspiel der AAFC, den Zusammenschluss und das Ende des Konkurrenzkampfes. Bert Bell, Commissioner der NFL, sollte auch Commissioner der neuen, 13 Teams umfassenden „National American Football League" werden. Die zehn bisherigen NFL-Teams wurden durch die Cleveland Browns, die San Francisco 49ers und die Baltimore Colts ergänzt. Der Rest der AAFC wurde abgewickelt, die Spieler der übrigen Teams auf die existierenden NFL-Teams verteilt. Zumindest zum Schein hielt man einige Monate an dem Begriff eines Zusammenschlusses fest. Im März 1950 allerdings verkündete Bell schließlich, dass der Name der neuen Liga weiterhin NFL sein würde. So wurde nach kurzer Schamfrist auch nach außen deutlich, dass dieser Zusammenschluss im Grunde eine Übernahme durch die

NFL war. Die NFL konnte den Konkurrenten nicht im Nebeneinander besiegen, aber sie war mächtig genug, seine „Filetstücke" zu ködern und ihn so letztendlich zu schlucken. Das beste Football-Team der USA jener Ära, die Cleveland Browns, kam auf diesem Wege unter das Dach der NFL.

Bell hatte noch einen weiteren Geniestreich parat. Die ganze Zeit hatten die NFL-Eigentümer eher geringschätzig auf die AAFC herab geblickt. Die unter den Ownern verbreitete Meinung war, dass die AAFC-Teams sportlich minderwertig seien. Der Zusammenschluss hatte Bell viel Überzeugungskraft gekostet. Die Meinung von Redskins-Eigentümer George Marshall kann stellvertretend für die allgemeine Einschätzung stehen: „Selbst unser schlechtestes Team würde gegen deren Meister ohne Probleme gewinnen." Die NFL-Eigentümer hatten dem Zusammenschluss mehr aus wirtschaftlichen Zwängen zugestimmt, statt auf sportliche Logik reagiert.

Bell war nicht so überheblich, er wusste, dass zumindest die Cleveland Browns in keinem Fall sportlich unterlegen waren. So versah er den Spielplan 1950 mit einem besonderen Bonbon. Am ersten Spieltag ließ er die amtierenden Meister beider Ligen zum ersten regulären Saisonspiel gegeneinander antreten. Und um ein noch größeres landesweites Medieninteresse zu erhaschen, terminierte er den Kampf zwischen den Philadelphia Eagles und den Cleveland Browns auf den 16. September 1950, einen Tag vor dem offiziellen Saisonbeginn. Für die NFL-Anhänger schien alles klar: Natürlich würde die Defense der Eagles die Browns in Grund und Boden stampfen und die Überlegenheit der etablierten Liga beweisen. Hochmut kommt bekanntlich vor dem Fall – und hier war das nicht anders.

Das Wunderteam und sein Architekt

Mickey McBride hatte immer davon geträumt, ein Football-Team zu besitzen. Als Inhaber eines Taxiimperiums in Cleveland war er zu Geld gekommen, welches er nur zu gern in die NFL investiert hätte. Doch die zeigte ihm beständig die kalte Schulter. Was lag also näher, als sich den Männern um Arch Ward anzuschließen und mitzuhelfen, die neue Liga zu gründen? Als stolzer Besitzer eines Teams aus Cleveland sollte er so 1946 in der neu gegründeten AAFC seinen Traum endlich verwirklichen können. Zwei Dinge standen auf seiner Agenda ganz oben: einen fähigen Head Coach zu verpflichten und einen aussagekräftigen Namen für sein Team zu finden.

Zum Head Coach wählte er Paul Brown, der in gleicher Funktion im High-School-Bereich und an der Universität Ohio State schon zu Lebzeiten einen legendären Ruf erlangt hatte, auch wenn dieser zu jener Zeit noch weitgehend auf den Staat Ohio beschränkt blieb. Die Namensfindung erwies sich als weitaus komplexer.

McBride startete eine Zeitungsumfrage und versprach dem Sieger eine Prämie von 1.000 Dollar. Am häufigsten wurde der Name Browns gewünscht, in Anlehnung an den Namen des legendären Coaches, gefolgt von Panthers. Paul Brown behagte der Gedanke, das Team würde seinen Namen tragen, überhaupt nicht. Also entschied man sich für Panthers.

Just in diesem Moment meldete sich allerdings der ehemalige Besitzer eines Teams namens Cleveland Panthers, welches zwar längst aufgelöst war, dessen Namensrechte aber weiterhin geschützt waren. Sofort schwenkte McBride wieder auf seinen heimlichen Favoriten Browns um. Wie sollte er dies aber seinem sich sträubenden Head Coach erklären? McBride, neben seiner Vorliebe für Football auch ein bekennender Boxsport-Fan, erklärte vor der Presse schlicht, der Name sei seinem großen Sportidol Joe Louis gewidmet, auch „the brown Bomber" genannt. So fand der Name Cleveland Browns den Weg in die Geschichtsbücher.

Der Aufbau des Teams durch Brown gestaltete sich im Vergleich dazu fast mühelos. In der Tatsache, dass er dabei als erster Coach eines Profiteams nach dem Krieg auch schwarze Spieler verpflichtete, sah er keine große Sache: „Das war nichts Besonderes. Glauben Sie mir, ich wollte kein Vorkämpfer für die Bürgerrechte oder die Gleichberechtigung sein. Ich wollte einfach nur die besten Spieler für mein Team verpflichten."

Otto Graham
als Werbeträger

Seine Aufmerksamkeit konzentrierte sich zunächst auf die Suche nach einem Quarterback. Brown wurde schnell fündig. Der Spieler Otto Graham war ihm aus seiner Zeit als College-Coach nachhaltig in Erinnerung geblieben. Der Tailback der Universität Northwestern hatte seinen favorisierten Ohio State Buckeyes einige Jahre zuvor zwei äußerst schmerzhafte Niederlagen beigebracht.

Dank Otto Graham schuf Brown ein revolutionäres Kurzpassspiel. Mehr als 20 Jahre vor der „West Coast Offense" hatte er erkannt, dass Defensive Backs bei perfekter Abstimmung zwischen Quarterback und Receiver kaum eine Abwehrchance haben. Mit Graham, wegen seiner präzisen Pässe auch „Automatic Otto" genannt, und den Receivern Dante Lavelli und Mac Speedie hatte Brown die perfekten Zutaten für seinen Football der Zukunft. Nicht vergessen werden dürfen aber die außergewöhnliche Offensive Line und der legendäre Fullback Marion Motley.

Motley war der erste Schwarze, der nach Kriegsende wieder professionell Football spielen konnte. Doch nicht nur die Hautfarbe unterschied Motley von den anderen Fullbacks der Liga: Er konnte nicht nur blocken sowie mit dem Ball durch die Mitte laufen, sondern auch Pässe fangen – und er verfügte über eine, für einen damaligen Fullback, ungeahnte Wendigkeit und Schnelligkeit. Üblicherweise setzte Brown die Gegner zunächst mit dem Kurzpassspiel unter Druck. Begann die Defense dann auszuschwärmen, um das Passspiel zu stoppen, attackierte er mit Läufen durch Motley. Dies war eine komplette Umkehr bisheriger Footballtaktik, welche das Laufspiel als unverzichtbare Vorbereitung des Passspiels ansah.

Otto Graham und Paul Brown

Doch nicht nur seine Art Football zu spielen war revolutionär. Brown setzte auch in zahllosen anderen Bereichen Maßstäbe und schuf die Grundlage für ein Coaching modernen Stils, wie es verfeinert auch heute noch praktiziert wird. Als erster Coach beschäftigte er Assistenztrainer auch zwischen den Spielzeiten. Während andere Teams ihre Trainer nach der Saison entließen, bereitete sich Brown mit seinen Assistenten schon auf die neue Saison vor. Brown war auch der erste Coach, der Playbooks erstellte und diese den Spielern zum Lernen aushändigte. Und um sicher zu gehen, dass die Aktiven seine Spielzüge auch verstehen würden, mussten sich seine Spieler vor Vertragsabschluss einem Intelligenztest unterziehen.

Zur Vorbereitung nutzte Brown als erster Coach auch intensiv das Medium Film. Er sandte Assistenten mit Kameras zu den Spielen der gegnerischen Teams und baute damit ein umfangreiches Filmarchiv auf, welches er für seine taktische Schulung und Planung nutzte. Brown bestimmte während des Spiels als erster Coach auch jeden Spielzug von der Seitenlinie aus. Ein eingewechselter Spieler übermittelte den gewählten Spielzug an Otto Graham. Doch noch viel wertvoller als seine vielen Innovationen erwiesen sich seine Fähigkeiten als Talentspäher. So gelang es ihm, ein Team aufzubauen, welches den Profi-Football zehn Jahre lang dominierte. Seine Prinzipien der Planung und Vorbereitung fanden durch zahlreiche Assistenztrainer, die anderswo ihre Karriere fortsetzten, nach und nach den Weg zu den anderen NFL-Teams. Drei seiner bekanntesten Assistenten, die später selbst in der Verantwortung standen, waren Weeb Ewbank, Don Shula und Chuck Noll. Diese drei sollten durch insgesamt sieben Super Bowl-Erfolge dann auch noch selbst Football-Geschichte schreiben.

Der Neuling mischt die Liga auf

Die 50er Jahre markieren den Beginn einschneidender Veränderungen in der NFL. Zum Beginn des Jahrzehnts vollzog sich die Erweiterung der NFL durch die Teams aus der AAFC und sorgte so für den Einzug neuer Ideen sowie neuer Spieler in die angestaubte NFL, auch wenn nur drei Teams aus Cleveland, San Francisco und Baltimore in die Liga integriert wurden. Am Ende des Jahrzehnts war Profi-Football aber erstmals die populärste Sportart in den USA, und der Erfolg zog erneut die Gründung einer Konkurrenzliga nach sich. Doch bis dahin war es noch ein weiter Weg. Zunächst galt es, die Teams der AAFC in die NFL zu integrieren.

Bert Bells genialer Schachzug, am ersten Spieltag der Saison ein vorgezogenes Match zwischen beiden Meistern anzusetzen, verschaffte der NFL einen ungeheuren Popularitätsschub und sollte ihm seiner Vision von einer attraktiven und starken Liga ein gehöriges Stück näher bringen. Nie zuvor hatten die Medien einem einzelnen NFL-Spiel so viel Aufmerksamkeit gewidmet. Bell war überzeugt davon, dass die Browns ein zumindest ebenbürtiger Gegner der Eagles waren und die NFL sportlich wie wirtschaftlich bereichern konnten. Aber selbst Bell konnte damals nicht ahnen, dass dieses Wunderteam die NFL sechs Jahre lang dominieren sollte.

Auf dem Papier galten die Philadelphia Eagles als klarer Favorit. Ihrer ausgeklügelten Defense, unterstützt durch ein starkes Laufspiel um RB Steve van Buren, hatte in den letzten Jahren kein NFL-Gegner etwas entgegenzusetzen gehabt. Da sollte das Spiel gegen die Browns aus der AAFC doch ein Kinderspiel werden. Eagles-Head-Coach Earle Neale stand mit seiner Meinung nicht allein da: „Wir sind das beste NFL-Team aller Zeiten. Wer soll uns schlagen?" Angesichts dieser scheinbaren Überlegenheit hatte Neale es für unnötig gehalten, Informationen über seinen Gegner zu sammeln. Sein Team wusste nichts von den Browns. Umgekehrt hatte der Perfektionist Paul Brown sein Team wochenlang gewissenhaft auf diese Partie vorbereitet.

„Die Zeitungen hatten das Spiel schon abgehakt. Man prophezeite uns eine Niederlage von 0:50 oder mehr", erinnerte sich Brown später und ergänzte: „Noch nie in meiner gesamten Laufbahn entwickelten sich so starke Emotionen vor einem Spiel." Daran war Brown nicht ganz unschuldig. Er tapezierte die Wände der Umkleidekabine mit den abwertenden Aussagen über sein Team. Die sich stetig steigernde landesweite Hysterie tat ein Übriges. Unmittelbar vor dem Spiel gab es in den Zeitungen kein anderes Thema mehr, und alle Sportfans in den USA warteten gespannt auf den Ausgang des Spiels, ganz so, wie Bell es erhofft und geplant hatte.

Am 16. September 1950 trafen beide Teams in Philadelphia aufeinander. 71.000 Menschen drängten sich im eigentlich nur für 60.000 Zuschauer ausgelegten Stadion. Und sie konnten kaum glauben, was sie dort sahen. Ein präzises Passfeuerwerk von Otto Graham auf seine Receiver zerlegte die für unschlagbar gehaltene Defense der Eagles in ihre Einzelteile. Die drei Receiver der Browns spielten das Backfield der Eagles förmlich schwindelig. Am Ende hatte Graham 346 Yards eingesammelt, und seine Browns hatten das Spiel deutlich mit 35:10 gewonnen.

Ein gehöriger Schock für alle traditionell ausgerichteten NFL-Fans. „So ein Passspiel hatten wir nie zuvor gesehen", versuchte sich Defensive Back Russ Craft zu entschuldigen. „Wir wurden niemals von den Receivern der Browns überlaufen, hatten sie immer vor uns. Aber die Pässe waren so genau, dass wir nichts dagegen tun konnten. Eine solche Taktik war völlig neu im Football."

Philadelphias Head Coach Neale wollte die taktische Überlegenheit der Browns auch nach dieser deutlichen Niederlage noch nicht so recht anerkennen. Er warf den Browns vor, die körperliche Auseinandersetzung mit seiner Defense zu scheuen, nach dem Motto: Richtige Männer brauchen kein Passspiel. Etwas mehr als einen Monat später bekam er auch für diese Überheblichkeit die Quittung: Das Rückspiel in Cleveland gewannen die Browns mit 13:7, nur mit Laufspiel und ohne einen einzigen vollständigen Pass. Die veränderte Taktik hatte allerdings weniger mit Neales Äußerungen zu tun, sondern wurde aus Witterungsgründen gewählt. Heftiger Regen hatte das Spielfeld in ein Schlammbecken verwandelt und machte Pässe zu einem unkontrollierbaren Risiko. Also vertraute Brown diesmal auf sein Laufspiel und seine

Defense. Wieder einmal hatte er sich als taktisch überlegen erwiesen und zugleich die Variabilität seiner Browns eindrucksvoll unter Beweis gestellt.

Für die Browns war die Saison damit aber noch nicht zu Ende. Das Endspiel war schließlich ihr erklärtes Ziel. Am Ende der Saison sah die NFL einem weiteren Novum ihrer Geschichte entgegen. In beiden Staffeln, der American und der National Conference herrschte zwischen zwei Teams Gleichstand. Zwei Playoff-Spiele mussten entscheiden, wer im Endspiel aufeinander treffen sollte. Dabei setzten sich die Cleveland Browns mit 8:3 gegen die New York Giants durch, gegen die sie zuvor die einzigen beiden Saisoniederlagen erlitten hatten. In der National Conference schlugen die Los Angeles Rams die Chicago Bears mit 28:14.

Das Endspiel zwischen Browns und Rams wurde dann zum Meilenstein in der taktischen Entwicklung der NFL. Zwei absolut gleichwertige Teams brannten ein bis zu diesem Zeitpunkt für nicht möglich gehaltenes Passfeuerwerk ab. Paul Brown bezeichnete es einmal als das größte Spiel, das er je gesehen habe. Tatsächlich sahen die Zuschauer ein ständiges Auf und Ab beider

Replica zu Ehren von
Lou Groza

Angriffsmannschaften mit 65 Pässen für über 600 Yards Raumgewinn allein aus dem Passspiel. Die Rams begeisterten mit langen risikoreichen Pässen, während die Browns mit ihrem bekannten Kurzpassspiel brillierten. Es war dann wohl bezeichnend, dass diese Partie durch ein Field Goal entschieden wurde. Lange vor „the Drive", welcher den legendären Ruf von John Elway begründete, glänzte Otto Graham mit seiner eigenen Version. Er führte sein Team von der eigenen 32-Yard-Linie in nur 90 Sekunden bis zur 11-Yard-Linie der Rams und ermöglichte so seinem Kicker Lou Groza den siegbringenden Schuss zum 30:28. Am Ende stürmten die Zuschauer das Feld, und die Browns hatten ihre Mission erfolgreich beendet. Nach vier Meisterschaften in der AAFC waren sie nun Meister der NFL und hatten bewiesen, dass sie mehr als gleichwertig waren.

Nicht so viel Erfolg verzeichneten die 49ers und die Colts. San Francisco rangierte mit drei Siegen im hinteren Tabellenteil, und Baltimores Team löste sich nach nur einer Saison und nur einem Sieg auf. Das Jahr 1950 sah außerdem noch einen Rekord der eher dubiosen Art, der heute noch Bestand hat. Quarterback Jim

Hardy von den Chicago Cardinals verschuldete im Spiel gegen die Philadelphia Eagles acht Interceptions und zwei Fumbles. Sein Team verlor dieses Spiel folgerichtig mit 7:45. Zu Hardys Ehrenrettung soll nicht unerwähnt bleiben, dass er nur eine Woche später sechs Touchdowns gegen Baltimore warf.

1951 trafen Browns und Rams erneut im Endspiel aufeinander, diesmal in ungewohnter Atmosphäre, im sonnigen Los Angeles. 59.475 Zuschauer bescherten der NFL einen Zuschauerrekord für ein Endspiel und feierten mit einen 24:17-Erfolg der Rams gelungene Revanche. Wieder sahen die Fans eine Demonstration in Sachen Passspiel der Quarterbacks Otto Graham (Cleveland) sowie Bob Waterfield und Norm Van Brocklin (Los Angeles). Ein spektakulärer 73-Yard-Pass von Van Brocklin auf Tommy Fears im letzten Spielabschnitt entschied das Spiel zugunsten der Rams, welche sich damit ihren zweiten Titel nach 1945 sicherten.

Die Browns dagegen hatten zum ersten Mal in ihrer Geschichte ein Endspiel verloren. Es sollte nicht die letzte Finalniederlage bleiben. In den beiden folgenden Spielzeiten unterlagen die Browns gegen das neue „Powerhouse" der NFL, die Detroit Lions, ehe sie 1954 gegen Detroit und 1955 noch einmal gegen die Rams erfolgreich waren. In den ersten zehn Jahren ihres Bestehens hatten die Browns damit in jeder Saison das Endspiel erreicht und sieben Mal gewonnen. 1956 beendete Otto Graham seine Laufbahn und damit auch eine Ära in Cleveland. Nie wieder sollten die Browns auch nur annähernd so erfolgreich sein. Zwar erreichten die Browns noch einmal 1957 das Endspiel, aber Otto Graham und viele andere hatten ihre Laufbahn zu diesem Zeitpunkt schon beendet.

1951 war auch das Jahr, in dem ein Endspiel erstmals in den gesamten USA im Fernsehen verfolgt werden konnte und so der NFL eine zusätzliche Einnahme verschaffte. Dumont Television zahlte der NFL den vergleichsweise bescheidenen Betrag von 75.000 Dollar. Damals konnte sich noch niemand so recht vorstellen, welche wunderbare „Freundschaft" zwischen der NFL und dem Fernsehen in den späteren Jahren entstehen sollte.

Im selben Jahr hatte Raymond „Buddy" Parker als Head Coach das Zepter bei den Detroit Lions übernommen. Die Lions hatten 1935 ihre bis dahin einzige Meisterschaft gewonnen und zierten seither meist das Tabellenende ihrer Staffel. Parker galt als abwehrorientierter Coach, ähnlich wie Neale in Philadelphia. Seine Defense war die erste, welche von den Fans einen Spitznamen erhielt und deren Spieler bekannter als ihre Mannschaftskameraden in der Offense wurden. Der beste Defensive Back der Lions,

Jack Christensen, gab der „Chris Crew" seinen Namen. Zusammen mit Yale Larry, Jim David und Dick „Night Train" Lane bildete er das stärkste Backfield der NFL. Doch Schlüssel der Defense waren Nose Guard Les Bingaman, der mit seinem Körpergewicht schon damals locker die 300-Pfund-Grenze überschritt, und Middle Linebacker Joe Schmidt, das Herz der Abwehr. Diese Defense war eigens mit dem Ziel aufgestellt worden, Cleveland stoppen zu können. Bingaman und Schmidt in der Mitte stoppten den Lieblingsspielzug von Paul Brown, einen Trap durch die Mitte von FB Marion Motley, und die vier Defensive Backs um Christensen waren in der Lage, das Kurzpassspiel zu unterbinden. Diese Defense funktionierte so gut, dass die Lions zwischen 1951 und 1957 viermal ins Endspiel einzogen und dreimal den Titel errangen (1952, 1953 und 1957). Alle drei Siege verzeichneten sie dabei gegen die Cleveland Browns. Die Defense hatte ihre Aufgabe mit Bravour erledigt. Neben der Defense ist vor allem noch Quarterback Bobby Layne im Gedächtnis der Fans geblieben, dessen drei Hobbys Football, Alkohol und Frauen waren. Seine Fans bezeichneten ihn gern als „Individualisten", seine Kritiker als „Party-Quarterback". Auch seine Eigenmächtigkeit, vorgegebene Spielzüge der Coaches nach Belieben zu verändern, ließ bei Coach Parker so manches Haar ergrauen. So war es kein Wunder, dass Licht und Schatten in Spiel der Lions mit schöner Regelmäßigkeit wechselten. Während Layne das Endspiel 1953 (17:16) mit seinem Pass auf Jim Dora für seine Lions entschied, verpatzte er das Endspiel 1954 (10:56) mit sechs Interceptions im Alleingang.

Hall of Fame
Trading Card
Bobby Layne

In diesem Jahr hatte die NFL endlich auch Konsequenzen aus der zunehmend härteren Gangart der Spieler gezogen. Nicht umsonst galten die 50er Jahre angesichts der noch spartanischen Ausrüstung als das brutalste Jahrzehnt im Football. Angriffe mit Ellenbogen oder Faust in das Gesicht des Gegners hatten sich zu einer beliebten Art entwickelt, den Gegner physisch zu beeindrucken. Eine Gesichtsmaske am Helm wurde deshalb zur Pflicht. Es dauerte jedoch nicht lange, bis die Abwehrspieler sich diese zusätzliche „Haltemöglichkeit" zunutze machten, um den ballführenden Spieler unsanft zu Fall zu bringen. Erst zwei Jahre später wurde diese „strategische Option" der Defense, die für den Gestoppten unwägbare Verletzungsrisiken im Hals- und Nackenbereich mit sich bringt, für illegal erklärt.

Nach der Saison 1955 neigte sich die Dominanz von Lions, Browns und Rams dem Ende zu. Neue Teams standen in den Startlöchern, um die etablierten Mannschaften das Fürchten zu lehren. Coach Weeb Ewbank übernahm die Baltimore Colts, die 1953 wieder neu gegründet worden waren, und holte sich Johnny Unitas als Quarterback. Jim Lee Howell scharte als Chef der Giants in New York einen kompetenten Stab von Assistenztrainern um sich. Für die Offense gewann er Vince Lombardi, für die Defense Tom Landry. Beide Teams sollten die NFL bald endgültig zur populärsten Liga des Landes machen.

Das Fernsehzeitalter beginnt

Die NFL und die Mattscheibe

Am 28. Dezember 1958 fand im Yankee Stadium zu New York ein Spiel statt, welches die NFL und den Profi-Football für immer verändern sollte. Es war das Endspiel der NFL-Saison 1958, in dem mit den Baltimore Colts und den New York Giants die beiden besten NFL-Teams jener Zeit aufeinander trafen. Die Giants, zwei Jahre zuvor Meister, stellten die beste Defense der NFL. Die Baltimore Colts ihrerseits waren im fünften Jahr ihres Aufbauprogramms unter Head Coach Weeb Ewbank und wurden von Quarterback Johnny Unitas, den noch drei Jahre zuvor kein NFL-Team haben wollte, geführt. Es sollte ein an Dramatik und Spannung kaum zu überbietendes Endspiel werden, welches das Sportmagazin Sports Illustrated später zum besten Spiel aller Zeiten hochstilisierte.

Nun, das beste Spiel aller Zeiten war zunächst nicht einmal ausverkauft. Knapp 6.000 Plätze blieben unbesetzt, mit der Folge, dass das Spiel in New York nicht im Fernsehen zu sehen war. Heimspiele wurden schon damals nur ausgestrahlt, wenn das Stadion ausverkauft war. Eine Ursache für das mangelnde Interesse war ein seit Tagen andauernder Zeitungsstreik in New York. Die New Yorker wussten schlicht nicht, dass noch Karten zur Verfügung standen. Dumm nur, dass der Streik auch noch eine Weile anhielt und die New Yorker auch später nichts über dieses Spiel in den Zeitungen lesen konnten.

Wie dem auch sei, am Spiel waren die größten Stars ihrer Zeit beteiligt. Insgesamt zwölf der damaligen Spieler und drei der beteiligten Trainer sollten nach Ende ihrer Laufbahn mit der Aufnahme in die Hall of Fame geehrt werden. Die Colts waren leicht favorisiert, weil frisch und ausgeruht. Die Giants dagegen hatten sich erst nach einem zusätzlichen Entscheidungsspiel gegen die Cleveland Browns für das Endspiel qualifiziert und waren dementsprechend erschöpft, hatten die Colts aber in der regulären Saison mit 24:21 geschlagen.

Das Team aus Baltimore ließ zunächst keinen Zweifel an seiner Favoritenstellung aufkommen, dominierte die Partie und führte nach zwei Fumbles von Giants-RB Frank Gifford zur Halbzeit mit 14:3. Es hätte ein klarer Sieg für die Colts und ein weiteres langweiliges Endspiel werden können, wenn die Giants nicht im richtigen Moment zurück ins Spiel gefunden hätten. Die Initialzündung kam von der Defense der Giants, von der Browns-Running-Back Jim Brown einmal sagte: „Sie ist die intelligenteste der Liga. Das sind hoch entwickelte Killermaschinen." Ihr Moment kam, als die Colts die 1-Yard-Linie der Giants erreicht hatten und bereit waren, den „Todesstoß" zu setzen. Die Defense verhinderte dies mit einem sensationellen Goal-Line-Stand. Beim vierten Versuch stoppte Cliff Livingston Colts-RB Alan Ameche an der 5-Yard-Linie.

Dies war der Moment, der das Spiel drehte. Die Offense um QB Charlie Connerly funktionierte plötzlich und bescherte den Giants durch Touchdowns von Mel Triplett und Frank Gifford auf Vorlage von Connerly unversehens einen 17:14-Vorsprung. Doch Unitas führte seine Colts wieder heran. Begünstigt durch einen Schiedsrichterfehler, durch den die Anspielposition falsch markiert und so die Giants zum Punt gezwungen worden waren, erreichten die Colts sieben Sekunden vor dem Spielende durch ein Field Goal den Ausgleich zum 17:17. Unitas hatte die Colts mit präzisen Pässen, vor allem auf Raymond Berry, in einer Serie über 86 Yards in diese aussichtsreiche Field-Goal-Position gebracht.

Pat Summerall, damals Defensive End und Kicker der Giants, beschrieb das Gefühl nach dem Schlusspfiff: „Wir schauten uns alle ratlos an. Wir hatten nicht die geringste Ahnung, was nun passieren würde." Dabei war die Verlängerung nach „Sudden-Death"-Modus für Playoff-Spiele bereits seit längerem Bestandteil der NFL-Regeln, um genau zu sein seit 1955. Aber bis auf einen belanglosen Test in einem Vorbereitungsspiel war die Regelung bisher noch nie zum Einsatz gekommen. So war es kein

Hall of Fame
Trading Card
Johnny Unitas

Wunder, dass die meisten Spieler, Zuschauer und auch die Fernsehkommentatoren von NBC keinen blassen Schimmer von dem hatten, was sie nun erwarten würde. Nach Aufklärung durch den Referee war zumindest eines klar – wer zuerst Punkte erzielt, ist der neue Champion.

Die Giants hatten als Erste die Chance, das Spiel zu entscheiden, gaben den Ball aber nach drei erfolglosen Versuchen mittels Punt an die Colts ab. Und diese ließen sich die Chance nicht entgehen. Wieder dirigierte Johnny Unitas sein Team Yard für Yard der gegnerischen Endzone entgegen und die Dramatik zu einem Höhepunkt. Ein weiterer Pass auf Berry brachte die Colts bis an die 12-Yard-Linie der Giants, als sich die Spannung in Entsetzen verwandelte, zumindest bei den Fernsehgewaltigen von NBC. In Millionen Haushalten blieb der Bildschirm plötzlich schwarz. Begeisterte Stadionzuschauer hatten im Übermut versehentlich eines der Übertragungskabel verschoben und damit die Verbindung gekappt. Der Fehler musste schnellstens gefunden und behoben werden, wollte man die Spielentscheidung nicht verpassen.

Dabei kam NBC der Zufall zu Hilfe, so schien es jedenfalls. Unmittelbar nach dem Bildausfall rannte ein offenbar betrunkener Fan quer über das Feld. Die Ordner brauchten einige Minuten, um den Mann einzufangen, genug Zeit für NBC, die Verbindung wieder herzustellen. Als NBC wieder auf Sendung war, hatten die Fernsehzuschauer keinen einzigen Spielzug versäumt. Drei Spielzüge später sorgte Alan Ameche mit einem 1-Yard-Lauf für die Entscheidung zugunsten der Colts (23:17) und veranlasste Commissioner Bert Bell zu den Worten: „Das war das größte Spiel, welches ich je gesehen habe."

Die Bezeichnung größtes Spiel der Geschichte verdient die Partie jedoch nicht aus der sportlichen Leistung heraus. Diese war nur durchschnittlich. Um genau zu sein, das Spiel war über weite Strecken sogar eher langweilig. Seinen sportlichen Reiz bezog die Partie aus der dramatischen Entwicklung zum Ende der regulären Spielzeit sowie der daraus folgenden Verlängerung. Schließlich war es die Premiere der „Sudden-Death-Verlängerung" in einem Endspiel. Vor allem aber die Zahl der Fernsehzuschauer von 54 Millionen, die größte Anzahl von Zuschauern, die bis dahin ein Football-Spiel live am Fernsehgerät verfolgt hatten, hob die Bedeutung dieses Endspiels für die NFL weit über das sportliche Geschehen hinaus.

Bis zu diesem Zeitpunkt spielte Football im Verhältnis zu Baseball noch immer die zweite Geige. Dieses Spiel änderte die Sportlandschaft in den USA aber für immer. Die Fernsehgewaltigen begannen plötzlich zu begreifen, wie telegen diese Sportart doch ist und dass es kaum einen besseren Weg gab, sein Fernsehprogramm zu füllen. Dennoch hält sich hartnäckig der Mythos vom sportlich besten Spiel aller Zeiten. Colts-RB Lenny Moore sieht dies eher nüchtern: „Das beste Spiel aller Zeiten? Auf keinen Fall. Es war nicht einmal das beste Spiel, in dem ich in meiner Laufbahn gespielt habe." Es war aber das Spiel, welches die NFL und ihren Football zur populärsten Sportart in den USA werden ließ.

Nicht auszudenken, was passiert wäre, wäre es NBC nicht gelungen, das Fernsehbild wieder rechtzeitig herzustellen. Erst war es nur eine Ahnung und ein kruder Verdacht: Sollte etwa...? Natürlich, sie hatten: Der für die Spielunterbrechung verantwortliche „alkoholisierte Fan" entpuppte sich als stocknüchterner Angestellter von NBC, der auf Anordnung seines Chefs das Feld gestürmt hatte, um das Spiel so lange wie möglich zu verzögern und den Technikern die Zeit zu verschaffen, die sie für die Wiederherstellung des Bildes benötigten. Nur deshalb kamen Millionen Fernsehzuschauer doch noch in den Genuss des entscheidenden Touchdowns.

Ein Jahr später trafen beide Mannschaften wieder im Endspiel aufeinander. Dieses Mal wurden die Zuschauer enttäuscht. Die Colts sicherten sich in einem spannungsarmen Spiel einen ungefährdeten 31:16-Erfolg. Doch die Wirkung des Endspiels aus dem Jahr davor war nicht mehr umkehrbar. Die Gesellschaften NBC, CBS und ABC lieferten sich einen Kampf um die Fernsehrechte. Sport-Fans in den USA widmeten ihre Aufmerksamkeit immer stärker dem Profi-Football, vor allem, wenn sie ein Team in ihrer eigenen Stadt hatten. In den Städten, die kein NFL-Team beherbergten, war die Euphorie noch um ein Vielfaches größer. Jede größere Stadt war erpicht darauf, Teil der Football-Gemeinschaft zu werden. Das Renommee der NFL hatte sich total gewandelt. Dieses Klima der Football-Begeisterung war wie geschaffen, Football der Marke NFL nun in alle Teile der USA zu exportieren.

„Der Klub der Narren"

Die Einstellung der NFL-Eigentümer gegenüber einer Erweiterung war aber, vorsichtig ausgedrückt, nach wie vor extrem konservativ. Die NFL bestand aus zwölf Teams in elf Städten, und dies war ausreichend, jedenfalls für den Geschmack der meisten dieser älteren Herren. Dahinter steckten in erster Linie wirtschaftliche Ängste. Die meisten von ihnen hatten mit ihren Teams schwere Zeiten durchgemacht und viele Jahre Verluste hinnehmen müssen. Jetzt, da die neue Popularität der NFL sich erstmals auch in klingender Münze auszahlte, wollte man kein Risiko eingehen oder neue Eigentümer einfach so an dem schwer erarbeiteten Gewinn teilhaben lassen.

Lamar Hunt

Eine durchaus verständliche Auffassung, welche den engstirnigen NFL-Eigentümern jedoch noch mehr Ärger bescheren sollte, als ihnen lieb war.

Lamar Hunt, Sohn des Öl-Millionärs H.L. Hunt, versuchte schon seit geraumer Zeit, die Chicago Cardinals zu kaufen und in seine

Heimatstadt Dallas zu verlegen. Schließlich war er so frustriert, dass er keine Chance mehr auf ein Team in der NFL sah, und beschloss, seine eigene Liga zu gründen. Er fand heraus, dass noch andere Personen versucht hatten, die Cardinals zu kaufen, unter anderem auch Bud Adams aus Houston und eine Investorengruppe aus Minneapolis. Im Januar 1959 flog Hunt nach Houston und führte ein erstes Gespräch mit Adams. Adams war ebenfalls durch Öl zum Multimillionär geworden und bereit, für sein Hobby tief in die Tasche zu greifen. Diese beiden sollten die Eckpfeiler der neuen Liga bilden. In Den-

Logo AFL

ver, Minneapolis, Los Angeles und New York fanden sie weitere Verbündete und verkündeten am 14. August 1959 den Start der neuen Liga mit dem Namen „American Football League" (AFL) für die Saison 1960.

Der Name war nicht besonders originell und weckte Erinnerungen an die drei Vorläuferligen gleichen Namens, die jeweils nach extrem kurzer Lebensdauer als gescheitert in die Geschichte eingingen. So hoffte denn auch die NFL, dass der AFL Nummer 4 keine lange Lebensdauer beschieden wäre. Doch diesmal irrten die NFL-Bosse. Denn diese AFL-Eigentümer waren mehrheitlich Millionäre, die bereit waren, mehr Geld zu investieren als alle anderen Besitzer vor ihnen. Dies war auch nötig, schrieben doch alle AFL-Klubs für einige Jahre rote Zahlen. Wayne Valley, einer der führenden Köpfe der Oakland Raiders, bezeichnete die Eigentümer einmal als „The Foolish Club". Seine Begründung war so einfach wie belustigend: „Nach jeder Saison trafen wir uns, um über unsere Verluste der vergangenen Spielzeit zu reden und wieviel wir im nächsten Jahr brauchen würden. Wir brachten das Geld für die neue Saison auf und wussten, dass wir es wieder verlieren würden. So waren wir, ein Haufen Narren, die jedes Jahr eine Menge Geld verloren und darüber lachten."

Doch schon vor ihrem Start musste die AFL einen Schicksalsschlag hinnehmen. NFL Commissioner Bert Bell starb am 11. Oktober 1959 während eines Spieles zwischen den Pittsburgh Steelers und den Philadelphia Eagles. Hunt hatte zuvor noch Kontakt mit Bell aufgenommen, um herauszufinden, was dieser von seiner Idee einer neuen Liga hielt. Hunt wollte sogar, dass Bell Chef beider Footballligen wird. Bell zeigte sich überraschend aufgeschlossen. Seine Erfahrungen lehrten ihn, dass man einen Football-Krieg auf jeden Fall vermeiden müsse. Zu frisch waren noch die Erinnerungen an die AAFC, deren Existenz zu einer Explosion der Spielergehälter geführt hatte. Mit Bell als Chef der NFL wäre sicher gewesen, dass es keinen Krieg bis aufs Messer zwischen den Ligen gegeben hätte. Beide hatten insgeheim vereinbart, dass alle existierenden Verträge geachtet werden sollten und der Wettbewerb um Spieler nur auf die College-Spieler beschränkt bleiben sollte. Nach Bells Tod war diese Vereinbarung nichts mehr wert. Denn viele NFL-Bosse waren der neuen Liga nicht wohl gesonnen und wollten ihr kämpferisch entgegentreten.

So war es nicht verwunderlich, dass die NFL nun einen letzten Versuch unternahm, die neue Liga doch noch in ihrer Entwicklung zu behindern. Wohlwissend, dass Hunt und Adams die beiden Drahtzieher waren, bot man beiden ein NFL-Team in ihren Heimatstädten an, wenn dafür die Liga nicht gegründet würde. Beide erwiesen sich jedoch als standfest und lehnten das Angebot ab. Es kam zu spät. Mehr Glück hatte die NFL bei der Investorengruppe aus Minneapolis. Diese zog sich vom AFL-Projekt zurück, nachdem ihr für 1961 ein NFL-Team zugesprochen wurde. Auch wenn dies eine schwere Niederlage für die AFL war, startete die Liga wie geplant 1960 mit acht Teams. Oakland, als Ersatz für Minneapolis, sowie Boston und Buffalo komplettierten die Liga.

Die NFL reagierte ähnlich wie schon 1946, als man die Cleveland Rams als Abwehrmaßnahme gegenüber der AAFC nach Los Angeles schickte, und vergab hastig eine Lizenz nach Dallas. Mit den Dallas Texans von Lamar Hunt (AFL) und den Dallas Rangers, später Cowboys (NFL), kämpften nun zwei Teams um die Zuschauergunst in der texanischen Metropole. Und dies sollten nicht die letzten Erweiterungen der beiden Ligen bleiben. Schon 1961 nahmen die Minnesota Vikings (NFL) ihren Spielbetrieb auf, 1966 die Atlanta Falcons (NFL) sowie die Miami Dolphins (AFL), 1967 die New Orleans Saints (NFL) und 1968 die Cincinnati Bengals (AFL). Selbst die Chicago Cardinals, deren Verkauf und Umzug die NFL so vehement bekämpft hatte, wurden 1960 mal eben schnell nach St. Louis verschoben, um einen weiteren damals wichtigen Markt für die NFL zu besetzen. Die Liga zahlte sogar 500.000 Dollar als Prämie, damit die Cardinals den lukrativen Standort Chicago aufgaben.

In den acht Jahren zwischen 1960 und 1968 sollte sich die Zahl der Profi-Football-Teams von 12 auf 26 mehr als verdoppeln. Was in der NFL jahrelang unmöglich schien, wurde unter dem Druck der neuen Liga zur wirtschaftlichen Überlebensstrategie. Jetzt galt es, schneller und intelligenter zu expandieren als der Konkurrent, um möglichst große Marktanteile für die eigene Liga zu sichern.

Der große Football-Krieg

Die Expansion war die Strategie des neuen NFL Commissioners Pete Rozelle, der als Nachfolger des verstorbenen Bell im Januar 1960 sein Amt antrat. Dessen Wahl zeigte, wie zerstritten die NFL-Eigentümer im Grunde waren. Um gewählt zu werden, musste ein Kandidat drei Viertel der Stimmen (neun von zwölf) auf sich vereinigen. Lediglich zwei Kandidaten standen zur Wahl. Austin Gunsel, ehemaliger Chef des FBI und seit Bells Tod kommissarischer Commissioner, und Marshall Leahy, ein Rechtsanwalt, der die NFL schon in vielen Rechtsstreitigkeiten erfolgreich vertreten hatte. Als nach sage und schreibe zehn Tagen, unzähligen Wahlgängen und Diskussionen keiner die erforderliche Mehrheit auf sich vereinigen konnte, platzte Baltimore-Colts-Eigentümer Carroll Rosenbloom der Kragen. Er präsentierte mit Alvin Ray (Pete) Rozelle einen echten Kompromisskandidaten. Rozelle war General Manager der zu diesem Zeitpunkt wenig erfolgreichen Los Angeles Rams und in den Medien eher unbekannt. In der 23. Abstimmung erreichte Rozelle letztendlich die erforderliche Mehrheit und gewann die Wahl.

Die nächsten sechs Jahre waren geprägt von einem stetig zunehmenden Kampf um Fernsehverträge und Spieler. Während sich dieser zunächst nur auf die Footballer konzentrierte, welche vom College in die Profiligen drängten, weitete er sich ab 1966 zu einem Kampf um jeden Aktiven aus. Die New York Giants hatten Pete Gogolak, den langjährigen Kicker der Buffalo Bills, unter Vertrag genommen und damit eine stillschweigende Vereinbarung verletzt, welche die Verpflichtung von Spielern der anderen Liga zum Tabu erklärte. Ein Spieler beendete seine Laufbahn üblicherweise in der Liga, in der er sie begonnen hatte. Aber ab diesem Zeitpunkt entbrannte ein offener Schlagabtausch, der mit Dollarnoten geführt wurde. Doch schon zuvor waren die Spielergehälter explodiert. Die College-Neulinge hatten sehr schnell erkannt, dass man beide Ligen hervorragend gegeneinander ausspielen und so den eigenen Marktwert in die Höhe treiben konnte. So verdienten die Rookies bald deutlich mehr Geld als die alteingesessenen Spieler. Man kann nur spekulieren, ob die Entwicklung unter dem gemäßigten Bert Bell als NFL-Chef anders verlaufen wäre.

Ein Beispiel für den entbrannten Konkurrenzkampf ist die erste Draft der AFL. Heisman-Trophy-Gewinner RB Billy Cannon von der Universität Louisiana State wurde von beiden Ligen heftig umworben. Cannon hatte bereits eine Art Vorvertrag mit den Rams für 50.000 US-Dollar für drei Jahre unterschrieben. Damit er als Amateur seine Spielberechtigung für den noch folgenden Sugar

Bowl nicht verlor, enthielt der Vertrag aber kein Datum. Die Bosse der NFL tobten, als Cannon unmittelbar nach dem Bowl-Spiel noch auf dem Feld einen Vertrag mit den Houston Oilers unterschrieb. Der brachte ihm mit 100.000 US-Dollar für den gleichen Zeit-

raum das Doppelte ein. Die NFL zog vor Gericht und unterlag. Der Richter erklärte den Vertrag mit den Oilers für gültig. Die NFL hatte gepokert und verloren. Allerdings wurde Cannon seinem Star-Status niemals gerecht. Er wurde ein zuverlässiger Running Back in der AFL, nicht mehr und nicht weniger.

Werbeanzeige
George Blanda

Die meisten AFL-Spieler waren jedoch ausgediente NFL-Veteranen oder Spieler, die mangels Akzeptanz ihr Heil in Kanada gesucht hatten. Einer dieser abgewiesenen Spieler war QB George Blanda, der 1958 von den Chicago Bears entlassen worden war und seitdem keinen Job im Football mehr bekommen konnte. Er führte die Houston Oilers 1960 mit einem 24:16 über die Los Angeles Chargers zur ersten Meisterschaft in der AFL. Es zeigte sich bald, dass viele ehemalige NFL-Spieler noch das Zeug zu einer erfolgreichen Karriere hatten.

Dennoch blieb das spielerische Niveau noch hinter dem der NFL zurück. Dort schickte sich ein neues Team an, die Liga zu dominieren. Vince Lombardi war 1959 Head Coach der einst glorreichen Packers geworden, welche schon seit 15 Jahren keinen Titel mehr gewonnen hatten. Lombardi sollte dies gründlich ändern. Schon in seinem zweiten Jahr zog das Team aus Green Bay ins Finale ein, unterlag dort aber den Philadelphia Eagles mit 13:17. Es sollte die einzige Niederlage der Packers in einem Endspiel bleiben.

Schon 1961 dominierten sie die Liga. Im Endspiel fegten sie die New York Giants mit 37:0 vom Platz und wiederholten diesen Erfolg gegen den gleichen Gegner ein Jahr später, wenn auch nur mit 16:7. Die Packers der

George Preston
Marshall Memorial

Saison 1962 gewannen 13 von 14 Spielen. Nur eine Niederlage gegen die Detroit Lions (14:26) verhinderte die perfekte Saison. 1962 markierte auch das Jahr, in dem Redskins-Eigentümer George Marshall seinen Widerstand gegen die Verpflichtung schwarzer Spieler aufgab. Bis dahin galt sein Motto: „Wir werden dann schwarze Spieler unter Vertrag nehmen, wenn die Harlem Globetrotters beginnen, weiße Spieler zu verpflichten." Dies war auch ein Grund für die lange Erfolglosigkeit des Teams. Erst massiver öffentlicher Druck zwang Marshall, seine Politik zu ändern.

Die AFL hatte derweil andere Probleme. Zwar begann sich das Spielniveau langsam aber sicher zu heben, aber anerkannt war die Liga noch lange nicht. Im Bereich Zuschauer- und Medieninteresse spielte sie noch immer die zweite Geige hinter der NFL. Manche Teams hatten sogar Probleme, ein adäquates Stadion zu bekommen. Das schlimmste Stadion, da sind sich alle ehemaligen Spieler einig, war das „War Memorial Stadium" in Buffalo. Zwar verzeichneten die Bills die höchsten Zuschauerzahlen und hatten demzufolge das kleinste Minus der AFL, aber für Fans und Aktive war die Spielstätte eine einzige Zumutung.

Da das Stadion mitten in einem Ghetto lag, mussten die Zuschauer Anwohnern Geld zahlen, um auch nach dem Spiel noch über ihr geparktes Auto verfügen zu können, mit dem sie zum Spiel angereist waren. Die Spieler hassten den grünen Untergrund, der in der Konsistenz eher einer Betonfläche glich und betrachteten warmes Wasser in den Duschen als ein göttliches Geschenk. Chiefs-QB Len Dawson: „Ich weiß nicht, welcher Krieg hier stattgefunden hat. Aber es muss sehr lange her sein."

Kein Problem mit dem Stadion hatten die Los Angeles Chargers, dafür mit den Zuschauern oder besser den Nicht-Zuschauern. Sie spielten im 100.000 Plätze umfassenden Coliseum, in dem sich bei ihren Spielen aber meist nur knapp 10.000 Besucher im weiten Rund verloren. 1961 zogen sie enttäuscht nach San Diego um. Nicht viel besser erging es den Dallas Texans. Hunt verlor etwa eine Million Dollar pro Jahr. Die Dallas Cowboys aus der NFL waren ebenfalls tief in den roten Zahlen. Dallas war einfach zu klein, um zwei Profiteams zu unterhalten. So strich Hunt 1963 die Segel, zog nach Kansas City um und nannte sein Team fortan Chiefs. Die Boston Patriots wiederum hatten ein anderes Problem zu lösen. Da die Bostoner große Anhänger der Giants in New York waren, lange Jahre das nächstgelegene Football-Team, und jede Partie der Giants am Sonntag im Fernsehen verfolgten, wichen die Patriots dieser unwillkommenen Konkurrenz aus und bestritten ihre Spiele am Freitagabend. Die Houston Oilers spielten mangels Alternative sogar in einem High-School-Stadion,

Eintrittskarte
Kezar Stadium

und die Oakland Raiders, welche gar kein Stadion hatten, trugen ihre Spiele im benachbarten San Francisco aus (Kezar Stadium).

In vielen Bereichen wurde versucht, Geld zu sparen, um die Verluste zu begrenzen. So gab es bei Auswärtsspielen auch schon mal überraschende Fahrgemeinschaften. Patriots-WR Gino Cappelletti erinnert sich: „Einmal flogen wir von Boston nach Buffalo, wo die Spieler der Bills zustiegen. Wir stiegen dann in Denver aus, während die Bills weiter nach Los Angeles flogen." Aber die AFL war auch gut für sportliche Neuerungen. Die Trikots waren mit den Spielernamen versehen, um den Fans eine schnelle Identifizierung ihrer Lieblinge zu erlauben. Wie im College erlaubte die AFL die 2-Point-Conversion nach einem Touchdown, und ihre Saison hatte 14 reguläre Pflichtspiele. Die NFL zog 1961 nach, nur auf die Conversion mussten die Fans noch mehr als drei Jahrzehnte warten. Um die AFL für die Fans attraktiver zu machen, mussten aber unbedingt bessere Spieler her. So begann die AFL, höhere Gehälter zu zahlen, und setzte damit eine verhängnisvolle Spirale in Gang.

Topps
Trading Card
Gino Cappelletti

Im Kampf um das Medieninteresse hatte auch die AFL ihr Schlüsselerlebnis. Wie bei der NFL war es ein Endspiel (1962), welches in die Verlängerung ging. Die Dallas Texans schlugen dabei die Houston Oilers dank eines 25-Yard-Field-Goals im sechsten Viertel mit 20:17.

Das Jahr 1963 war überwiegend von sportlichen Ereignissen geprägt. George Halas holte mit den Chicago Bears seinen letzten Meistertitel und beendete vier Jahre später endgültig seine Laufbahn als Trainer. Sein Rekord von 327 Siegen wurde erst 1993 durch Don Shula übertroffen. Die Bears-Fans mussten aber immerhin bis 1985 warten, ehe sie einen weiteren Meistertitel für ihr Team feiern durften. Der legendäre RB Jim Brown erlief mit 1.863 Yards durch Laufspiel in 14 Spielen einen neuen Fabelrekord für Cleveland. Paul Brown konnte dies jedoch nicht mehr mitfeiern. Er war nach 17 Jahren als Head Coach der Browns gefeuert worden. Das gleiche Schicksal erlitt übrigens sein früherer Assistent und Meistermacher Weeb Ewbank, den die Colts vor die Tür setzten. Er fand bei den in New York Jets umbenannten Titans

Pro Football
Hall of Fame

in der AFL sofort eine neue Aufgabe. Am 7. September eröffnete die Hall of Fame in Canton (Ohio). Damit hatten die größten Legenden im Football-Geschäft eine feste Heimstatt gefunden, an der man sich ihrer immer erinnern kann. Und während die San Diego Chargers im dritten Anlauf endlich ihren ersten Meistertitel der AFL feiern konnten, war jedem in der NFL inzwischen klar: Diese AFL würde nicht so einfach verschwinden wie ihre vielen Vorgänger.

Da landete Pete Rozelle seinen größten Coup, der das Ende der AFL hätte bedeuten können. Er überzeugte die Fernsehgesellschaft CBS, die Rechte an allen NFL-Spielen für zwei Spielzeiten für 28 Millionen US-Dollar zu erwerben. Dies bescherte jedem NFL-Team eine zusätzliche jährliche Fernseheinnahme von einer Million Dollar, das Dreifache der bisherigen Summe. Doch die AFL konterte geschickt. Nur zwei Wochen später verkündete die AFL stolz, dass man mit NBC einen Fünf-Jahres-Vertrag über 36 Millionen abgeschlossen hätte. Dieser sicherte jedem AFL-Team 900.000 Dollar, ebenfalls eine Verdreifachung, und brachte die Teams finanziell fast auf Augenhöhe mit denen der NFL. Dieser Geldregen eröffnete nicht unerwartet eine neue Schlacht im Footballkrieg um die besten Spieler.

Den Vogel schoss dabei Sonny Werblin von den New York Jets ab. In der Draft 1965 wählte er Alabamas Quarterback Joe Namath aus, der wenig später einen Vertrag über 426.000 Dollar für drei Jahre abschloss. Eine für damalige Verhältnisse unglaubliche Summe. Der zweitbestbezahlte Rookie war Heisman-Trophy-Sieger John Huarte, Quarterback der Universität Notre Dame, der 200.000 Dollar für den gleichen Zeitraum bekam, kurioserweise ebenfalls von den Jets. „Wenn Namath 400.000 wert ist, dann bin ich eine Million wert", soll Clevelands Quarterback Frank Ryan geschimpft haben, der kurz zuvor mit seinen Browns den Meistertitel errungen hatte. Nun begann sich das Geldkarussell immer schneller zu drehen. Vor allem Rookies profitierten von den Fernsehgeldern, aber auch die Veteranen erhielten immer höhere Gehälter. Namaths Rekord währte nur ein Jahr. Schon in der nächsten Draft toppten die Atlanta Falcons den Betrag für LB

Dick Butkus, Gale Sayers
George S. Halas

Tommy Nobis von der Universität Texas mit 600.000 Dollar. Namath erklärte dazu mit seinem typischen breiten Grinsen: „Ich bin wohl ein Jahr zu früh geboren worden."

1965 gelang den Chicago Bears in der Draft ein besonderer Coup. Sie hatten drei Picks in der ersten Runde und konnten zwei dieser Spieler für sich gewinnen, keine Selbstverständlichkeit in jenen Tagen. Lediglich Tackle Steve DeLong gab den Bears einen Korb und unterschrieb bei den San Diego Chargers der AFL. Die anderen waren LB Dick Butkus und RB Gale Sayers. Sayers war der beweglichste und schnellste Running Back, den die NFL je gesehen hatte. In seiner Premierensaison erzielte er 22 Touchdowns, noch heute NFL-Rekord für einen Rookie. Leider beendete eine Knieverletzung seine vielversprechende Karriere nach nur wenigen Jahren. Auch die

Dick Butkus

Karriere von Dick Butkus endete durch eine Knieverletzung, wenn auch deutlich später. Neun Jahre lang terrorisierte er gegnerische Running- und Quarterbacks und avancierte zum Synonym für den Middle Linebacker. Alle späteren Spieler auf dieser Position wurden an ihm gemessen. Seine Aggressivität unterschied ihn von den anderen Abwehrspielern. Er lernte, seine Gegner zu hassen. Butkus heute dazu: „Ich habe mir vor dem Spiel vorgestellt, dass mein Gegner über mich oder mein Team Witze macht. Dafür habe ich ihn gehasst und wollte es ihm im Spiel heimzahlen."

Gale Sayers

Im folgenden Jahr erreichte die Eskalation durch den „Gogolak-Vorfall" eine neue Dimension. Der neue AFL Commissioner Al Davis forderte seine Klubs auf, an der NFL Rache zu üben. Nun überschlugen sich die Ereignisse: John Brodie, Quarterback der 49ers, unterschrieb einen Vertrag über 750.000 Dollar bei den Houston Oilers. Die Oakland Raiders verpflichteten Rams-QB Roman Gabriel, und die Oilers machten sich an Bears-TE Mike Ditka heran. Bills-Eigentümer Ralph Wilson, noch immer erzürnt über den Wechsel von Gogolak, soll mit zwei Schecks über je 500.000 Dollar in der Hand vor einem nicht genannten NFL-Eigentümer gedroht haben: „Wenn ihr Gogolak stehlen könnt, kann ich auch eure Spieler kaufen. Und ich bin in der Lage, hunderte solcher Schecks auszustellen." Alle Skrupel waren gewichen und eine offene Feldschlacht entbrannt. Davis war fest entschlossen, seine Truppen zum Sieg zu führen. Was er nicht wusste: Lamar Hunt hatte im Geheimen Kontakt mit Dallas-Cowboys-General-Manager Tex Schramm aufgenommen. Ihr Ziel: eine gemeinsame Liga.

Grüne Power

Die 60er Jahre sahen nicht nur die Expansion und Kapitalisierung des Profifootballs, sondern auch die Geburt des vielleicht größten Teams aller Zeiten in Green Bay. Die Packers konnten eine glorreiche Vergangenheit unter ihrem ehemaligen Head Coach Curly Lambeau vorweisen, der sein Team zwischen 1921 und 1949 zu insgesamt sechs Meisterschaften geführt hatte. Seit seiner Entlassung dümpelten die Packers aber in der Bedeutungslosigkeit dahin. 1958 markierte dabei einen absoluten Tiefpunkt. Mit nur einem Sieg zierten sie das Tabellenende ihrer Division, Head Coach Ray McLean warf frustriert das Handtuch.

Im Moment der höchsten Not boten die Packers im Januar 1959 Vince Lombardi, Offensive Coordinator der New York Giants, den Posten des Head Coaches an. Als sie noch den des General Managers drauflegten, sagte Lombardi zu. Gleich in seiner ersten Pressekonferenz machte er seine Ziele deutlich: „Ich habe in meinem bisherigen Football-Leben noch nie etwas mit einem schlechten

Trading Card
zu Ehren von
Vince Lombardi

Team zu tun gehabt. Und ich habe nicht die Absicht, damit jetzt zu beginnen." Es war eine von vielen Redensarten, welche durch den „Herberger der NFL" Einzug in die Football-Sprache gefunden haben. Gern wird Lombardi aber auch falsch zitiert. So wird ihm oft der Ausspruch „Siegen ist nicht alles, es ist das Einzige" zugeschrieben. Dieser Ausspruch insistiert letztendlich, dass der Zweck jedes Mittel heilige. Dies war jedoch nicht die Philosophie von Lombardi, dem harte Arbeit, Beharrlichkeit und die Integrität seines Sports besonders wichtig waren. Der richtige Ausspruch spiegelt weit besser die Persönlichkeit dieses Ausnahmetrainers wider: „Siegen ist nicht alles. Die Mühe, das Verlangen und der Wille zum Sieg sind es." In Lombardis Lesart durfte man also sehr wohl verlieren, nur durfte man sich nicht kampflos ergeben.

Lombardis Art war maßgeschneidert für die Packers. Schon in seinem ersten Jahr erreichte er sieben Siege, ein Jahr später sogar das Endspiel, auch wenn es noch verloren ging. 1961 schließlich waren die Packers am Ziel ihrer Träume. Mit elf Siegen gewannen sie überlegen ihre Division und überrannten die New York Giants im Endspiel in einem ungleichen Kampf mit 37:0. Als Lombardi sich nach neun Jahren zurückzog, hatte sein Team fünf Meisterschaften und die ersten beiden Super Bowls gewonnen sowie 98 Siege bei nur 30 Niederlagen eingefahren.

Umso erstaunlicher ist die Tatsache, dass Lombardi die erste Meisterschaft mit fast den gleichen Spielern gewann, die 1958 noch so versagt hatten. 14 Starter von damals standen auch im Endspiel 1961 auf dem Feld. Dies macht die Leistung von Lombardi noch erstaunlicher. Er transformierte ein Team von Verlierern in das dominierende Team der 60er Jahre, womit er eine weitere seiner Football-Weisheiten bestätigte: „Siegen kann eine Gewohnheit werden, verlieren aber auch." Um Siegen bei den Packers zur Gewohnheit werden zu lassen, bediente er sich seiner wichtigsten Fähigkeiten. Er war ein ungewöhnlicher Motivator und disziplinierter Lehrer. Er behandelte jeden Spieler individuell und fand den Punkt, mit dem er ihn zu Höchstleistungen motivieren konnte. Packers-LB Ray Nitschke beschreibt dies so: „Er schaffte es, in mir die maximale Leistung zum richtigen Zeitpunkt zu aktivieren. Es war verblüffend für mich, was ich allein mit meinem eigenen Willen aus mir herausholen konnte. Und für diesen Mann habe ich es gerne getan." G Jerry Kramer stößt in das gleiche Horn: „Mann, war ich stolz, für diesen Mann spielen zu dürfen."

Unter Lombardi wurde ein durchschnittlich begabter Quarterback Bart Starr zur absoluten Führungspersönlichkeit und zum zweimaligen Most Valuable Player (MVP) des Super Bowls. Ein überaus talentierter aber nachlässiger RB Paul Hornung wurde mit Fleiß und Disziplin zur Touchdown-Maschine. Zwischen 1959 und 1961 führte er in den Punktestatistiken der NFL in jeder Saison. Sein Rekord von 176 Punkten aus dem Jahr 1960 hatte 46 Jahre Bestand. Ein unbekannter Fullback Jim Taylor wurde zum gefürchtetsten Running Back der Liga, der seine Tackler mit schöner Regelmäßigkeit über den Haufen rannte. Taylor hatte außer seiner Kraft nicht viel zu bieten. Nach seiner Ansicht war der kürzeste Weg von A nach B eine gerade Linie, was seinen Laufstil treffend beschreibt. Giants-LB Sam Huff über Taylor: „Ich habe gern gegen ihn gespielt. Man musste ihn nicht suchen, er suchte mich – um mich zu rammen." Lombardi stimmte seinen Angriff auf Taylor ab und dieser bedankte sich mit fünf Spielzeiten (1960-64), in denen er mehr als 1.000 Yards Raumgewinn erreichte.

Doch hinter den Erfolgen steckte vor allem auch harte Arbeit. Lombardi war berüchtigt dafür, dass seine Trainingseinheiten lange und hart waren. Er wollte sein Team auch im letzten Viertel, dann also, wenn das Spiel womöglich entschieden wird, konditionell topfit haben. Nach seiner Ansicht war es für einen Spieler, der es gewohnt ist, im Training bis zum Schluss maximale Leistung zu bringen, ein Leichtes, im Spiel bis zum Abpfiff die volle Leistung abzurufen. Denn, so Lombardi: „Erschöpfung macht uns alle zu Feiglingen." Doch in Lombardis Ära waren auch Rückschläge zu verzeichnen. 1964 und 1965 reichte es nicht für die Playoffs. Paul Hornung wurde 1963 von Pete Rozelle für ein Jahr gesperrt, weil er auf Football-Spiele gewettet hatte. Doch just in dem Moment, als die Packers körperlich nicht mehr so dominant waren, fand Lombardi einen anderen Weg, um zu gewinnen. Seine nächsten drei Meisterschaften gewann er vor allem dank ausgefeilter Technik. Die wenigen Laufspielzüge wurden immer und immer wieder geprobt, bis die Spieler sie in absoluter Perfektion ausführen konnten. Die Luft wurde dennoch langsam dünner für die Packers. 1966 und 1967 gewann man zweimal nur hauchdünn die Meisterschaft gegen die Dallas Cowboys. Besonders denk-

würdig war dabei das Endspiel 1967, der so genannte „Ice Bowl". Bei minus 25 Grad Celsius überwand Bart Starr drei Sekunden vor dem Ende die Abwehr der Cowboys mit einem Lauf zum 21:17-Endstand.

Titelseite
Sports Illustrated
vom 31.10.1966
Bart Starr

Die beiden Super Bowls gegen die Meister der AFL Kansas City (35:10) und Oakland (33:14) waren dagegen reine Spaziergänge, was Lombardi zu einem verbalen Ausrutscher veranlasste. „Die Kansas City Chiefs sind ein gutes Team, können aber mit den Top-Teams der NFL nicht mithalten." In einer Zeit, als der Zusammenschluss der beiden Ligen bereits beschlossene Sache war, schaffte eine solche Äußerung natürlich Unmut, wo doch die geschlagenen Wunden der letzten Jahre eigentlich verheilen sollten. Lombardi entschuldigte sich am Tag danach, doch letztendlich hatte er das ausgesprochen, was alle Beobachter des Spiels dachten. Vielleicht war er wieder einmal zu dicht an seiner Philosophie: „Selbstbewusstsein ist ansteckend, aber auch ein Mangel davon."

Ausgebrannt und erschöpft beendete Lombardi 1967 seine Laufbahn bei den Green Bay Packers. Nahe stehende Beobachter meinten, dass ihm der enorme Leistungsdruck zu schaffen machte. Nach einem Jahr Pause ging er 1969 daran, die Washington Redskins zu übernehmen, starb aber am 3. September 1970 an Magenkrebs. Zu früh, um die Redskins ins gelobte Land zu führen. Redskins-Captain Vince Promuto zollte seinem ehemaligen Chef einen letzten ultimativen Tribut: „Er hatte die Fähigkeit, in dein Herz zu schauen und deine sportlichen Leistungen auf ein Niveau zu heben, welches weit jenseits deiner objektiven Fähigkeiten lag. Er schuf nicht nur Champions für das Football-Feld, sondern auch Champions fürs Leben."

Eine Liga – ein Ziel

Der Zusammenschluss

Die NFL-Eigentümer wussten nur zu gut, dass einigen ihrer etablierten Teams sehr schnell die Luft ausgehen könnte, wenn die jungen Multimillionäre aus der AFL ihre Scheckbücher radikal öffnen würden. Teams wie etwa die Pittsburgh Steelers oder die Green Bay Packers hatten keinen wohlhabenden Finanzier im Hintergrund und lebten ausschließlich von den Zuschauer- und Fernseheinnahmen. So war es ein Gebot der ökonomischen Vernunft, diesen Streit nicht weiter eskalieren zu lassen. Aber der Stolz der alteingesessenen NFL-Bosse war zu groß, um klein beizugeben. Insgeheim jedoch fürchtete man den ruinösen Kampf. Und als Al Davis ankündigte, AFL-Teams in Chicago und Los Angeles zu installieren und damit die NFL direkt zu attackieren, glich dies einer offenen Kriegserklärung.

Al Davis, Eigentümer der Oakland Raiders, war Ende April Commissioner der AFL geworden. Davis war ein „Falke", der die NFL bis zu deren Bankrott bekämpfen wollte. Aber schon vier Wochen vor seiner Ernennung, am 4. April, hatten die beiden Texaner Lamar Hunt (AFL/Chiefs) und Tex Schramm (NFL/Cowboys) ein informelles Treffen in Dallas abgehalten. Beide waren davon überzeugt, dass nur ein Zusammenschluss beider Ligen diesen eskalierenden Konflikt aufhalten könnte. Nach einigen weiteren inhaltlichen Abstimmungen war es an der Zeit, die anderen Eigentümer über diese Pläne zu informieren.

Bill Walsh (links)
Al Davis (rechts)

Die beiden schalteten Pete Rozelle als Moderator ein, der die NFL-Klubs von den Plänen in Kenntnis setzte. In der AFL übernahm Hunt diese Aufgabe. Al Davis tobte, schrie laut „Verrat" und trat von seinem Posten zurück. Zwei Monate lang verhandelten Rozelle sowie Schramm für die NFL und ein AFL-Gremium bestehend aus Hunt, Ralph Wilson (Buffalo Bills) und Billy Sullivan (Boston Patriots) miteinander. Die Weitergabe der Zwischenergebnisse gestaltete sich dabei extrem schwierig, weil die Klubchefs eine besondere Art der Paranoia entwickelten. Jede Seite witterte bei jedem Teilergebnis, jedem Kompromissangebot eine Falle und den Versuch der Gegenseite, die eigene Liga über den Tisch ziehen zu wollen. Dies ging so weit, dass Hunt und Schramm von den jeweils eigenen Leuten mehr als nur einmal vorgeworfen wurde, in Wahrheit für die Gegenseite zu arbeiten.

Am 8. Juni 1966 konnten beide Ligen aber schließlich mit einem schwer erarbeiteten Kompromiss an die Öffentlichkeit gehen. Neun zentrale Punkte kennzeichneten das Ergebnis:

1. Alle Klubs der AFL und NFL blieben an Ort und Stelle. Dies war vor allem für die New York Jets und die Oakland Raiders wichtig, die einen Kontrahenten aus der NFL in direkter Nachbarschaft hatten. Sie wären nicht bereit gewesen, in finanziell weniger attraktive Städte umzuziehen. Damit wich die NFL von ihrer strengen „eine Stadt – ein Klub"-Politik ab.

2. Im Anschluss an die reguläre Saison sollte es einen sportlichen Vergleich der beiden Meister geben, beginnend mit der Saison 1966.

3. Die beiden Ligen spielten bis 1969 weiterhin getrennt. Erst ab der Saison 1970 erfolgte der vollständige Zusammenschluss beider Ligen und ein gemeinsamer Spielplan. Bis dahin wurden nur Vorbereitungsspiele zwischen AFL und NFL im Vorfeld einer Saison ausgetragen. Ab 1970 wurde die gemeinsame Liga in die American Football Conference (AFC) und die National Football Conference (NFC) unterteilt.

4. Die neue Liga behielt den Namen NFL.

5. Pete Rozelle blieb Commissioner der dann erweiterten NFL.

6. Beide Ligen vereinbarten die Expansion 1967 (NFL – New Orleans Saints) beziehungsweise 1968 (AFL – Cincinnati Bengals) um je ein weiteres Team. Zu einem späteren Zeitpunkt folgten noch einmal zwei weitere Teams (1976 – Seattle Seahawks und Tampa Bay Buccaneers).

7. Es gab künftig eine gemeinsame College-Draft.

8. Die neun AFL-Teams zahlten jeweils zwei Millionen US-Dollar als Lizenzgebühr für die Mitgliedschaft in der NFL, zahlbar über einen Zeitraum von 20 Jahren. Der Großteil dieses Geldes ging direkt an die New York Giants und die San Francisco 49ers als Entschädigung für die neue direkte NFL-Konkurrenz (Raiders und Jets) vor der eigenen Haustür.

9. Auch in der neuen Liga behielten beide Fernsehgesellschaften ihre Übertragungsrechte, wobei NBC die Rechte an der AFC und CBS die an der NFC erhielt.

Vielen Beobachtern schien der Preis für die AFL zu hoch zu sein. Aber tatsächlich hätten Hunt und Co., wenn sie wie ursprünglich gewollt eine NFL-Lizenz erworben hätten, ohnehin eine „Aufnahmegebühr" entrichten müssen. Die Zugeständnisse der AFL waren also weitgehend finanzieller Art, für die meisten der Klubs ohnehin eher „Peanuts". Die NFL dagegen brauchte das Geld dringend, um die Zustimmung der Giants und der 49ers zu erkaufen, welche über die nun offizielle Konkurrenz in ihrer unmittelbaren Nachbarschaft alles andere als glücklich waren. Die AFL-Klubs ihrerseits erkauften sich mit diesem in ihren Augen moderaten Betrag die offizielle Anerkennung als NFL-Franchises. Der Status der Zweitklassigkeit war damit vorüber, glaubten sie wenigstens. Dennoch gab es zwei Unzufriedene mit diesem Kompromiss. Während die NFL-Klubs einstimmig für die Regelungen stimmten, gab es in der AFL zwei Gegenstimmen. Die New York Jets wurmte der Geldregen für den direkten Konkurrenten Giants, und die Oakland Raiders waren, kein Wunder, gänzlich gegen den Zusammenschluss. Al Davis machte keinen Hehl aus seiner Meinung: „Generäle gewinnen Kriege. Frieden ist nur etwas für Politiker." Und Davis sah sich als General. Mit dem Frieden wollte er nichts zu tun haben. Seinen Kampf gegen die NFL setzte er in der Tat auf anderen Schlachtfeldern fort.

Lamar Hunt konnte dagegen doppelt zufrieden sein. Seine Liga war auf dem Weg in die NFL, und seine Kansas City Chiefs standen vor dem ersten Meistertitel. Im AFL-Endspiel schlugen sie den zweimaligen Meister und Titelverteidiger aus Buffalo deutlich mit 31:7. Nun konnte man sich auf den großen Showdown mit dem NFL-Champion vorbereiten.

Friedliche Koexistenz

Die NFL-Saison 1966 begann mit einem Schock für die Cleveland Browns. Ihr Star-Running-Back Jim Brown erschien nicht zum Trainingscamp und erklärte dafür schlicht seinen Rücktritt vom aktiven Football. Dies war eine Sensation, denn Brown war schließlich erst 30 Jahre alt. Während seiner neun Jahre in der Liga war er acht Mal der erfolgreichste Running Back der NFL, hatte 126 Touchdowns erzielt und 12.312 Yards Raumgewinn erlaufen, 4.000 Yards mehr als der zu diesem Zeitpunkt Zweitplatzierte in dieser Statistik. Ein Rekord, der ewig Bestand haben würde, so glaubten damals jedenfalls alle. Brown wog 106 Kilo und hatte die Schnelligkeit eines olympischen Sprinters.

Neun Jahre fochten Abwehrspieler der ganzen Liga einen ungleichen Kampf. Giants-LB Sam Huff: „Brown war der schnellste Spieler der Liga. Er war so schnell, dass man manchmal glaubte, er sei unsichtbar. Sobald er den Ball hatte, war er verschwunden." Brown war eine „Touchdown-Maschine", die seine Browns fast im Alleingang dreimal ins Endspiel führte (1957, 64 und 65). Viele Zeitzeugen glauben noch heute, dass die Browns die Siegesserie der Green Bay Packers hätten stoppen können, wenn das Team neben Brown noch andere Spitzenspieler gehabt hätte. Nun aber widmete sich Brown seiner Filmkarriere.

Und während die Spieler für die neue Saison schwitzten, drehte Brown in England mit „Das Dreckige Dutzend" seinen ersten Film.

Spielfilm
Das Dreckige Dutzend
von 1967 mit Jim Brown
und u.a. Charles Bronson

Ohne Jim Brown verloren die Cleveland Browns ihren Titel an die Cowboys von Tom Landry, der in Dallas die beste und wohl auch komplizierteste Offense der NFL installiert hatte. Gegner im Endspiel waren wie üblich die Green Bay Packers, welche über die beste Defense der Liga verfügten. Einen besonderen Reiz bezog die Partie auch aus der Konkurrenz der beiden Trainer Landry und Lombardi. Beide hatten als Assistenztrainer in den 50er Jahren zusammen in New York gearbeitet – seltsamerweise aber für den jeweils anderen Mannschaftsteil. Lombardi war damals der Offensive Coordinator gewesen und verfügte jetzt über die beste Defense der NFL, Landry war früher für die Abwehr verantwortlich gewesen und kämpfte nun mit der erfolgreichsten NFL-Offense gegen seinen ehemaligen Teamkollegen.

Das Spiel wurde einer der großen Klassiker der NFL. Nach schneller 14:0-Führung der Packers starteten die Cowboys eine furiose Aufholjagd zum Ausgleich. Nach erneuter Führung der Mannschaft aus Green Bay (34:20) wiederholte sich das Schauspiel, nur mit dem Unterschied, dass der letzte Pass von Cowboys-QB Don Meredith von der Zwei-Yard-Linie der Packers in der Endzone von CB Tom Brown abgefangen wurde. Packers-OG Forrest Gregg sprach aus, was alle seine Mitspieler dachten: „Wir sind erleichtert. Wir hatten eine Menge Glück. Das Spiel hätte auch anders ausgehen können." Nun stand für den NFL-Champion der lang erwartete Schlagabtausch mit den Kansas City Chiefs aus der AFL an.

Am 15. Januar 1967 war es soweit: In Los Angeles trafen zum ersten Mal Mannschaften beider Ligen aufeinander. Dies war seit vielen Jahren der Traum der AFL-Verantwortlichen und Fans gewesen. Schon 1963 hatte Chargers-Coach Sid Gillman als Meister der AFL einen solchen Vergleich gefordert, die NFL jedoch hatte noch desinteressiert abgewunken. Nun war das erste „AFL-NFL-Championship-Game" Realität.

Der Druck auf beide Teams war immens. Die Chiefs wollten unbedingt beweisen, dass sie gleichwertig waren, die Packers auf keinen Fall gegen die Newcomer verlieren. „Wir waren verunsichert. Wir hatten keine Ahnung, wie stark die Chiefs wirklich sind. Wir wussten nur eines. Wir durften auf keinen Fall verlieren. Das wäre eine unbeschreibliche Blamage gewesen", beschrieb Forrest Gregg die Situation später. Die 14-tägige Pause zwischen den Ligaendspielen und dem Super Bowl nutzten Medien und Teams zu einem bis dahin einzigartigen medialen Spektakel. Täglich heizten Wortgefechte von Spielern beider Teams die Atmosphäre an. Doch es nutzte nichts: Das Zuschauerinteresse in Los Angeles blieb gering. Nur 62.000 Zuschauer wollten dieses Spiel sehen. Mehr als 30.000 Karten konnten nicht an den Mann gebracht werden, eine Riesenenttäuschung für die Offiziellen. Es sollte der einzige nicht ausverkaufte Super Bowl bleiben...

Hank Stram

Das Spiel selbst konnte die hohen Erwartungen nicht erfüllen. Die Defense der Packers kontrollierte Spiel und Gegner. Nach einer respektablen Leistung lagen die Chiefs zur Halbzeit nur 10:14 in Rückstand. Danach spielten jedoch nur noch die Packers, siegten am Ende deutlich mit 35:10 und hatten somit bewiesen, dass die NFL der AFL überlegen war. Chiefs-Coach Hank Strams Aussage klang fast wie ein Flehen: „Dieses Spiel sollte nicht das einzige Kriterium sein, wenn man die Stärke der beiden Ligen vergleicht." Aber das wollte zu diesem Zeitpunkt noch niemand hören.

Ein Jahr später wiederholte sich das Schauspiel. Die Opfer der Green Bay Packers waren diesmal die Oakland Raiders, welche sich auf dem Weg zum Meistertitel der AFL mit 40:7 gegen die

Houston Oilers durchgesetzt hatten. Das Ergebnis fiel geringfügig enger aus als ein Jahr zuvor. Mit 33:14 dominierten aber wieder die Packers und belegten damit ein weiteres Mal, dass die NFL zu jener Zeit womöglich wirklich die klar stärkere Liga war. Und obwohl die beiden Ligen dieses Spiel offiziell noch nicht Super Bowl nannten, erreichte dieser Name in den Medien bereits eine hohe Akzeptanz.

Das eigentliche Endspiel hatte nach Auffassung der NFL-Fans aber schon 14 Tage zuvor stattgefunden. Im NFL-Finale hatten sich erneut die Green Bay Packers und die Dallas Cowboys gegenüber gestanden. Das Spiel fand am 31. Dezember 1967 in Green Bay unter äußerst widrigen Witterungsbedingungen statt, welche für sich allein schon dieses Spiel zu einem der ganz großen Klassiker machten. Das Thermometer zeigte bei Kickoff sage und schreibe minus 25 Grad Celsius. Für weitere Abkühlung sorgte ein böiger Wind, der die „gefühlte Temperatur" auf minus 40 Grad Celsius absinken ließ. Für alle Beteiligten eine unermessliche Belastung, da weder die heute üblichen technischen Mittel zur Verfügung standen noch die Kleidung der Spieler für solche extremen Temperaturen geeignet war. Zu allem Übel war auch noch die in Green Bay damals schon vorhandene Rasenheizung ausgefallen. Sie war schlicht festgefroren, sodass der Rasen an einigen Stellen einer Eisfläche glich, die man gut mit Schlittschuhen hätte befahren können. An allen übrigen Stellen war der Boden steinhart, was die Standfestigkeit der Spieler negativ beeinflusste. Während des Spiels sah man immer wieder Linienspieler, die mit ihren Schuhen kleine Löcher in den Boden hackten, um so wenigstens ein Minimum an Halt zu finden.

Trotz der arktischen Begleitumstände lieferten sich beide Teams ein äußerst spannendes Spiel, in dem zunächst die Dallas Cowboys auf der Siegerstraße schienen. Wieder hatten sie einen 0:14-Rückstand aufgeholt und diesmal in eine 17:14-Führung verwandelt. 16 Sekunden vor dem Ende standen die Packers an der 1-Yard-Linie der Cowboys, und QB Bart Starr nutzte die letzte Auszeit zur Beratung mit Head Coach Vince Lombardi. Sollten die Packers das scheinbar sichere Field Goal schießen und in die Verlängerung gehen oder einen weiteren Versuch starten, vermutlich den letzten in diesem Spiel? Die Konversation mit seinem Coach beschrieb Starr später so: „Ich kann mit einem Quarterback Sneak in die Endzone kommen. Ich bin mir sicher." Lombardis Antwort: „Okay, mach es. Und dann lass uns endlich aus dieser Kälte verschwinden." Gesagt, getan. Trotz schlechtem Stand warf sich Starr erfolgreich hinter seinem rechten Guard Jerry Kramer in die Endzone der Cowboys zum 21:17-Endstand.

Die Konversation zwischen Quarterback und Coach leistete dem Mythos Vorschub, Lombardi hätte angesichts der halb erfrorenen Fans auf das Field Goal verzichtet. Tatsächlich aber vertraute er seinem Quarterback, dass jener die Entscheidung herbeiführen würde. Bei jedem anderen Wetter hätte Lombardi wohl genauso entschieden.

Premium, Ultimate oder doch einfach nur Super?

Nein, dies ist nicht die Suche einer Marketingabteilung eines Mineralölkonzerns nach einem einprägsamen Namen für eine neue Benzinmarke. Vor gut 40 Jahren beschäftigten diese Begriffe die obersten Etagen der NFL bis hin zu Commissioner Pete Rozelle. Im Herbst 1965 hatten sich die Vertreter von NFL und AFL auf einen 1970 zu erfolgenden Zusammenschluss sowie einen Vergleich zwischen den Meistern beider Ligen schon ab 1966 geeinigt. Doch wie wollte man dieses Event nennen? Premium Bowl, Ultimate Bowl, Super Sunday oder gar Super Bowl?

Super Ball

Chiefs-Eigentümer Lamar Hunt machte geltend, als Erster auf den Namen Super Bowl gekommen zu sein. Den entscheidenden Anstoß habe ihm seine kleine Tochter gegeben, die sich mit einem in den 60er Jahren des 20. Jahrhunderts auch in Deutschland bestens bekannten Spielzeug die Zeit vertrieb – dem unter dem Markennamen „Super Ball" verkauften und im Volksmund „Flummi" genannten Ball aus Vollgummi mit erstaunlichen Eigenschaften. Doch der Name stieß 1965 noch auf wenig Gegenliebe. Die Zeit war noch nicht reif, und so blieb man zunächst bescheiden bei „AFL-NFL-World-Championship".

Doch nicht nur Hunt machte unermüdlich Werbung für seine Wortschöpfung. Auch andere Institutionen machten sich Gedanken über eine marketinggerechte Bezeichnung für das zu erwartende Spektakel. Die übertragenden Fernsehgesellschaften etwa nannten ihr erstes Endspiel „Super Sunday". Es ist nicht überliefert, ob auch dieser Name von Hunt initiiert worden war. Der Name Super Bowl fand jedoch in erster Linie bei den Sportjournalisten Anklang, immer auf der Suche nach griffigen Synonymen. Und schon ein Jahr später kam kaum eine Zeitung ohne diesen Namen aus, wenn es um dieses große Sportereignis ging.

Der Name begann sich zu verbreiten, sehr zum Ärger eines einzelnen Mannes. Pete Rozelle hasste diesen Begriff. Er mochte das Adjektiv „super" einfach nicht. In seinen Ohren war dies gewöhnlicher Slang, unpassend für eine Organisation mit Stil und Niveau, so wie er die NFL sah. Deshalb ließ er 1969 einen Wettbewerb ausrichten, um den sich ausbreitenden Namen Super Bowl endlich zu stoppen. Es half nichts. Die kreativsten Vorschläge in diesem Wettbewerb waren dabei noch Namen wie Premium Bowl oder Ultimate Bowl, wahrlich keine Begriffe, die für Begeisterung sorgen konnten.

Und selbst in den eigenen Reihen hatte Rozelle bald keine Anhänger mehr. Beim sagenumwobenen Sieg der Jets in Super Bowl III hatten seine Mitarbeiter den ungeliebten Begriff ohne Abstimmung einfach auf das Programmheft setzen lassen, sehr zum Verdruss ihres Chefs. Dieser gab dann ein Jahr später seinen verzweifelten Kampf um das Niveau der englischen Sprache auf und fügte sich dem Druck der Straße. Fortan durfte sich das Spiel der Spiele nun auch offiziell Super Bowl nennen. Und ab Super Bowl V waren auch die römischen Ziffern fester Bestandteil des Namens, womit eine eigentlich tote Sprache wieder Einzug in die Gegenwart gefunden hatte. Damals hätte man sich aber wohl kaum vorstellen können, welche Probleme dies einmal bereiten würde. Mit Grausen denken die Marketingverantwortlichen in New York heute schon an Super Bowl LXXXVIII.

„Ich garantiere es"

Die Saison 1968 sah die Rückkehr einer der größten Trainerlegenden aller Zeiten. Paul Brown, von 1946 bis 1962 Head Coach der Cleveland Browns, übernahm den gleichen Posten bei den neu gegründeten Cincinnati Bengals (AFL). Damit konnte er erneut seiner großen Leidenschaft nachgehen und dies wieder bei einem Team in seinem geliebten Ohio. Pikanterweise war er ein Jahr zuvor in die NFL Hall of Fame gewählt worden, eine Ehre, die üblicherweise nur aus dem aktiven Trainerleben ausgeschiedenen Coaches zuteil wird. Nun hatte der Profi-Football seinen ersten aktiven „NFL Hall of Fame Coach" in der AFL.

Favorit in der AFL waren wieder die Oakland Raiders, die eine starke Defense und eine explosive Offense um Quarterback Daryle Lamonica aufgebaut hatten. Lamonica war ein Quarterback ganz nach dem Geschmack von Al Davis, der angesichts seiner langen Pässe aus jeder denkbaren Situation den Spitznamen „the Mad Bomber" verpasst bekam. Schärfster Konkurrent waren die New

York Jets mit QB Joe Namath, der sich seit seiner spektakulären Verpflichtung vier Jahre zuvor zu einem der besten Quarterbacks im Profi-Football entwickelt hatte. In der Saison davor hatte Namath mit 4.007 Yards Raumgewinn aus Pässen einen neuen Fabelrekord aufgestellt.

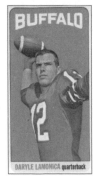

Topps
Trading Card
Daryle Lamonica

Am 24. November 1968 trafen beide Teams in Oakland aufeinander, nicht ahnend, dass beide nur einen Monat später um die Krone der AFL und um das Recht, die AFL in Super Bowl III zu vertreten, streiten sollten. Das Spiel konnte die hohen Erwartungen erfüllen. Lamonica und Namath trieben ihre Teams immer wieder an und sorgten für stetig wechselnde Führungen. Bedingt durch viele Pässe und eine hohe Zahl von Penaltys zog sich das Spiel erheblich in die Länge. Die von der Fernsehgesellschaft NBC angesetzten drei Stunden für die Fernsehübertragung sollten hier nicht ausreichen, dies war bereits frühzeitig absehbar.

Als die Jets dank Kicker Jim Turner eine Minute vor dem Ende mit 32:29 in Führung gingen, schien für die Mannen von NBC das Spiel entschieden. Punkt 19 Uhr beendete NBC seine Übertragung an der Ostküste, um mit dem für diesen Zeitpunkt vorgesehenen regulären Programm fortzufahren. Dieses sah die Ausstrahlung des Kinderfilms „Heidi" vor. Wie NBC zu dieser Entscheidung gelangte, wird wohl für alle Zeiten ein Rätsel bleiben. Es gab verständlicherweise einen Aufschrei der Entrüstung. Die Telefone bei NBC liefen heiß, erzürnte Fans riefen zu Tausenden an. Als dann gut eineinhalb Stunden später das Endergebnis eingeblendet wurde, um die Fans zu beruhigen, brach endgültig das Chaos aus. Dort konnten die erstaunten Fans nämlich lesen, dass sie die dramatischte Schlussphase der Football-Geschichte versäumt hatten. Die Raiders hatten in nur 42 Sekunden noch zwei Touchdowns erzielt und das Spiel mit 43:32 gewonnen.

Dies fachte die Wut der Fans nun richtig an. Die durch Beschwerden stark frequentierte NBC-Leitung brach zusammen. Erzürnte New Yorker riefen sogar bei der Polizei an und brachten den Polizeinotruf für mehrere Stunden zum Erliegen. Es ist nicht übermittelt, ob sie von der Polizei die Verhaftung der TV-Bosse verlangt haben. Aber auch andere Medien von New York über Chicago bis St. Louis verzeichneten Zehntausende von Beschwerden.

Am nächsten Tag sah sich NBC-Präsident Julian Goodman höchstpersönlich bemüßigt, sich in einer Fernsehansprache an

die Nation in aller Form zu entschuldigen. Er begründete den Faux-
pas mit „menschlichem Versagen". Die Programmverantwortlichen
hätten sich Sorgen um die vor den Fernsehschirmen sitzenden
Kinder gemacht, die sehnsüchtig auf ihren Film gewartet hätten.
Durch dieses „menschliche Versagen" ging diese Partie als das
„Heidi Game" in die Fernseh- und Football-Geschichte ein. Im
AFL Championship Game gab es dann keine Übertragungs-
probleme. NBC blieb beim spannenden 27:23-Erfolg der New York
Jets bis zum Schlusspfiff auf Sendung.

In der NFL gab es ebenfalls einen neuen Champion. Weder Green
Bay noch die Dallas Cowboys konnten ihren Erfolg wiederholen.
Die Packers versanken ohne Lombardi in der Bedeutungslosigkeit. Fairerweise muss aber gesagt werden, dass dies vermutlich
auch mit Lombardi passiert wäre. Die Leistungsträger hatten ihre
besten Tage schon hinter sich, und der Nachwuchs erwies sich
als bei weitem nicht so talentiert wie die Vorgängergeneration.

Das NFL-Endspiel brachte so eine Neuauflage des Jahres 1964.
Damals hatten die Cleveland Browns mit 27:0 über die Baltimore
Colts triumphiert. Diesmal drehten die Colts den Spieß um und
nahmen mit 34:0 deutlich Revanche. Die Colts hatten die mit
Abstand beste Defense der Liga und die Packers in dieser Kate-
gorie abgelöst. Don Shula, der neue Head Coach der Colts, hatte
das Team trotz einer Verletzung von Star-Quarterback Johnny
Unitas zum Meistertitel geführt. Ersatzmann Earl Morrall warf 26
Touchdowns und erhielt die Auszeichnung „NFL Player of the Year".
Aber es war vor allem die Defense der Colts, die ihren Ruf als
eines der besten Teams in der Geschichte der NFL begründete.
Ihr Spezialität war der „Maximum Blitz", bei dem acht Abwehrspieler Jagd auf den Quarterback machten. Damit waren sie so
erfolgreich, dass sie in der ganzen Saison nur ein Spiel verloren
und mit 133 zugelassenen Punkten einen neuen Rekord aufstell-
ten. Vier ihrer Gegner hatten sie sogar „zu Null" deklassiert.

Da konnten die New York Jets im Super Bowl III nur der krasse
Außenseiter sein. Sie galten in Fachkreisen nicht einmal als das
stärkste Team der AFL. Alle waren sich einig: Das Spiel würde ein
erneutes Desaster für die AFL werden, vermutlich noch deutlicher
als in den beiden Vorjahren. Demzufolge waren die Colts bei den
Buchmachern mit 18 Punkten Favorit. Jets-Coach Weeb Ewbank
war dies mehr als recht. Er wollte den Außenseiterstatus für sein
Team nutzen. Und Ewbank hatte noch einen Trumpf im Ärmel.
Unmittelbar bevor er zu den Jets kam, war er von 1954 bis 1962
bei den Baltimore Colts tätig gewesen. Fast alle Leistungsträger
hatten noch unter ihm gespielt. So kannte er alle Stärken und

Schwächen des Gegners und konnte sein Team darauf optimal einstellen.

Angesichts der scheinbar einseitigen Geschichte hielt sich das Fan- und Medieninteresse in engen Grenzen. Man musste befürchten, dass das Stadion im Miami erneut nicht ausverkauft sein könnte. CBS ging sogar schon so weit, in der Kabine der Colts bereits alles für die Übergabe der Trophäe vorzubereiten, so sicher schien der Sieg der Colts. Da sorgte Jets-Quarterback Joe Namath, drei Tage vor dem großen Spiel mit einer im Zorn fallen gelassenen Äußerung für das maximal mögliche Fan- und Medieninteresse.

Titelseite TIME
vom 16.10.1972
Joe Namath

Er schilderte den Vorfall später so: „Ich war im „Miami Touchdown Club" eingeladen, um eine Ehrung für das ganze Team entgegen zu nehmen. Als die Laudatio vorüber war, ging ich an das Pult, um ein paar Worte an die Anwesenden zu richten. In diesem Augenblick schallte es aus dem hinteren Bereichs des Raums. „Hey, Namath, wir werden euch in den Hintern treten." Ob dieser Unverschämtheit war Namath voller Wut und ließ sich zu einer flapsigen Antwort hinreißen: „Hey Buddy, nicht so schnell. Ich habe Neuigkeiten für dich. Wir werden das Spiel gewinnen. Das garantiere ich dir."

So ganz wohl fühlte sich Namath nach dieser Aussage jedoch nicht und vertraute sich deshalb noch am gleichen Abend seinem Head Coach Weeb Ewbank an. Der rügte Namath, was diesen nach eigenen Angaben zu folgender Aussage zwang: „Aber Coach? Sie haben uns doch im Training immer wieder gesagt, dass wir das bessere Team sind und das Spiel gewinnen werden. Genau das habe ich auch gesagt. Stimmt das denn nicht? Haben sie uns etwa belogen?" Ewbank darauf: „Nein, natürlich werden wir das Spiel gewinnen. Aber du hättest dies nicht so offen sagen dürfen."

Heute ist man an Aussagen dieser Art gewöhnt, in der damaligen Zeit war es noch eine Ungeheuerlichkeit. In einer Zeit, in der die Spieler noch nicht so medienabhängig wie heute waren, galt eine solche Äußerung in den Augen der Amerikaner quasi als grobe Unsportlichkeit. Millionen von NFL-Fans waren auf das Äußerste entrüstet, die Medien stürzten sich begierig auf diese paar Sätze. Endlich hatten sie für den scheinbar langweiligen Super Bowl III einen Aufhänger. Alle Zeitungen brachten diese Worte, meist sogar auf der Titelseite. Es war die Top-Nachricht der nächsten drei

Tage und sorgte dafür, dass plötzlich jeder diesem Spiel entgegen-
fieberte, um die Einlösung des Versprechens oder die totale Blamage der Jets zu sehen.

Innerhalb der Organisation der Jets sorgten diese Worte aber
für wenig Aufregung. Im Grunde stimmten die Spieler ihrem
Quarterback zu. Auch sie waren selbstbewusst genug, um sich
als klarer Sieger zu sehen. Nur hätten sie dies im Gegensatz zu
Namath nie in dieser Form öffentlich gesagt. Auf die Ausgangsposition der Jets hatte dies alles aber wenig Auswirkung. Namath
hatte nur den Spielern der Colts ungewollt zusätzliche Motivation
gegeben. Sie wollten diesen „Emporkömmling" nun erst recht in
die Schranken weisen.

Das Spiel begann auch wie erwartet. Die Colts übernahmen
schnell das Kommando und marschierten bis kurz vor die Endzone der Jets, ehe Lou Michaels zum Field Goal antrat. Sein Schuss
segelte am Tor vorbei und war der erste große Fehler der Colts an
diesem Tag. Nur wenig später verlor Jets-WR George Sauer den
Ball an der eigenen 19-Yard-Linie und brachte die Colts so erneut in eine aussichtsreiche Situation. Earl Morralls Pass in die
Endzone wurde aber von CB Randy Beverly abgefangen. Dies rettete die Jets zum zweiten Mal. Im direkten Gegenzug setzten sie
ihrerseits zu ihrer besten Angriffsserie und dem einzigen Touchdown der Partie an. Mit Läufen durch RB Matt Snell und kurzen

Pässen von Namath tricksten sie die Baltimore
Colts ein ums andere Mal aus. Snell stellte
schließlich mit einem Lauf über neun Yards
die 7:0-Führung her. Die Footballwelt stand
kopf.

Und nach dieser Führung unterliefen den
Colts noch mehr schwere Fehler. Nach zwei
weiteren Interceptions von QB Morrall und
einem Fumble von RB Tom Matte bauten die
Jets ihre Führung durch drei Field Goals von
Jim Turner auf 16:0 aus. Die Sensation war
zum Greifen nah. Da holte Don Shula seinen
letzten Trumpf aus dem Ärmel: Morrall musste raus - Quarterback-Legende Johnny Unitas
kam hinein. Eine gewisse Unruhe breitete sich
bei den Jets aus, denn Unitas galt als Meister

Johnny Unitas
Denkmal vor dem
Stadion in Baltimore

des Comebacks und hatte diese Fähigkeit schon in unzähligen
Spielen bewiesen. „Keine Frage, mir wurde etwas mulmig" gab
Namath später zu. „Johnny Unitas war der größte Quarterback
der Liga. Da durfte man schon etwas unruhig werden." Die Unru-

he dauerte jedoch nicht lange. „Schon nach den ersten Pässen war mir klar, das war nicht der Unitas, den wir fürchteten", bemerkte CB Johnny Sample. „Seine Pässe waren kraftlos und flatterten." Seine Ellbogenverletzung vom ersten Spieltag war nicht ausgeheilt, seine Einwechslung nicht mehr als ein Akt der Verzweiflung von Coach Shula. Sein einziger Touchdown-Pass war dann nur etwas Ergebniskosmetik für die Colts. Umdrehen konnte er das Spiel nicht mehr.

Upper Deck
Trading Card
Joe Namath

Am Ende hatten die Jets mit 16:7 gewonnen und für die größte Sensation in der amerikanischen Sportgeschichte gesorgt. Dieses Ereignis ist mit dem Sieg der deutschen Fußballmannschaft im WM-Finale 1954 über Ungarn zu vergleichen. So wie dies den deutschen Fußball über Nacht in die Riege der großen Fußballnationen katapultierte, so markierte der Sieg der Jets den Aufstieg des Super Bowls zum größten Einzelsportereignis der Welt. Und ähnlich wie die ungarischen Fußballer konnten die unterlegenen Colts diese Schmach nicht verwinden. „Ich werde diese Niederlage nie vergessen", sagte RB Tom Matte. „Wir waren die Ersten, die ein Endspiel gegen die AFL verloren haben."

Die AFL endlich auf Augenhöhe

Nach diesem denkwürdigen Sieg der Jets war noch ein weiteres Hindernis auf dem Weg in eine gemeinsame Zukunft zu beseitigen. Wie sollte die gemeinsame NFL ab der Saison 1970 aussehen? Insgesamt gab es inzwischen 26 Teams, 16 in der NFL und 10 in der AFL. Diese sollten in zwei gleich große Conferences mit je 13 Teams aufgeteilt werden. Also mussten drei NFL-Teams zu den AFL-Teams stoßen, doch keiner der Besitzer wollte diesen Schritt freiwillig gehen. Im Mai 1969 trafen sich die Vertreter der 26 Klubs und entschieden in einer Marathonsitzung von 36 Stunden Dauer über das Schicksal der Football-Welt. Es herrschte Chaos: Nach über 30 Stunden Verhandlung sahen die Beteiligten nicht mehr allzu frisch aus. Einige waren auf ihren Stühlen eingeschlafen oder suchten etwas Ruhe in den Sesseln vor den Sitzungszimmern. Dann kam aber doch noch der Durchbruch. Carroll Rosenbloom von den Colts erklärte sich als Erster bereit, mit seinem Team in die AFC zu wechseln. Kurz danach konnte Steelers-Chef Art Rooney seinen Freund Art Modell (Cleveland Browns) überzeugen, mit ihm zusammen in die AFC zu gehen. So sollte die über Jahrzehnte gewachsene Rivalität, die beiden Klubs Jahr für Jahr jeweils ein volles Haus beschert hatte, erhalten bleiben. Zusätzlich sollte eine weitere lukrative Rivalität mit den Cincinnati Bengals von Paul Brown entstehen. Am Ende verkündete Pete Rozelle die erfolgreiche Umwandlung der zwei Ligen in zwei Conferences zu je 13 Teams, unterteilt in jeweils drei Divisionen. Die Grundstruktur der heutigen NFL war damit geschaffen.

Sportlich war die Herrlichkeit der Jets schnell wieder vorbei. Die Raiders zogen zum dritten Mal in Folge ins Endspiel der AFL ein, verloren aber dort wieder, diesmal mit 7:17 gegen die Kansas City Chiefs. Diese brannten darauf, die Demontage von Super Bowl I vergessen zu machen und ihre Gleichwertigkeit mit den NFL-Teams zu beweisen. In der NFL galt der Sieg der Jets bis dahin noch immer als Zufall. Schon in Super Bowl IV würde der NFL-Vertreter den Ruf der NFL als stärkere Liga wieder herstellen, glaubte man. Diese Hoffnungen trugen die Minnesota Vikings, die vor allem auf ihre starke Defense bauten. Prunkstück war die Defensive Line mit Carl Eller, Alan Page, Jim Marshall und Gary Larson. Aufgrund ihrer Härte und Kompromisslosigkeit wurden die Vikings von ihren Fans auch liebevoll „the Purple People Eaters" genannt. Die Spieler standen am Anfang ihrer Karrieren, und dies war der erste von vier Auftritten der Vikings in einem Super Bowl.

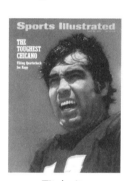

Titelseite
Sports Illustrated
vom 20.7.1970
Joe Kapp

Für die Buchmacher war wie gewohnt alles klar. Die Vikings waren Favorit mit 14 Punkten. „Die Buchmacher haben einfach nichts dazugelernt", ereiferte sich Houston-Oilers-QB George Blanda. Chiefs-Head-Coach Hank Stram hatte die Schwächen der Vikings klar analysiert. In der Offense lebten die Vikings vor allem von ihrem Laufspiel. Quarterback Joe Kapp war eher nur Durchschnitt. Stram wollte das Laufspiel der Vikings zum Erliegen bringen. Er war sich sicher, Kapp würde das Spiel für die Vikings nicht gewinnen können. Auf der anderen Seite verstärkte er den Schutz für seinen Quarterback Len Dawson. Die beiden gefürchteten Ends Eller und Page sollten in Doppeldeckung genommen werden. Der Rest wäre ein Kinderspiel.

Ganz so leicht wurde es zwar nicht, aber der Plan funktionierte am Ende doch. Die Offense der Vikings konnte wie vorgesehen fast völlig gestoppt werden. Aber die große Defense der Vikings konnte man nicht komplett ausschalten. Immerhin reichte es zunächst für drei Field Goals durch Jan Stenerud zur 9:0-Führung. Und als RB Mike Garrett nach einem Fumble der Vikings auf 16:0 erhöhte, wurde die NFL erneut in ihren Grundfesten erschüttert. Nach einem zwischenzeitlichen Touchdown für die Vikings durch RB Dave Osborn machte WR Otis Taylor auf Vorlage von Len Dawson den Triumph der Chiefs zum 23:7 komplett. Joe Kapp hatte dagegen zwei Interceptions verursacht. Erneut triumphierte die AFL über den alteingesessenen Kontrahenten.

Dieser Erfolg der AFL war noch weit wichtiger als der in Super Bowl III, bewies er doch, dass der Erfolg der Jets keine Ausnahme gewesen war. Die Chiefs erwiesen sich den Vikings nämlich nicht nur taktisch, sondern auch körperlich als überlegen. So konnte die AFL erhobenen Hauptes in die gemeinsame Zukunft mit der NFL gehen. Im Frühjahr 1970 gelang Pete Rozelle ein weiterer TV-Coup. Er schloss einen neuen Fernsehvertrag für die gesamte Liga mit drei Fernsehgesellschaften ab. Neben den etablierten Partnern CBS und NBC konnte Rozelle ABC als dritten Sender gewinnen. Dieser Vertrag markierte den Beginn von „Monday Night Football". Seither wird regelmäßig ein Spiel am Montagabend gespielt und ursprünglich von ABC, später von ESPN ausgestrahlt. Diese Idee hatte schon länger in Rozelles Kopf herumgespukt, nur hatte keine der etablierten Fernsehanstalten Interesse gezeigt. Schließlich konnte er ABC überzeugen, das Wagnis einzugehen. Damals konnte Rozelle noch nicht ahnen, dass er damit die erfolgreichste Football-TV-Sendung der Geschichte ins Leben gerufen hatte.

Von der Sportliga zum Unternehmen

Zeit der Dynastien

NFL in neuem Gewand

In den 70er Jahren gab es in der NFL gravierende Veränderungen. Sie entwickelte sich jetzt zu der NFL, wie man sie bis heute kennt. Die erste dieser Änderungen war der Vollzug des bereits 1966 zwischen der NFL und ihrer Konkurrenz AFL beschlossenen Zusammenschlusses der beiden Ligen. Bereits seit 1966 hatten die beiden Ligen ihre Champions am Ende der Saison im Super Bowl den Meister des Profi-Footballs ermitteln lassen, mit Beginn der Saison 1970 trat die NFL dann im neuen Gewand auf. Die Teams der AFL gingen in der NFL auf. Als Reminiszenz an die Vergangenheit wurde die Liga in zwei Conferences, die American Football Conference (AFC) und die National Football Conference (NFC), mit je drei Divisionen geteilt. Jede dieser beiden Conferences ermittelte einen Champion. Diese beiden trafen dann im Super Bowl aufeinander. So ist das bis heute. Die AFC wurde aus den zehn bisherigen AFL-Teams plus drei Teams der alten NFL gebildet, die übrigen 13 Teams der alten NFL bildeten die NFC.

In diese Zeit fielen auch eine Reihe wichtiger Regeländerungen, die zum einen das Spiel attraktiver machen und zum anderen die Sicherheit für die Spieler erhöhen sollten. Die Attraktivität des Spiels zu erhöhen, hieß, das Passpiel zu fördern. Um dies zu erreichen, verbot man den Abwehrspielern zunächst, einen Receiver mehr als einmal anzurempeln (1974), und erlaubte dieses später (1978) nur noch innerhalb der ersten fünf Yards hinter der Line of Scrimmage. Außerdem erlaubte man den Offensive Linemen, mit ausgestreckten Armen und geöffneten Handflächen zu blocken (1978) und hielt die Schiedsrichter an, einen Spielzug schneller abzupfeifen, wenn ein Abwehrspieler den Quarterback erkennbar im Griff hat (1979). Zu den die Gesundheit der Spieler schützenden Regeländerungen gehörte das Verbot des so genannten „Rolling Blocks" (in die Beine eines Gegenspielers zu rollen, um zu blocken). Auch wurde der „Crackback Block" entschärft. Receivern wurde nicht mehr erlaubt, von hinten in die Beine zu blocken (1974). Spieler des Kickoff-, Punt- und Field-Goal-Teams durften dann ab 1979 keine Blocks mehr unterhalb der Gürtellinie setzen.

Auch jenseits des Regelwerks gab es Neuerungen beziehungsweise Änderungen. So übernahm man aus der AFL schon 1970, dass die Trikots auf dem Rücken die Spielernamen trugen und dass die Stadionuhr die offizielle Spielzeit darstellte. 1974 führte man auch für Regular-Season- und Preseason-Spiele die „Sudden Death Overtime", also eine Verlängerung, die mit den ersten erzielten Punkten beendet ist, ein. Für Playoff-Spiele wurde diese schon seit langem verwendet. Weiterhin wurden die Goal Posts auf die hintere Linie der Endzone verlegt. Ab 1975 galt, dass in den Divisional Playoffs die jeweils beiden Divisionssieger mit der besten Regular-Season-Bilanz und in den Conference Championship Games die Teams mit der besseren Regular-Season-Bilanz Heimrecht haben. Vorher wurde dieses rotierend vergeben. 1976 wurde eine „30 Second Clock" eingeführt, die jedermann im Stadion die Zeit anzeigte, die nach der Freigabe des Balles durch die Schiedsrichter bis zum Beginn des nächsten Spielzuges maximal noch verblieb. 1978 führte man einen siebten Schiedsrichter, den Side Judge, ein und verlängerte die Regular Season von 14 auf 16 Spiele. Gleichzeitig wurde die Preseason von sechs auf vier Spiele verkürzt. Außerdem gab es ab diesem Zeitpunkt ein zweites Wild-Card-Team pro Conference und dadurch erstmals Wild Card Games.

30 Second Clock

Und die NFL wuchs in diesem Jahrzehnt. 1974 beschlossen die NFL-Team-Besitzer eine Erweiterung um zwei Teams, die Seattle Seahawks und die Tampa Bay Buccaneers, die ab 1976 am Spielbetrieb teilnahmen. Die Seahawks wurden zunächst der NFC West Division zugeteilt, die Buccaneers der AFC West Division. 1977 änderte man das gleich wieder und steckte die Seahawks in die AFC West Division und die Buccaneers in die NFC Central Division. Die beide Neulinge hatten es schwerer, konkurrenzfähig zu werden als spätere „Expansion Teams". Personell bestückt wurden die Neulinge einerseits mit unerfahrenen über die Draft geholten Spielern, andererseits mit Veteranen der anderen Teams, die dort nur noch zweite Wahl waren. Die Buccaneers etwa hatten nur vier Spieler im Kader, die bei ihren ehemaligen Teams in der Saison 1975 in der Anfangsformation gestanden hatten. Dennoch verzichtete Head Coach John McKay darauf, im Tausch gegen Draft-Zugriffe den einen oder anderen guten Veteranen zu holen. Er nahm die zu erwartende Prügel zu Beginn um der Zukunft willen in Kauf. „Es wäre ein Fehler zu versuchen, zu schnell erfolgreich sein zu wollen. Ich werde nicht alles tun, nur um das eine oder andere Spiel zu gewinnen, wenn es grundsätzlich darum geht, ein neues Football-Team aufzubauen", sagte er im Frühjahr 1976.

Zu der Erkenntnis, dass es aus wirtschaftlicher Sicht wichtig ist, dass auch neue Teams von Beginn an konkurrenzfähig sein müssen, kam die NFL erst später und setzte das dann bei den Liga-Erweiterungen in den 90er Jahren um. 1976 war man Marketing-technisch so weit noch nicht. Die Ergebnisse waren entsprechend. Die Buccaneers stellten einen traurigen NFL-Rekord auf: Sie verloren zu Beginn ihrer NFL-Existenz die ersten 26 Regular-Season-Spiele in Folge (alle 14 der Saison 1976 sowie die ersten zwölf der Saison 1977). Und das war nicht die einzige traurige Zahl. In elf dieser 26 Spiele erzielten die Buccaneers überhaupt keine Punkte und in zwei weiteren nur jeweils drei, und die nur 125 (1976) beziehungsweise 103 (1977) erzielten Punkte waren von einer Ausnahme abgesehen (111 der Atlanta Falcons 1974) die schlechteste Punktausbeute seit Green Bays 114 kärglichen Zählern in der Saison 1949 (wobei die in nur zwölf Spielen erzielt wurden).

Es dauerte bis zum Ende der Saison 1977, ehe die Buccaneers endlich Erfolge feiern konnten (abgesehen von den drei Siegen in Preseason-Spielen). Am 13. Spieltag gab es ein 33:14 bei den New Orleans Saints, am 14. Spieltag einen 17:7-Heimsieg gegen die St. Louis Cardinals. Die Seahawks machten es etwas besser. 1976 gewannen sie zwei Spiele, eines im Übrigen am sechsten Spieltag mit 13:10 in Tampa, 1977 holten sie dann schon fünf Siege und wurden nicht Letzter in ihrer Gruppe. Am Ende der 70er Jahre konnten beide Teams, gestärkt durch gute Draft-Entscheidungen und die wachsende Routine der jungen Spieler, dann doch mithalten. Die Seahawks erreichten 1978 und 1979 jeweils neun Siege, und die Buccaneers wurden 1979 sogar Erster ihrer Division und zogen in das NFC Championship Game ein.

Der neben der Entscheidung, mit der AFL zu fusionieren, wichtigste Schritt für die weitere Entwicklung der NFL hin zur stärksten der großen Sportligen waren die Erfolge an der TV-Front in den 70er Jahren. Die Idee der Übertragung aller Spiele war, wie viele andere Neuerungen, ebenfalls in der AFL geboren worden. Deren Spiele wurden anfangs von ABC, später von NBC übertragen. Die NFL hatte diese Idee alsbald übernommen und unter der Führung von NFL Commissioner Pete Rozelle und Art Modell, seit 1961 Besitzer der Cleveland Browns, mit CBS für die Spielzeiten

1962 und 1963 den ersten TV-Vertrag abgeschlossen – für aus heutiger Sicht kümmerliche 4,65 Millionen Dollar. Nach dem Zusammenschluss mit der AFL stieß die NFL hier in neue Dimensionen vor. Der Vier-Jahres-Vertrag für die Spielzeiten 1970 bis 1973 mit den Sendern ABC, CBS und NBC hatte einen finanziellen Umfang von rund 185 Millionen Dollar. CBS bekam die Übertragungsrechte für die NFC-Spiele, NBC die für die AFC-Spiele. Bei Interconference-Spielen entschied die Conference-Zugehörigkeit des Gast-Teams über den übertragenden Sender. ABC übertrug „nur" ein Spiel pro Spieltag, am Montagabend zur „Prime Time", der besten Sendezeit.

„Monday Night Football"
computerisiertes Spiel

Die „Ehe" der NFL mit den Fernseh-Anstalten war ein gutes Geschäft für beide Seiten. Die ständige TV-Präsenz und vor allem auch die Art, in der man das Produkt NFL bei „Monday Night Football" fast schon zelebrierte, verhalf der NFL zu immer größerer Popularität, außerdem füllte der TV-Vertrag die Kassen der Teams. Auf der anderen Seite waren die Übertragungsrechte jeden Dollar wert, denn die NFL-Übertragungen bescherten den Sendern „satte" Einschaltquoten. Die Monday-Night-Übertragungen waren bis in die späten 90er Jahre eines der Zugpferde im ABC-Programm, und die Liste der zehn Sendungen mit den höchsten Einschaltquoten in der Geschichte des US-Fernsehens besteht mehrheitlich aus Übertragungen von Super Bowls. Die Folge der wachsenden Popularität war, dass die NFL mit jedem neuen Vertrag deutlich mehr herausholte. Und die Sprünge waren dabei schon in den 70er Jahren, als es für ABC, CBS und NBC noch keine konkurrierenden Bieter gab (in den 80er und 90er Jahren mischten dann ESPN, TNT und FOX mit), immens. Der zweite Vier-Jahres-Vertrag der NFL mit den drei „Networks" (für die Spielzeiten 1974 bis 1977) brachte der NFL 269 Millionen Dollar, der für die Jahre 1978 bis 1981 mehr als doppelt soviel, nämlich 646 Millionen. Diese Entwicklung hielt in den 80er und 90er Jahren an. Für die Acht-Jahres-Verträge ab 1998 (17,6 Milliarden) und 2006 (20,4 Milliarden) kassierte die NFL bereits mehr als zwei Milliarden Dollar pro Saison. Ab 2014 sind es bei einem Gesamtvolumen von 39,6 Milliarden Dollar bis vorerst 2022 über vier Milliarden jährlich.

Sportlich waren die 70er Jahre geprägt von den so genannten „Dynasties", Teams, die über Jahre das Geschehen beherrschten und mehrfach den Super Bowl gewannen. Solche Teams hatte es natürlich zuvor auch gegeben, zuletzt vor dem Zusammenschluss von NFL und AFL in Gestalt der Green Bay Packers, die das dominierende Team der 60er Jahre waren und folgerichtig auch die ersten beiden Super Bowls gewannen. In den 70er Jahren gab es deren gleich drei, die zwischen 1970 und 1979 acht der zehn Titel gewannen, zusammen auf zwölf Super-Bowl-Teilnahmen und 19 Divisionstitel kamen.

Die erste dieser Dynastien waren zu Beginn des Jahrzehnts die Miami Dolphins, die von 1971 bis 1973 dreimal in Folge im Super Bowl standen, ihn zweimal (1972 und 1973) gewannen und 1972 mit ihrer so genannten „Perfect Season" (alle Spiele gewonnen) eine bis dahin und bis heute einmalige Bestmarke setzten. Ihre Nachfolge in Sachen Dominanz übernahmen ab 1974 die Pittsburgh Steelers, die selbst für etwas bis heute Einmaliges sorgten. Sie holten gleich zweimal zwei Super-Bowl-Siege in Folge (1974 und 1975 sowie 1978 und 1979). Parallel zu den Erfolgsgeschichten dieser beiden dominierenden Teams der AFC verlief die der Dallas Cowboys, dem selbsternannten „America's Team", in der NFC. Sie zogen in diesen zehn Jahren sogar fünfmal ins Endspiel ein und gewannen zweimal (1971 und 1977).

Daneben gab es mit Oakland Raiders, Minnesota Vikings und Los Angeles Rams noch drei weitere Teams, die ihre Divisionen genauso dominierten wie Steelers, Dolphins und Cowboys, aber nie den Status einer „Dynasty" erreichten, weil sie immer wieder in den Playoffs an den drei anderen scheiterten. Eine schon tragische Figur machten dabei die Minnesota Vikings mit ihrem Quarterback-Star Fran Tarkenton und der als „Purple People Eaters" in die Geschichte eingegangenen Abwehr. Zwei Jahrzehnte, bevor die gesamte Football-Welt die Buffalo Bills nach ihren vier Super-Bowl-Niederlagen in Folge zu Beginn der 90er Jahre mitleidig belächelte, hatten sich die Vikings das Image des ewigen Zweiten „verdient". Sie gewannen in den 70er Jahren die meisten Divisionstitel (acht), waren viermal der „Top Seed" in der NFC für die Playoffs und zwei weitere Male punktgleich mit dem Team, das das Heimrecht für die Dauer der Playoffs hatte. Nimmt

Fran Tarkenton

man die Super-Bowl-Teilnahme der Saison 1969 hinzu, dann standen sie in acht Jahren viermal im Finale, nur gewinnen konnten sie nie. Und was die Sache verschlimmerte: Bei allen Endspiel-Auftritten waren sie letztlich chancenlos. Bei ihren ersten drei Super

Bowls erzielten sie nur jeweils einen Touchdown und im vierten beim 14:32 gegen Oakland am Ende der Saison 1976 zwar zwei, die aber, als man mit 0:19 beziehungsweise 7:32 schon hoffnungslos zurücklag. Selbst das relativ knappe 6:16 gegen Pittsburgh in der Saison 1974 täuschte. Pittsburgh hatte am Ende fast dreimal so viele Yards geholt wie die Vikings, und ohne einen nach einem geblockten Punt in der Endzone eroberten Ball hätten die Vikings wohl überhaupt keine Punkte erzielt.

Dennoch gelten die Vikings heute als das beste Team der NFL, welches nie einen Super Bowl gewonnen hat. Architekt dieser Mannschaft war Harold Peter Grant Jr. oder kurz „Bud" Grant. Er stand den Vikings von 1967 bis 1983 sowie 1985 als Head Coach vor und erreichte mit seinem Team 161 Siege bei nur 99 Niederlagen. Grant kam aus Kanada zu den Vikings, wohin er 1953 als überaus erfolgreicher Spieler der Philadelphia Eagles gewechselt war.

Bud Grant

Anders als heute war die CFL keine Alternativliga für Spieler, welche sich in der NFL nicht durchsetzen konnten. Zu jener Zeit war es nicht unüblich, dass im kalten Norden höhere Gehälter gezahlt wurden als in der NFL. Auch Grant bekam einen lukrativen Vertrag angeboten und setzte daher seine Karriere in Kanada fort. Nach Ende seiner aktiven Laufbahn blieb er auch als Coach dort und erreichte mit seinen Winnipeg Blue Bombers sechs Mal das Endspiel, wobei er vier Titel gewann. Schon 1961 bei der Gründung der Vikings hatte man ihm den Posten des Head Coaches angeboten. Er blieb jedoch in Kanada. Erst sechs Jahre später wagte er den geografisch nur kleinen Schritt zurück in die USA in das benachbarte Minnesota, wo er seine Trainerlaufbahn mit großem Erfolg fortsetzte, sieht man einmal von den Misserfolgen im Super Bowl ab.

Die Los Angeles Rams hätten das Schicksal wahrscheinlich gerne geteilt. Jahrelang galten auch sie immer wieder als Super-Bowl-Kandidat, gewannen zwischen 1973 und 1979 sieben Mal in Folge ihre Division und holten dabei sechsmal zwischen zehn und zwölf Siegen. Tatsächlich ins Finale schafften sie es nur einmal, und das auch noch ausgerechnet in dem schwächsten dieser sieben Jahre. 1979, als man mit einer 9-7-Bilanz Gruppensieger wurde, in den Playoffs dann aber mit Siegen in Dallas (21:19) und Tampa (9:0) überraschte. Auch im Super Bowl gegen Pittsburgh machten die Rams eine gute Figur, verloren aber nach zwischenzeitlicher 19:17-Führung am Ende mit 19:31. Dass es zu mehr nicht reichte, lag daran, dass die Rams in den Playoffs jeweils dreimal an den Dallas Cowboys beziehungsweise den Minnesota Vikings scheiterten, gegen beide je zweimal im NFC Championship Game.

Die einzige dieser drei „verhinderten" Dynastien, die nicht ganz mit leeren Händen dastand, waren die Oakland Raiders. Auch sie hatten zunächst das Pech, immer wieder an den beiden anderen Top-Teams in ihrer Conference, Pittsburgh und Miami, zu scheitern. Zwischen 1972 und 1975 war in den Playoffs viermal gegen einen dieser beiden Platzhirsche Endstation. Aber 1976 kam das Team von Head Coach John Madden, der später als TV-Kommentator seine Karriere erfolgreich fortsetzte und mit seinem Namen auch für das allseits bekannte Computer-Football-Spiel bürgt, dann doch bis ins Finale durch. Mit QB Ken Stabler, WR Fred Biletnikoff, TE Dave Casper, OT Art Shell, G Gene Upshaw, DE John Matuszak, LB Ted Hendricks und S Jack Tatum verfügten die Raiders über einige der herausragenden Spieler der 70er

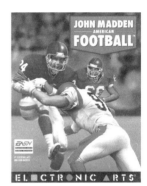

Computerspiel
John Madden Football
von Electronic Arts

Jahre. Sie erreichten in dieser Saison mit 13 Siegen und nur einer Niederlage die beste Regular-Season-Bilanz aller Teams. Beim 24:21-Sieg gegen New England in den Divisional Playoffs benötigte man dann allerdings auch etwas Glück, bevor ein souveräner 24:7-Erfolg im AFC Championship Game gegen Angstgegner Pittsburgh den Einzug in den Super Bowl XI sicherte. Dort trumpften die Raiders groß auf. Gegen die hoch gelobte Abwehr der Minnesota Vikings, nach zugelassenen Punkten die zweitbeste der NFL hinter der der Steelers, stellten sie mit 429 Total Yards einen neuen Super-Bowl-Rekord auf. Dadurch konnten sie bis zur Halbzeit eine 19:0-Führung vorlegen und gewannen letztlich mit 32:14 deutlich.

Pittsburgh Steelers: Der Eiserne Vorhang

Die Pittsburgh Steelers waren das Team der 70er Jahre, der Inbegriff einer „Dynasty" schlechthin. Mit vier Super-Bowl-Erfolgen binnen sechs Jahren - in den Spielzeiten 1974, 1975, 1978 und 1979 - setzten sie neue Maßstäbe. Der Aufstieg des Teams zur NFL-Großmacht hatte 1972 begonnen, als die Steelers zum ersten Mal nach 25 Jahren wieder über die Regular Season hinaus kamen. In den knapp vier Jahrzehnten zuvor seit ihrer Gründung als Pittsburgh Pirates im Jahr 1933 hatten sie nur acht Mal überhaupt eine positive Abschlussbilanz erreicht, dies meist auch ganz knapp, und nur ein Playoff-Spiel bestritten (1947 – 0:21 gegen die Philadelphia Eagles). Head Coaches hielten sich bei den Steelers in der Regel nur wenige Jahre im Amt.

Dies alles änderte sich mit der Verpflichtung von Charles Henry, genannt „Chuck", Noll als neuem Head Coach im Januar 1969.

Elf Jahre später, im Januar 1980, blickten die Steelers auf acht Playoff-Teilnahmen in Folge, sieben Divisionstitel in acht Jahren und vier Super-Bowl-Erfolge zurück.

Eines der wichtigsten Erfolgsrezepte von Chuck Noll war sein Blick für Talente, was sich in einer Serie guter Draft-Entscheidungen zeigte. Mannschaften konnten damals ausschließlich über diesen Weg „zusammengebaut" werden. Das massenhafte Wechseln von Spielern via Free Agency, das seit den 90er Jahren typisch ist für die NFL, gab es zu

Jack Lambert

Nolls Zeit noch nicht. Ohne Kompensation wechseln konnten Spieler damals in der Regel erst, wenn sie schon deutlich älter als 30 Jahre waren. Die Draft war der Schlüssel zum Erfolg, und nur wenige Head Coaches in der Geschichte der NFL haben dabei eine vergleichbare Bilanz vorzuweisen wie Noll, besonders in seiner Anfangszeit. Zu seinem ersten Draft-Jahrgang 1969 gehörten unter anderem DT Joe Greene, DE L.C. Greenwood, QB Terry Hanratty und OT Jon Kolb. 1970 kamen QB Terry Bradshaw und CB Mel Blount hinzu, bevor 1971 LB Jack Ham, WR Frank Lewis und DE Dwight White zum Team stießen. Die Draft von RB Franco Harris im Jahr 1972 war dann ein weiterer Meilenstein, bevor 1974 mit LB Jack Lambert, den Wide Receivern John Stallworth und Lynn Swann sowie C Mike Webster, die Sache „so richtig rund" wurde. Neun dieser Spieler – Blount, Bradshaw, Greene, Ham, Harris, Lambert, Stallworth, Swann und Webster – wurden inzwischen in die Pro Football Hall of Fame aufgenommen, Noll selbst natürlich auch.

Und noch ein paar Zahlen machen den Umbruch unter Noll deutlich: Als die Steelers in der Saison 1974 ihren ersten Titel gewannen (16:6 gegen die Minnesota Vikings), da standen im 47-köpfigen Super-Bowl-Kader nur noch fünf Spieler und nur zwei Stammspieler (C Ray Mansfield und OLB Andy Russell), die noch von Nolls Vorgänger geholt worden waren, aber 14 der 17 über die Draft geholten Neuzugänge. Dieses Setzen auf junge Spieler war auch für Greene, einer der Top-Stars der NFL im Defensiv-Bereich in den 70er Jahren und der erste von Noll gedraftete Spieler, der Schlüssel zu den Erfolgen, die man ab 1974 erntete. „Coach Noll und Dan Rooney, der General Manager, hatten einen Plan, wie sie die Steelers aus der Finsternis führen wollten, und das Großartige daran ist, dass sie den Mut hatten, an dem Plan festzuhalten. Sie entschieden sich, auf junge Spieler zu setzen, hoch talentierte Athleten mit wenig Erfahrung, und dann zu warten, dass sie reifen", beschrieb er das später einmal.

Terry Bradshaw

Als Noll der Öffentlichkeit als neuer Head Coach vorgestellt wurde, war der damals 37-Jährige, der dem Trainerstab der Baltimore Colts angehört hatte, als die im Jahr zuvor mit der besten Regular-Season-Bilanz der NFL (13-1) und den wenigsten kassierten Punkten den Super Bowl erreichten, bestenfalls Insidern ein Begriff. Wahrscheinlich lag es an der ruhigen Art, seinem „no nonsense approach", mit dem er seine Arbeit verrichtete, was dazu führte, dass man ihn leicht „übersah". Selbst als er später längst ein Großer seiner Zunft war, Titel gewonnen hatte, stand er, was die öffentliche Wahrnehmung und die Medienpräsenz betraf, immer im Schatten anderer Coaching-Größen. Aber gerade seine zurückhaltende Art machte Noll in der Rückschau zu einer so idealen Wahl für die Steelers. Noll war einer, so haben Menschen, die damals unter ihm gearbeitet haben, immer wieder betont, der selbst in schwierigen Situationen – und davon gab es zu Beginn seiner Steelers-Karriere einige – nie in Panik geriet und die Gewissheit ausstrahlte, dass man das Ziel schon erreichen werde. Und Noll war im Gegensatz zu vielen seiner Vorgänger auch keiner, der den Steelers-Fans mit kernigen Sätzen eine schnelle Wende zum Besseren versprach. „Wir werden sehen. Wir versuchen es", antwortete er nach seiner Vorstellung als neuer Head Coach auf die Frage, ob er in Pittsburgh, wo schon so viele gescheitert waren, Erfolg haben könne, lapidar.

Von Erfolg konnte zunächst keine Rede sein. Wie so oft, wenn Head Coaches einen Neuaufbau stemmen müssen, ging es auch bei den Steelers unter Noll erst einmal weiter bergab. Das Abschneiden in der Saison 1968 (zwei Siege, ein Remis, elf Niederlagen) war ja schon schlimm gewesen, im ersten Jahr unter Noll aber verlor die Mannschaft nach einem Auftaktsieg gegen die Detroit Lions (16:13) die übrigen 13 Spiele der Saison und einschließlich der ersten drei Spiele der Saison 1970 letztlich 16 Spiele in Folge. Trotz der wenig schmeichelhaften Bilanz von einem Sieg aus 17 Spielen beharrte Noll darauf, dass die Mannschaft auf dem richtigen Weg sei. „Wir machen Fortschritte. Sportjournalisten können darüber nichts schreiben, weil sie es nicht sehen können. Aber in fünf Jahren wird dies ein großartiges Football-Team sein, und dann werden Sie vielleicht verstehen, was wir geleistet haben", so Noll damals gegenüber der Presse. Kurz darauf stellten sich tatsächlich die ersten Erfolge ein. Den drei Auftaktniederlagen folgten vier Siege in den nächsten fünf Spielen. Am Ende hatten die Steelers fünf Saisonspiele gewonnen, Quarterback-Neuling Terry Bradshaw hatte sein Potenzial angedeutet, und die Abwehr, in den beiden Jahren zuvor nach kassierten Punkten die schwächste der Liga, lag schon im statistischen Mittelfeld. Und kein geringerer als Vince Lombardi, der legendäre Head Coach der Green Bay Packers, prophezeite den Steelers am Ende der Saison 1970 eine große Zukunft. „Chuck Noll ist dabei, in Pittsburgh ein höllisches Football-Team aufzubauen. Ich erwarte, dass die Steelers das Team der Zukunft sind. Erinnern sie sich später daran, dass ich das mal gesagt habe", meinte Lombardi.

Franco Harris

Der von Noll für 1971 erhoffte Durchbruch gelang aber noch nicht (Bilanz: 6-8), erst 1972 kamen die Steelers in der Spitze an. Eine entscheidende Rolle spielte dabei RB Franco Harris, den die Steelers in jenem Jahr mit ihrem ersten Draft-Zugriff geholt hatten. Harris erlief in seiner ersten NFL-Saison 1.055 Yards und zehn Touchdowns, das Laufspiel der Steelers verbesserte sich dadurch in der Statistik von Platz 13 auf Platz zwei, und damit bekam der junge QB Terry Bradshaw, bei dem 1971 Licht und Schatten noch zu dicht beieinander gelegen hatten, die so dringend benötigte Entlastung. Wie wichtig Harris war, beschrieb Joe Greene im Vorfeld der Saison 1973 so: „Diese Mannschaft war auf dem Vormarsch. In den vier Jahren, die ich jetzt hier bin, haben das Management und die Coaches das Blatt komplett gewendet. Alles, was wir im letzten Jahr brauchten, war ein kleiner Katalysator – und dann kam Franco. Er hätte vor vier Jahren hierher kommen können, ohne dass es einen Unterschied ausgemacht hätte. Aber im letzten Jahr war er genau das, was wir brauchten, um die letzte Hürde zu nehmen."

Das sah dann so aus: Nach wechselhaftem Beginn (2-2-Bilanz nach den ersten vier Spielen) gewannen die Steelers neun ihrer letzten zehn Spiele (die einzige Niederlage war ein 24:26 bei den Cleveland Browns) und holten sich mit einer 11-3-Bilanz und einem Sieg Vorsprung vor den Browns Platz eins in der Division. Ihr erstes Playoff-Spiel nach 25 Jahren, ein 13:7-Heimsieg gegen die Oakland Raiders, ging dann sogleich in die NFL-Geschichte ein. Später genügte ein Schlagwort: „The Immaculate Reception", was so viel wie die unbefleckte Empfängnis heißt. Jeder Football-Fan wusste Bescheid, welch unglaublicher Spielzug die Steelers eine Runde weitergebracht hatte. 22 Sekunden vor Spielende hatten sie mit 6:7 zurückgelegen und sich mit einem vierten Versuch und zehn zu überbrückenden Yards an der eigenen 40-Yard-Linie konfrontiert gesehen. QB Terry Bradshaw wich einem heranstürmenden Verteidiger aus und warf einen Pass auf RB John „Frenchy" Fuqua. Der Pass traf die Shoulder Pads von Oaklands SS Jack Tatum, der Fuqua deckte. Von dort sprang der Ball zurück, RB Franco Harris bekam das Leder dicht über der Grasnarbe irgendwie zu fassen und lief dann ungehindert über 42 Yards zum Touchdown.

Mit noch ein bisschen mehr Glück wäre den Steelers vielleicht schon damals zum ersten Mal der Sprung ins Finale gelungen, aber eine Verletzung von Terry Bradshaw trug dazu bei, dass das AFC Championship Game auf eigenem Platz mit 17:21 verloren ging. Bradshaw hatte sein Team im ersten Viertel noch bis kurz vor Miamis Endzone geführt, dann aber bei einem Tackle von S Jake Scott den Ball verloren. Der Fumble wurde zwar in der Endzone von einem Mitspieler zum Touchdown erobert, aber Bradshaw hatte sich in der Szene an der rechten Schulter verletzt und schied während der nächsten Angriffsserie der Steelers aus. Ohne Bradshaw lief bei den Steelers im Angriff wenig, und die Dolphins zogen auf 21:7 davon. Als Bradshaw sieben Minuten vor Ende der Partie ins Spiel zurückkehrte, führte er die Mannschaft zwar noch zu zehn Punkten, aber eine Interception zweieinhalb Minuten vor Schluss beendete Pittsburghs Hoffnungen auf weitere „last minute heroics".

Der ganz große Wurf ließ noch etwas auf sich warten, 1973 gab es erst einmal einen kleinen „Rückschlag", weil wichtige Spieler wie Bradshaw, Harris, Fuqua und Bradshaws erster Ersatzmann Terry Hanratty vorübergehend verletzungsbedingt ausfielen. Drei Niederlagen in Folge in den Wochen zehn bis zwölf gegen Denver, in Cleveland und beim Titelverteidiger und späterem erneuten Super-Bowl-Gewinner Miami Dolphins kosteten die Steelers Platz eins in ihrer Division trotz gleicher Bilanz wie die Cincinnati Bengals. In der ersten Playoff-Runde revanchierten sich die Raiders mit einem 33:14 für die Playoff-Niederlage des Vorjahres.

1974 machten die Steelers aber ohne die Verletzungsprobleme des Vorjahres dort weiter, wo sie 1972 aufgehört hatten. Selbst dass QB Terry Bradshaw in Folge eines Spielerstreiks in der Preseason seinen Stammplatz für die ersten sechs Spiele an Joe Gilliam verlor, der sich am Streik nicht beteiligt und in der Preseason gut gespielt hatte, sollte keine negativen Auswirkungen haben. Mit Gilliam holten die Steelers vier Siege und ein Remis und verloren nur einmal (0:17 gegen Oakland), ab dem siebten Spiel war Bradshaw dann wieder die Nummer eins. In den Playoffs präsentierten sich die Steelers dann als ein Team, das Spiele sowohl mit schierer Angriffskraft als auch „enge" Partien mit Hilfe der Abwehr gewinnen konnte. Im Divisional-Playoff-Spiel fegten sie die Buffalo Bills mit Hilfe von fast 500 Angriffs-Yards und drei Touchdown-Läufen von Franco Harris innerhalb von knapp fünf Minuten im zweiten Viertel mit 32:14 vom Platz. Im AFC Championship Game trafen sie dann im dritten Jahr in Folge auf die Oakland Raiders, das Team mit der besten Regular-Season-Bilanz der Liga (12-2). Die Steelers gewannen in Oakland mit 24:13, vor allem dank ihrer Defense. Die ließ nur 29 Lauf-Yards des Gegners zu und bereitete mit langen Interception Returns zwei Touchdowns vor. Den Rest besorgten die Läufe von Harris und Rocky Bleier. Am Ende holten die Steelers 210 ihrer 305 Yards am Boden und drehten mit 21 Punkten im letzten Viertel einen 3:10-Rückstand in einen Sieg um.

Autogrammkarte
„Steel Curtain"

Diese „Blaupause" für den Erfolg funktionierte dann auch beim 16:6-Sieg gegen die Minnesota Vikings im Super Bowl in New Orleans am 12. Januar 1975. Während sich die Vikings mit Läufen die Zähne an der „Steel Curtain" genannten „Front Seven" (Defensive Linemen und Linebacker) ausbissen (17 Yards Raumgewinn mit Läufen), erlief allein Harris 158 Yards, die Steelers insgesamt 249 ihrer 333 Yards. „Sie haben genau die Dinge verhindert, die wir hätten machen müssen, und wenn dir das passiert, dann verlierst du", sagte Minnsotas RB Chuck Foreman nach dem Spiel entnervt. So reichte den Steelers nach 2:0-Halbzeitführung ein schneller Touchdown nach der Pause, ein 12-Yard-Lauf von Harris vier Spielzüge nach einem Fumble der Vikings beim Kickoff Return und ein kurzer Touchdown-Pass von Bradshaw knapp dreieinhalb Minuten vor Schluss. Die Steelers waren am Ziel, und Noll konnte stolz verkünden: „Ich denke, wir haben das physisch stärkste Team, das ich jemals gesehen habe".

Natürlich konnte im Januar 1975 niemand voraussehen, dass die Steelers in den folgenden Jahre neue Maßstäbe für Erfolg setzen würden, aber da Spieler wie Jack Lambert, John Stallworth oder Lynn Swann erst am Anfang ihrer Karriere standen und selbst die erfahrenen Leistungsträger wie Terry Bradshaw, Franco Harris, Joe Greene oder Mel Blount noch recht jung waren, ließ sich zumindest erahnen, dass der Erfolg von 1974 nicht der letzte bleiben würde. Das zeigte sich in der nächsten Saison. Die Steelers verloren nur zwei Spiele, am zweiten Spieltag gegen die Buffalo Bills (21:30), als sie vom späteren Top-Rusher der Saison, O.J. Simpson, fast im Alleingang geschlagen wurden, und am letzten Spieltag bei den Los Angeles Rams (3:10), als man als Divisionssieger und Team mit der besten Bilanz in der AFC bereits feststand. Dazwischen lagen elf zumeist klare Siege. Im ersten Playoff-Spiel ging es genauso weiter. 153 von Franco Harris erlaufene Yards bedeuteten einen neuen AFC-Playoff-Rekord. Mit dieser Leistung in der Vorhand schlug man die Baltimore Colts mit 28:10 problemlos.

O.J. Simpson
20 Jahre später
als CBS-Reporter

Im AFC Championship Game wurden die Steelers dann zum ersten Mal seit einem 24:17 gegen die Houston Oilers Mitte der Saison in einem Spiel, in dem es wirklich um etwas ging, wieder richtig gefordert. Auf vereistem Feld und bei bitterkalten Temperaturen schlugen sie einmal mehr die Raiders durch Touchdowns von Harris und Stallworth mit 16:10, und dies trotz acht Ballverlusten (drei Interceptions, fünf Fumbles). Im Super Bowl in Miami trafen die Steelers auf die Dallas Cowboys, die sich als erstes Wild-Card-Team der NFL-Geschichte für das Finale qualifiziert hatten. Nachdem die Cowboys mit den Minnesota Vikings und den Los Angeles Rams in den Playoffs schon die beiden anderen Teams mit 12-2-Regular-Season-Bilanzen neben Pittsburgh geschlagen hatten, sorgten die Cowboys dafür, dass der zehnte Super Bowl der bis dahin beste wurde.

Die favorisierten Steelers lagen bis in das vierte Viertel hinein nie vorn. Erst ein Safety durch einen geblockten Punt und anschließend zwei Field Goals brachten sie mit 15:10 in Führung. Mit Terry Bradshaws 64-Yard-Touchdown-Pass auf Lynn Swann zum 21:10 drei Minuten und zwei Sekunden vor Spielende schien die Partie entschieden zu sein. Dann überschlugen sich die Ereignisse. Dallas überbrückte in nur 66 Sekunden und fünf Spielzügen 80 Yards und kam auf 17:21 heran. Der Onside-Kick-Versuch blieb zwar ohne Erfolg, aber beim folgenden Ballbesitz wurden die Steelers im vierten Versuch an Dallas' 39-Yard-Linie gestoppt. Dallas erreichte noch die 38-Yard-Linie der Steelers, ehe eine Interception in der Endzone im letzten Spielzug der Partie den Sieg der Steelers sicherte.

In den nächsten beiden Jahren machten aber auch die Pittsburgher die Erfahrung, dass große Teams nicht unverwundbar sind, schon gar nicht, wenn sie durch Verletzungen dezimiert werden. 1976 war eine Berg- und Talfahrt. Erst setzte es vier Niederlagen aus den ersten fünf Spielen, dann schien die Mannschaft aber erneut unschlagbar zu sein und gewann die restlichen neun Spiele. Fünf Siege gelangen sogar zu Null, und nur einmal erzielte mit den Houston Oilers (32:16) ein Gegner mehr als sechs Punkte. Auch das erste Playoff-Spiel gegen Baltimore (40:14) war eine klare Sache.

Im AFC Championship Game bei den Oakland Raiders, die anschließend den Super Bowl gewannen, kam diesmal aber das Aus (7:24). Entscheidend dabei waren die Ausfälle der Running Backs Franco Harris (Rippenverletzung) und Rocky Bleier (Fußverletzung). Die beiden hatten in der Regular Season geschafft, was davor erst einmal gelungen war: dass zwei Running Backs eines Teams jeweils über 1.000 Yards in der Saison erliefen. Harris hatte 1.128 Yards geholt, Bleier 1.036. Ohne die beiden lief in Pittsburghs Angriff wenig. Ein Jahr später durchlöcherten Verletzungen bei DT Joe Greene, DE L.C. Greenwood, LB Jack Lambert und S Mike Wagner den „Steel Curtain". Mit einer 9-5-Bilanz reichte es zwar noch zum Divisionssieg, aber im ersten Playoff-Spiel schied man gegen den späteren AFC Champion Denver Broncos mit 21:34 aus.

L.C. Greenwood

Ohne verletzungsbedingte Ausfälle waren die Steelers dann aber 1978 besser denn je. In der Regular Season gewannen sie 14 von jetzt 16 Spielen und fertigten in den ersten beiden Playoff-Runden zunächst die Denver Broncos ab (33:10) und dann auch die Houston Oilers (34:5). Im Super Bowl, erneut in Miami, kam es zu einer Neuauflage des Finales von 1975 gegen die Dallas Cowboys, das erste „Rematch" der Super-Bowl-Geschichte. In einer ausgeglichenen Partie legte Pittsburgh mit Hilfe von Fehlern der Cowboys nach der Halbzeitpause den Grundstein zum Sieg. Zunächst verpasste im dritten Viertel TE Jackie Smith bei einem dritten Versuch von

Pittsburghs 10-Yard-Linie aus die Chance zum Ausgleich. Völlig ungedeckt ließ er den Ball nach Pass von QB Roger Staubach in der Endzone fallen – eine Szene, von der Tom Landry, der Head Coach der Cowboys, später sagte, sie habe den Spielverlauf völlig verändert. Statt des 21:21 gab es nur das Field Goal zum 17:21. Staubach nahm allerdings eine Teil der Schuld auf sich: „Ich habe versucht, etwas Druck aus dem Wurf zu nehmen. Der Mann stand so frei, dass ich nur versuchte, den Ball zu lupfen. Hätte ich ihn richtig geworfen, hätte er (Jackie Smith) einen leichten Fang machen können". Im vierten Viertel fiel der Touchdown der Steelers zum 28:17 (22-Yard-Lauf von Franco Harris) nach einer umstrittenen Pass-Interference-Strafe gegen CB Benny Barnes (33 Yards Raumgewinn). Nach einem Fumble beim folgenden Kickoff Return zogen die Steelers knapp sieben Minuten vor Spielende auf 35:17 davon. Dallas verkürzte zwei Minuten und 23 Sekunden vor Schluss auf 24:35 und kam nach erfolgreichem Onside-Kick-Versuch 22 Sekunden vor Spielende sogar noch auf 31:35 heran, aber ein zweiter Onside-Kick-Versuch misslang, und Pittsburgh konnte die restlichen Sekunden verstreichen lassen.

Das Team der 70er Jahre waren die Steelers mit dem dritten Titelgewinn ohnehin schon, aber 1979 setzen sie dem Ganzen die Krone auf. Der erneute Triumph fiel aber deutlich schwerer, als es die blanken Zahlen vermuten lassen. Es waren die Steelers selbst, die sich das Leben schwer machten. So standen am Ende 52 Ballverluste in der Statistik, und diese waren auch für drei der vier Niederlagen verantwortlich. Eines dieser verlorenen Spiele, das 7:35 bei den San Diego Chargers Mitte November, kostete die Steelers sogar den Heimvorteil für die Dauer der Playoffs. Das blieb aber ohne Folgen, denn die Mannschaft war im Angriff so stark, dass sie ihre Fehler in der Regel ausgleichen konnte. Schon 1978 hatte Chuck Noll auf die allgemeine Entwicklung in der NFL reagiert und dem Passspiel mehr Raum und QB Terry Bradshaw dabei mehr Freiheiten gegeben. 1979 stellten die Steelers dann den nach erzielten Punkten (416 in der Regular Season) besten Angriff der Liga. Dazu kam etwas Glück, als in den Playoffs die Chargers gegen die Houston Oilers ausschieden (14:17). So spielte man das AFC Championship Game doch noch auf eigenem Platz und besiegte die Oilers mit 27:13.

Im Super Bowl XIV in Pasadena trafen die Steelers auf die Los Angeles Rams, die sich mit einer 9-7-Bilanz gerade noch in die Playoffs gerettet, dann dort aber zunächst die Dallas Cowboys und anschließend die Tampa Bay Buccaneers besiegt hatten. Drei Viertel lang hielt der Außenseiter mit, stellte Franco Harris weitgehend kalt (nur 46 Yards), führte nach dem dritten Viertel gar mit 19:17. Zwei lange Pässe auf WR John Stallworth, beide mit der selben Spielzugvariante erzielt, verhalfen den Steelers aber zu einem 31:19-Sieg. Beim ersten Mal, nach knapp drei Minuten im vierten Viertel, fing Stallworth den Pass auf Höhe der 32-Yard-Linie der Rams und lief zum 73-Yard-Touchdown in die Endzone. Beim zweiten Mal gelangten die Steelers durch einen von ihm gefangenen 45-Yard-Pass bis kurz vor die Endzone der Rams. Harris holte den letzten Yard zum Touchdown.

Titelseite
Sports Illustrated
vom 28.1.1980
John Stallworth

Dass die große Zeit der Steelers zu Ende gehen könnte, danach sah es im Januar 1980 absolut nicht aus, aber entgegen aller Erwartungen begann bereits in der nächsten Saison der Abstieg. Bis Mitte der 80er Jahre waren die Helden der 70er Jahre dann allesamt abgetreten. Es dauerte schließlich 16 lange Jahre, ehe die Steelers wieder einen Super Bowl erreichten.

Dallas Cowboys: America's Team

Das Gegenstück zu den dominierenden AFC-Teams Pittsburgh Steelers und Miami Dolphins waren in der NFC die Dallas Cowboys. Sie hätten sich das Prädikat „Team der 70er Jahre" mindestens genauso verdient gehabt wie ihr großer Rivale aus Pittsburgh, denn sie waren über längere Zeit konstanter erfolgreich als Steelers und Dolphins, Raiders, Rams und Vikings, wiesen mit 105 Siegen und 39 Niederlagen die beste Bilanz der großen Sechs in den 70er Jahren auf. Als Steelers und Dolphins noch Punktelieferanten waren, gehörten die Cowboys schon zur Spitze der NFL. Bereits in der zweiten Hälfte der 60er Jahre, also vor dem Zusammenschluss von NFL und AFL, hatten sie den Titelgewinn im Visier gehabt, waren aber in den Playoffs immer wieder an den Green Bay Packers (1966 und 1967) und den Cleveland Browns (1968 und 1969) gescheitert. In den 70er Jahren änderte sich das. Zwischen 1970 und 1979 holten sie neun Mal mindestens zehn Siege und gewannen sieben Mal ihre Division. Nur 1974 verpassten die Texaner mit einer 8-6-Bilanz den Einzug in die Playoffs, erreichten dafür aber 1975 als erstes Wild-Card-Team den Super Bowl. Mit fünf Super-Bowl-Teilnahmen waren sie dort sogar öfter vertreten als die Pittsburgh Steelers. Aber die Cowboys gewannen eben „nur" zwei der fünf Endspiele und verloren gleich zweimal gegen die Steelers.

Mögen auch andere als das Team der 70er Jahre in die NFL-Geschichte eingegangen sein, die Cowboys bekamen in diesem Jahrzehnt einen Beinamen verpasst, der für das Marketing der Zukunft sehr kostbar sein sollte und bis heute gepflegt wird. Sie wurden zu „America's Team", dem Team für die ganzen USA. Auf diesen Namen waren die Jungs aus Dallas nicht etwa selbst gekommen, obwohl er sehr gut auch dem Kopf von Tex Schramm, dem damaligen Präsidenten und General Manager des Teams (1960 bis 1989), hätte entsprungen sein können. Der hatte nämlich seit Übernahme des Postens daran gearbeitet, die Cowboys zu etwas Besonderem, zu einem Markenzeichen zu machen.

Wie die Cowboys zu dem Namen kamen, erklärte Schramm im Rahmen einer Vortragsreihe zum 75. Geburtstag der NFL in der Smithsonian Institution in Washington im Herbst 1994 einmal so: NFL Films produziert vor jeder Saison über jedes Team ein 30-minütiges Team-Porträt. Als NFL Films 1975 einen Titel für das Team-Porträt der Cowboys suchte, fiel einem Mitarbeiter beim Sichten des Filmmaterials auf, dass Zuschauer in allen Stadien der USA Trikots und Caps der Cowboys trugen, nicht nur die Fans in Dallas. Da kam ihm die Idee: Mensch, die Cowboys sind ja nicht nur Dallas', sondern America's Team. Schramm griff diesen Beinamen sofort begeistert auf. Nicht alle bei den Cowboys waren ähnlich begeistert. Tom Landry, Head Coach der Cowboys, war anfangs, so erzählte Schramm damals, dagegen. Er war der Meinung, dass das bei den anderen Teams und deren Fans nicht gut ankommen würde, weil es die anderen zurücksetze und der Begriff anmaßend und geradezu arrogant klinge. Aus der Welt zu schaffen war der Spitzname aber nicht mehr, und angesichts der Erfolge, die die Cowboys hatten, entwickelte er sich sehr schnell tatsächlich zu einem richtigen Markenzeichen.

Hall of Fame
Trading Card
Tom Landry

Wie bei allen anderen ganz großen Teams der NFL-Geschichte war auch bei den Cowboys der Aufstieg untrennbar mit der Person eines Head Coaches verbunden. Was ein Vince Lombardi für die Green Bay Packers, ein Chuck Noll für die Pittsburgh Steelers oder ein Don Shula für die Miami Dolphins war, das war für die Cowboys Tom Landry, ein Mann, der noch in seiner aktiven Zeit zur Legende wurde. Bemerkenswert ist an Landry unter anderem auch das: Bis zum Kauf des Teams im Jahr 1989 durch den heutigen Besitzer Jerry Jones, der als erstes die gesamte Führungsriege inklusive Landry feuerte, war Landry in den ersten 29 Jahren überhaupt der einzige Head Coach der Cowboys gewesen. Und interessant daran wiederum ist, dass sich Landry laut eigener Aussage zu Beginn seiner Coaching-Karriere nicht hätte vorstellen können, dass er lange in diesem Geschäft tätig sein würde. „Ich dachte erst einmal gar nicht daran. Nachdem meine Zeit als Assistant Coach bei den New York Giants (1954 bis 1959) vorbei war, wollte ich nicht in New York bleiben. Ich hatte einen Abschluss der University of Texas und war eigentlich auf dem Weg zu einer Karriere im Investment-Bereich. Dann bekam Dallas ein Team, und mir wurde der Posten des Head Coaches angeboten. Zwei Jahre später, als ich dachte, dass ich gefeuert werden würde, bot man mir stattdessen einen Zehn-Jahres-Vertrag an", schilderte Landry fünfeinhalb Jahre nach seiner Entlassung durch Jones seine Anfänge bei den Cowboys.

Mit Investment hatte er gewissermaßen auch als Head Coach zu tun, insofern nämlich, dass sich seine Verpflichtung für die Cowboys als glänzendes Investment in die Zukunft erwies. Zugegebenermaßen dauerte es aber einige Jahre, bis sich das abzuzeichnen begann. Die ersten fünf Jahre endeten mit negativen Bilanzen, erst 1965 war man mit einer ausgeglichenen Bilanz (7-7) in der Eastern Conference der NFL ein halbwegs ernstzunehmender Gegner, und erst 1966 gab es für Landry die erste „Winning Season" (Bilanz: 10-3-1) und Playoff-Teilnahme. Die Teilnahme am ersten Super Bowl, der zu der Zeit noch nicht so hieß, blieb ihm durch eine 27:34-Heimniederlage gegen die Green Bay Packers aber verwehrt.

Anfang der 70er Jahre waren die Cowboys nach vier Conference- beziehungsweise Divisionstiteln und zwei Teilnahmen am NFL Championship Game längst ein Spitzenteam.

Hervorragend besetzt war mit QB Craig Morton und dessen Ersatzmann Roger Staubach die Position des Spielmachers. Der ein Jahr ältere Staubach spielte 1970 erst seine zweite NFL-Saison, weil er nach dem Besuch der Naval Academy zunächst ein paar Jahre als Soldat in Vietnam war. Seine große Zeit im Football sollte noch kommen. Auch das Laufspiel war mit den Running Backs Duane Thomas, Calvin Hill und Dan Reeves überdurchschnittlich stark. Reeves allein sollte während seiner Karriere als Spieler und späterer Assistant Coach (Cowboys) sowie als Head Coach (Broncos und Falcons) an insgesamt neun Super Bowls teilnehmen. Für das Passspiel standen WR Bob Hayes und TE Mike Ditka bereit. Besonders im Bereich Schnelligkeit wurde hier einiges geboten. Hayes hatte vor seiner

Pro Line Profiles
Trading Card
Roger Staubach

Football-Karriere bei den Olympischen Spielen 1964 in Tokio zwei Goldmedaillen abgeräumt. Sein Einzelsieg über 100 Meter in 10,0 Sekunden und der Erfolg mit der USA-Staffel in 39,0 Sekunden waren dabei jeweils mit einem neuen Weltrekord verbunden. So war es keine Überraschung, als die Cowboys 1970, in der ersten Saison nach dem vollzogenen Zusammenschluss von NFL und AFL, mit einem 5:0-Heimsieg gegen die Detroit Lions in den Divisional Playoffs und einem 17:10 bei den San Francisco 49ers im NFC Championship Game, den Super Bowl erreichten.

Bob Hayes

Das erste Schnuppern am ganz großen Erfolg endete aber noch mit einer Enttäuschung. Gegen das punktbeste Team der AFC, die Baltimore Colts mit ihrem Quarterback-Alt-Star Johnny Unitas (15. NFL-Saison), verlor man Super Bowl V nach 13:6-Halbzeitführung noch mit 13:16 – durch ein Field Goal wenige Sekunden vor Schluss. Das Ende war nicht die einzige unglückliche Szene aus Sicht der Cowboys. Schon im dritten Viertel hätten sie die Führung auf ein vorentscheidendes 20:6 ausbauen können, aber RB Duane Thomas verlor bei einem Tackle durch S Jerry Logan an der 1-Yard-Linie der Colts den Ball. Dann bereitete im letzten Viertel auch noch eine Interception durch S Rick Volk Baltimores Ausgleich durch RB Tom Nowatzke und den Zusatzpunkt von Jim O'Brien vor. Zum Schmunzeln ist eine Anekdote im Zusammenhang mit dem späterem Siegtreffer von O'Brien aus 32 Yards Entfernung, die Zweit-Quarterback und Holder Earl Morrall später zum Besten gab: „Als wir den Huddle auflösten, versuchte Jim ein paar Grashalme auszureißen und hochzuwerfen, um den Wind zu checken. Ich erinnerte ihn daran, dass wir auf Kunstrasen spielten, er den Wind vergessen und den Ball einfach gerade schießen soll". Klar, dass O'Brien nicht so ganz auf dem Laufenden war, denn zum einen war es seine Rookie-Saison, zum anderen war dies der erste Super Bowl, der auf Kunstrasen gespielt wurde.

Die Super-Bowl-Niederlage gegen Baltimore bestätigte wieder einmal das Image, das die Cowboys in dieser Zeit hatten, nämlich das eines Teams, das die „Big Ones", die ganz wichtigen Spiele in den Playoffs, nicht gewinnen kann. Als Hauptproblem wurde von den Medien und den Konkurrenten die Quarterback-Position ausgemacht. Die Cowboys waren zu jener Zeit eines der besten Defensiv-Teams und im Angriff eines der laufstärksten, aber die Quarterback-Leistungen waren in den ganz wichtigen Spielen nicht gut genug. Das war schon in den 60er Jahren so gewesen, als der als hoch talentiert eingeschätzte Don Meredith (von 1960 bis 1968 bei den Cowboys, ab 1961 Stammspieler) die Kurve nie ganz kriegte, und unter seinem Nachfolger als Stammspieler, Craig Morton (1965 bis 1974), wurde es auch nicht besser. Dessen drei Interceptions im Super Bowl gegen die Colts passten ins Bild. Die Lösung dieses Problems stand mit Roger Staubach aber schon bereit. Und wer weiß, wie die Saison 1970 ausgegangen wäre, hätte Landry ihn schon in diesem Jahr zur Nummer eins gemacht.

1971 war Staubach dann der Stamm-Quarterback des Teams, mit entsprechendem Erfolg. Er beendete die Saison als Top-Passer der NFL, und die Cowboys gewannen mit elf Siegen ihre Division. Auch in den Playoffs gegen Minnesota (20:12) und in San Francisco (14:3) waren sie nicht zu stoppen. Schließlich holten sie mit einer beeindruckenden Leistung auch den Super Bowl VI gegen die Miami Dolphins. Die Cowboys holten fast doppelt so viele Yards wie die Dolphins (352 gegenüber 185) und überrannten deren als ebenfalls sehr gut geltende Abwehr (252 Lauf-Yards). Staubach selbst zeigte mit einer Passerfolgsquote von etwas mehr als 63 Prozent, zwei Touchdowns und keiner Interception eine erstklassige Leistung. „Wir waren alle sehr selbstbewusst, und Selbstvertrauen sorgt dafür, dass deine Spielzüge funktionieren", erklärte Tom Landry, warum an diesem Tag, wie es Miamis LB Doug Swift beschrieb, bei den Cowboys alles lief und bei den Dolpins nichts. Den Dolphins blieb da nur Resignation. „Die größte Enttäuschung für mich war, dass wir nie eine Chance hatten. Sie haben uns total dominiert", sagte Miamis Head Coach Don Shula später.

Für Clint Murchinson, den damaligen Besitzer der Cowboys, war der Triumph gegen Miami „das Ende unseres ersten Zwölf-Jahres-Plans". Weitere zumindest zehn fette Jahre sollten folgen. Bis zum Ende der 70er Jahre gewannen die Cowboys fünf weitere Divisionstitel und zogen drei weitere Male in den Super Bowl ein. Die beiden Endspiele gegen die Pittsburgh Steelers bekamen schnell den Status von Klassikern – auch wenn sich die Cowboys angesichts der beiden Niederlagen (17:21 in der Saison 1974 und 31:35 in der Saison 1978) daran nicht so gern erinnern. Immerhin, dank ihres zweiten Titelgewinns in der Saison 1977 stiegen sie in die Riege der ganz großen Teams der NFL-Geschichte auf und endeten nicht als „Ewiger Zweiter", als der sie bei einer vierten Niederlage beim fünften Super-Bowl-Auftritt wohl in die Annalen eingegangen wären.

Vor dem Erfolg von 1977 hatte es aber einen Generationswechsel gegeben. Die Stützen im Angriff waren, abgesehen von Staubach, der bei den Super-Bowl-Erfolgen der Quarterback war, nicht mehr die Running Backs Duane Thomas und Calvin Hill oder WR Bob Hayes, sondern RB Tony Dorsett (in jenem Jahr gedraftet), die Wide Receiver Drew Pearson und Butch Jonson oder TE Billy Joe DuPree. In der Abwehr waren die Stars nicht mehr DT Bob Lilly, LB Chuck Howley oder CB Mel Renfro, sondern DT Randy White, die Defensive Ends Ed Jones und Harvey Martin oder auch SS Charlie Waters. In den Super Bowl XII eingezogen waren die Cowboys mit der besten Regular-Season-Bilanz in der NFC (12-2) sowie ungefährdeten Playoff-Heimsiegen gegen die Chicago Bears (37:7 in den Divisional Playoffs) und die Minnesota Vikings (23:6 im NFC Championship Game). Gegner im Superdome in New Orleans waren die Denver Broncos, die die Regular Season ebenfalls mit einer 12-

Tony Dorsett

2-Bilanz abgeschlossen, in den Playoffs aber mehr Mühe gehabt hatten (34:21 gegen die Pittsburgh Steelers nach dreimaligem Gleichstand in den Divisional Playoffs und 20:17 gegen die Oakland Raiders im AFC Championship Game). Deren Angriff wurde im Übrigen vom ehemaligen Cowboys-Quarterback Craig Morton geführt, der nach zuvor zwölf NFL-Jahren ab 1977 in Denver noch einmal einen „zweiten Frühling" erlebte. Die Cowboys gewannen letztlich souverän mit 27:10, und Morton erging es dabei so, wie früher in seiner Zeit als Stamm-Quarterback der Cowboys: Im wichtigsten Spiel der Saison scheiterte er kläglich.

Zu seiner Ehrenrettung muss man allerdings sagen, dass er nicht der erste Spielmacher war, der gegen die damals beste Abwehr der NFL ganz alt aussah. Mortons Statistik wies am Ende ebenso viele Interceptions wie erfolgreiche Passversuche (jeweils vier) auf. Der ständige Druck auf Morton war denn auch der Schlüssel zum Erfolg. „Sie sind so stark im Pass Rush. Das war ihre wichtigste Waffe. Unsere Abwehr hat die ganze Zeit über recht gut gespielt, aber man kann den Ball nicht so oft abgeben und erwarten zu gewinnen", sagte Denvers Head Coach Red Miller. Und Morton erklärte sein Debakel so: „Es schien, als würden sie alle Spielzüge, die wir spielten, kennen. Ich habe versucht, sie an der Linie noch zu ändern, aber sie erkannten sogar dann noch einige". Wirklich überraschend kam es natürlich nicht, dass sich die Cowboys vor allem darauf konzentrieren würden, Morton auszuschalten. „Wir kennen Craig Morton, und wir wussten, dass wenn wir ihm die Chance geben, ohne Druck zu werfen, dass wir dann große Probleme bekommen würden", beschrieb DE Ed Jones die taktische Marschroute der Cowboys.

Mortons erste Interception hatte Dallas an Denvers 25-Yard-Linie in Ballbesitz gebracht und fünf Spielzüge später den Touchdown zum 7:0 durch Tony Dorsett (3-Yard-Lauf) zur Folge gehabt. Der zweite Fehlwurf unterlief ihm nur wenig später. Dieser führte letztlich zu einem Field Goal, das die Cowboys 10:0 in Führung brachte. Insgesamt sieben Ballverluste – neben den vier Interceptions von Morton noch drei Fumbles – erzwang die überragende Abwehr der Cowboys, und hätte der Angriff nicht ebenfalls einmal den Ball verloren (Fumble von DuPree) und K Efren Herrera drei Field-Goal-Versuche vergeben, dann hätten die Cowboys schon zur Halbzeit klarer als mit 13:0 führen können. Der 27:10-Erfolg blieb aber auch so ungefährdet.

Das erneute Erreichen des Super Bowls ein Jahr später rundete ein überaus erfolgreiches Jahrzehnt für die Cowboys ab. Dass es 15 Jahre bis zum nächsten Titelgewinn dauern sollte, ahnte 1977 noch niemand. Auch der nächste Generationswechsel Anfang der 80er Jahre schien, was die Erfolge betraf, genauso reibungslos zu laufen wie der Mitte der 70er Jahre. Aber, so allmählich begannen sich die Kräfteverhältnisse zu verschieben. San Francisco 49ers und Washington Redskins stiegen in den frühen 80er Jahren zu den neuen Top-Teams in der NFC auf. 1984 verpassten die Cowboys zum ersten Mal nach zehn Jahren wieder die Playoffs, ab 1986 sackten sie zu einem der schlechtesten Teams der NFL ab, mit dem Tiefpunkt einer 1-15-Bilanz 1989, und nach der Niederlage im NFC Championship Game der Saison 1982 (17:31 bei den Washington Redskins) dauerte es bis in die Saison 1991, ehe die Cowboys wieder ein Playoff-Spiel gewannen.

Miami Dolphins: Perfect Season

Als am Ende der 70er Jahre sportlich Bilanz gezogen wurde, hatten sich die Pittsburgh Steelers mit vier Super-Bowl-Erfolgen das Prädikat „Team of the Decade", Team des Jahrzehnts, verdient. Aber bevor die Steelers mit vier Titeln innerhalb von sechs Spielzeiten neue Maßstäbe setzten, hatten die Miami Dolphins ihrerseits historische Bestmarken gesetzt. Als erstes Team erreichten sie dreimal in Folge (1971 bis 1973) den Super Bowl, was selbst den Steelers nicht gelang. Es dauerte zwei Jahrzehnte, ehe die Buffalo Bills mit vier Endspielteilnahmen in Folge (1990 bis 1993) diesen Rekord brachen. 1971 waren die Dolphins am bis heute längsten Playoff-Spiel der NFL-Geschichte beteiligt (27:24 nach der zweiten Verlängerung bei den Kansas City Chiefs). Das Highlight aber war die so genannte „Perfect Season" 1972, als man alle 14 Spiele der Regular Season und anschließend auch beide Playoff-Begegnungen und den Super Bowl gewann – ein Kunststück, das bislang keiner anderen Mannschaft gelungen ist. Einige Male waren Teams zugegebenermaßen kurz davor, es den Dolphins gleichzutun, einmal verhinderten die Dolphins selbst, dass es dazu kam. 1984 gewannen die San Franciso 49ers 15 von 16 Regular-Season-Spielen und später auch den Super Bowl – im Übrigen gegen Miami. Die einzige Niederlage der 49ers in dieser Saison war ein 17:20 bei den Pittsburgh Steelers am siebten Spieltag. Ein Jahr später überdauerte beim späteren Super-Bowl-Gewinner Chicago Bears der Traum von der makellosen Bilanz sogar zwölf Spieltage. Im Monday Night Game des 13. Spieltages aber fing sich die Abwehr der Bears, die bis dahin im Durchschnitt nur zehn Punkte pro Spiel zugelassen hatte, bei den Dolphins mit ihrem Quarterback-Jungstar Dan Marino 38 Punkte. Die Bears verloren mit 24:38. Ein von vielen erhofftes „Rematch" der beiden im Super Bowl – das nur am Rande – fiel aus, weil sich die Dolphins im AFC Championship Game auf eigenem Platz von den New England Patriots überraschen ließen (14:31).

Die Dolphins waren die erste „Dynasty" nach dem Zusammenschluss der alten NFL und der AFL zur NFL, wie wir sie heute kennen. Der Aufstieg von Dolphins und Steelers verlief fast parallel, und gemeinsam war beiden Erfolgsgeschichten, dass sie mit der Verpflichtung neuer Head Coaches begannen – Chuck Noll in Pittsburgh 1969 und Don Shula in Miami 1970. Damit aber nicht genug. Wie „gemalt" für die NFL-Geschichtsschreiber war auch dies: Beide kamen aus dem gleichen „Stall". Noll war 1968 Assistant Coach unter Shula, als der die Baltimore Colts bis in den Super Bowl führte. So weit die Gemeinsamkeiten, es gab aber auch Unterschiede. Die Steelers waren ein alteingesessenes Team, das jahrzehntelang vergeblich versucht hatte, Anschluss an die Top-Teams zu finden, die Dolphins waren erst seit 1966 dabei (damals in der AFL). Und während Noll vier Jahre brauchte, um die Steelers erstmals in die Playoffs zu führen und sechs Jahre bis zur ersten Super-Bowl-Teilnahme, machte Shula in Miami das Team mit der zweitschlechtesten Bilanz im Jahr zuvor (3-10-1) gleich in seiner ersten Saison zum Playoff-Teilnehmer und erreichte mit den Dolphins bereits im zweiten Jahr den Super Bowl.

Don Shula

Die Dolphins hatten Shula nach der Saison 1969 von den Baltimore Colts losgeeist. Dieser erhielt einen langfristigen, lukrativen Vertrag und eine Beteiligung am Team. Die Colts bekamen als Ausgleich das Zugriffsrecht in der ersten Runde bei der Draft 1971. Ironie der Geschichte: In Miami löste Shula mit George Wilson ausgerechnet den Mann als Head Coach ab, der ihm 1960 bei den Detroit Lions seinen ersten Job in der NFL verschafft hatte (Shula war drei Jahre dort Defensive Coordinator). Bis zu Shulas Verpflichtung waren die Dolphins ein Punktelieferant gewesen, der in vier Jahren nur 15 Spiele gewonnen hatte und seine Heimspiele im rund 75.000 Zuschauer fassenden Orange Bowl vor nicht einmal zur Hälfte gefüllten Rängen bestritt. Und eine schnelle Wende erwarteten die Fachleute auch durch Shula nicht. „Es wird ein kleiner Preis sein, wenn Shula den Erfolg nach Miami bringt, so wie er es in Baltimore getan hat. Er wird aber nicht umgehend kommen. Es fehlen zu viele Teile des Puzzles", schrieb damals ein angesehenes Vorschaumagazin mit Blick auf das, was sich die Dolphins den Shula-Transfer hatten kosten lassen. Ein Jahr später hätte sich der Verfasser dieses Zitats, der Journalist Larry Felser, gewiss gewünscht, er hätte diese Zeilen nie geschrieben. Mit einer 10-4-Bilanz qualifizierten sich die Dolphins nämlich, wenn auch für alle überraschend, als Wild-Card-Team für die Playoffs und verloren dort nur knapp bei den Oakland Raiders (14:21).

Titelseite
Street & Smith's
Official Yearbook
Pro Football 1978
Bob Griese

Die Gründe für den schnellen Erfolg waren vielschichtig. Zum einen erhöhte Shula die Anzahl der Trainingseinheiten, dann draftete er gut, vor allem im Defensiv-Bereich. So gehörten zu seinem ersten Draft-Jahrgang unter anderem CB Tim Foley und S Jake Scott. Außerdem erwies sich ein Tauschgeschäft als Volltreffer. Im Tausch gegen den ersten Draft-Zugriff in diesem Jahr holte Shula WR Paul Warfield von den Cleveland Browns. Dieser wurde später zu einem der Top-Receiver der NFL. Und dann fing er, anders als sein ehemaliger Assistant Coach Noll in Pittsburgh, um mal wieder auf den Vergleich mit den Steelers zurückzukommen, personell nicht ganz so weit unten an. Sein Vorgänger Wilson hatte ihm nämlich einige Spieler hinterlassen, die unter ihm zu Stars wurden: QB Bob Griese wurde von Wilson 1967 gedraftet, die Running Backs Larry Csonka und Jim Kiick 1968, RB Mercury Morris 1969.

Ein weiterer wichtiger Grund war, wie Shula im Angriff spielen ließ. Mit einem Begriff aus der heutigen Fußball-Terminologie könnte man das System „kontrollierte Offensive" nennen. Ballkontrolle war das oberste Gebot. Mit Csonka und Kiick hatte Shula dafür die richtigen Spieler. Beide waren für ihre Zeit überdurchschnittlich kräftig gebaut. Beide waren keine Spieler, die mit abrupten „Cuts" die gegnerischen Verteidiger austanzten, sondern holten den Raumgewinn durch das Zentrum der Abwehr, Yard um Yard, solange, bis der Gegner weichgeklopft war beziehungsweise sich so sehr auf die Verteidigung gegen das Laufspiel konzentrierte, dass Räume für die Pässe von Bob Griese frei wurden. „Kraftvolles Laufspiel ist wichtig. Wenn du das ins Laufen bekommst, dann kannst du das andere Team damit schwer schädigen. Wenn du zwei oder drei First Downs in Folge mit Läufen holst, dann setzt beim Gegner der Frust ein. Sie fangen an, darüber nachzudenken, was schief läuft, und wenn sie sich erst mal Gedanken darüber machen, was falsch läuft, dann hast du sie. Sie können nicht über Fehler grübeln und sich gleichzeitig auf ihre Aufgaben konzentrieren", beschrieb Kiick 1972 in einem Interview einmal den Effekt der Spielweise der Dolphins auf die Gegner. Csonka ergänzte in dem selben Interview: „Wir haben einen vielseitigen Angriff, und wenn wir es schaffen, dass sich der Gegner auf das Laufspiel konzentriert, kann Bob Griese die langen Bälle auf Paul Warfield werfen". Und als Motto für die Mentalität der beiden und die Spielweise der Dolphins zu dieser Zeit könnte dieser Satz von Csonka dienen: „Ich werde meinen Stil nicht dem Team anpassen, gegen das wir gerade spielen. Lass sie doch sich mir anpassen. So war ich schon immer. Ich habe schon immer Dinge auf meine Art gemacht. Und wenn mir jemand Probleme bereitet, dann mache ich es weiter auf meine Art, nur noch etwas härter".

Das Ergebnis hatte man schon 1970 in der Statistik ablesen können. Csonka, Kiick und Morris erliefen zusammen 1.971 Yards, und als Folge dessen wiesen die Dolphins die höchste Passerfolgsquote und den höchsten Raumgewinn pro erfolgreichem Pass in der AFC auf. 1971 stellten die Dolphins dann mit 2.429 Yards (Csonka 1.051, Kiick 738, Morris 315) den besten Lauf-Angriff der gesamten Liga, gleichzeitig war Paul Warfield der Wide Receiver mit den meisten Touchdown-Fängen (11) und den meisten Yards pro gefangenem Pass (23,2) und Miamis Angriff nach erzielten Punkten der viertbeste der NFL. Dazu kam noch, dass sich Miamis Abwehr in den beiden Spielzeiten unter Shula zu einer der besten der NFL entwickelt hatte. So feierten die Dolphins in der Saison 1971 ihren ersten Divisionstitel, trotz zweier Niederlagen am 12. und 13. Spieltag bei den New England Patriots und den Baltimore Colts, die sie fast Platz eins gekostet hätten (dank New Englands Sieg gegen Baltimore am letzten Spieltag hatten die Dolphins ein halbes Spiel Vorsprung vor den Colts). In der ersten

Playoff-Runde kam es dann zu dem bereits erwähnten längsten Spiel der NFL-Geschichte bei den Kansas City Chiefs (82 Minuten und 40 Sekunden).

Zeitzeugen sahen die Partie damals als eine der besten Offensiv-Vorstellungen seit langer Zeit an. Insgesamt 858 Yards an Angriffsleistung produzierten die beiden Teams. Die Chiefs hatten mehr vom Spiel, erliefen sogar mehr Yards als die Dolphins (213 Yards gegenüber 144), ließen aber kurz vor Ende der regulären Spielzeit eine große Chance aus, und das brach ihnen letztlich das Genick. Die Chiefs waren knapp sieben Minuten vor Schluss durch einen kurzen Lauf nach einem 63-Yard-Pass von QB Len Dawson auf WR Elmo Wright mit 24:17 in Führung gegangen. Im Gegenzug brauchten die Dolphins aber nur neun Spielzüge, um eine Minute und 36 Sekunden vor Spielende auszugleichen. Nach dem anschließenden Kickoff trug Ed Podolak, der in diesem Spiel 350 Yards aus Läufen, Fängen und Returns holte, den Ball über 78 Yards bis an Miamis 22-Yard-Linie. 35 Sekunden vor Ende der regulären Spielzeit verschoss K Jan Stenerud einen 35-Yard-Field-Goal-Versuch.

In der Verlängerung brachte je ein Field-Goal-Versuch keinen Erfolg. Miamis Garo Yepremian schoss aus 45 Yards Entfernung etwas zu kurz, Steneruds 42-Yards-Versuch wurde von LB Nick Buoniconti geblockt. Ein 29-Yard-Lauf von Csonka bis an Kansas Citys 36-Yard-Linie legte in der zweiten Verlängerung dann den Grundstein zu Yepremians Siegtreffer aus 37 Yards Entfernung.

Eine Woche später schalteten die Dolphins den amtierenden Super Bowl Champion Baltimore Colts mit einem 21:0-Heimsieg aus. Die Entscheidung in diesem Spiel brachten drei „Big Plays". Im ersten Viertel zog eine angetäuschte Ballübergabe an Csonka die Aufmerksamkeit von Baltimores Abwehr auf sich. Dadurch war Warfield frei, der einen Pass von Griese zu einem 75-Yard-Touchdown verwertete. Im dritten Viertel erzielte SS Dick Anderson mit einem 62-Yard-Interception-Return das 14:0, und im letzten Viertel bereitete ein 50-Yard-Pass auf Warfield einen 5-Yard-Lauf von Csonka zum 21:0 vor.

Damit standen die Dolphins zum ersten Mal im Super Bowl. Das Finale im Tulane Stadium in New Orleans geriet für den Emporkömmling aus Miami dann aber zum Debakel. Die Cowboys, die im Jahr zuvor im Super Bowl knapp verloren hatten, gewannen mit 24:3 und schlugen die Dolphins dabei mit ihren eigenen Waffen. Mit 252 Lauf-Yards kontrollierten die Texaner das Spiel, und deren Abwehr meldete das Duo Csonka/Kiick fast völlig ab (nur jeweils 40 Yards). „Wir wählten Spielzüge aus, die das ganze Jahr über funktioniert hatten, aber dieses Mal funktionierten sie nicht", sagte Bob Griese später resigniert. Und Larry Csonka, der im ersten Viertel mit einem Fumble eine Chance seines Teams zunichte gemacht hatte, meinte: „Mein Selbstbewusstsein wird daran eine ganze Weile zu knabbern haben". Die Vorentscheidung fiel, als die Cowboys zu Beginn der zweiten Halbzeit in acht Spielzügen 71 Yards überbrückten und nach einem 3-Yard-Lauf von RB Duane Thomas auf 17:3 davonzogen.

Trotz der bemerkenswerten Wende in den zwei Jahren unter Shula waren noch längst nicht alle von den Dolphins überzeugt. Vor der Saison 1972, in der die Dolphins letztlich Geschichte schrieben, waren sie für einen Teil der Fachleute nicht einmal Favorit in der eigenen Division. Die Baltimore Colts mit ihrem alternden Quarterback-Star Johnny Unitas (damals 39 Jahre alt) galten noch immer als das „Team to beat" – eine Fehleinschätzung, wie sich im Verlauf der Saison zeigen sollte. Während die Colts letzlich gerade mal fünf Spiele gewannen, schafften die Dolphins, was noch niemandem gelungen war: die „Perfect Season". Und der Weg der Dolphins dorthin war filmreif, wobei sich wohl kein Drehbuchautor, wenn er ernst genommen werden möchte, eine solche Geschichte auszudenken gewagt hätte. Die Hauptdarsteller des Stückes waren ein früh verletzter Star, ohne den es eigentlich nicht hätte laufen dürfen und der zum großen Showdown wieder ins Team zurückkehrte, ein eigentlich abgehalfterter Ersatzmann, der diesen vertrat, in der Kombination aus persönlicher Statistik und Mannschaftserfolg die beste

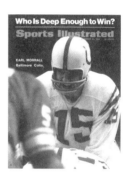

Titelseite
Sports Illustrated
vom 25.11.1968
Earl Morrall

Saison seiner bis dahin 17-jährigen NFL-Karriere spielte und sich dann wieder ohne Murren in die Rolle der Nummer zwei fügte, und eine Abwehr, die wegen des Fehlens namhafter Stars den Spitznamen „No Name Defense" trug und die doch bald jedes Kind kannte.

Begonnen hatte die Saison ganz „normal". In den ersten vier Wochen gab es Auswärtssiege in Kansas City, Minnesota und bei den New York Jets, dazwischen einen Heimsieg gegen Houston. Im fünften Spiel gegen die San Diego Chargers passierte es dann: Bei einem Tackle durch Ron East brach sich Miamis 26-jähriger Spielmacher Bob Griese das rechte Fußgelenk. Grieses Ersatzmann war Earl Morrall, den Shula den Baltimore Colts in der

Offseason für – heute unvorstellbar – 100 Dollar abgekauft hatte. Morrall war damals 38 Jahre alt, hatte bereits für sechs Teams gespielt und 16 NFL-Spielzeiten auf dem Buckel. Bei den Colts, mit denen er zwei Jahre zuvor den Super Bowl gewonnen hatte, wollte man Morrall nicht mehr, für Shula aber war er als zweiter Mann hinter Griese allemal gut genug, zumal er Shulas System noch bestens kannte. 1968 und 1969 hatte Morrall unter Shula für die Colts gespielt, war 1968 der Top-Passer der NFL gewesen und hatte die Colts bis in den Super Bowl geführt.

Zunächst sah es so aus, als sollte der Ausfall von Griese die befürchtete Wirkung haben. Nachdem man das Spiel gegen die Chargers mit 24:10 über die Runden gebracht hatte, gab es eine Woche später im Heimspiel gegen die Buffalo Bills ein mühevolles 24:23. Danach aber dominierten die Dolphins ihre Gegner, wie sie es mit Griese nicht besser hätten tun können. Die letzten acht Spiele der Regular Season gewannen sie mit durchschnittlich knapp 20 Punkten Differenz, davon dreimal zu Null und ließen dabei ausgerechnet gegen die Colts in beiden Spielen keine Punkte zu (23:0 in Baltimore eine Woche nach dem knappen Sieg gegen Buffalo und 16:0 in Miami am letzten Spieltag). Der Angriff der Dolphins holte die meisten Yards aller Teams, die 2.960 Lauf-Yards waren neuer NFL-Saisonrekord, die Dolphins waren das erste Team der NFL-Geschichte, das zwei Running Backs mit 1.000 Lauf-Yards in einer Saison stellte (Csonka und Morris), und Morrall beendete die Saison mit dem zweitbesten Passer Rating der Liga.

Fast mehr noch als der Angriff beeindruckte die Abwehr der Namenlosen. Auch sie avancierte zur Nummer eins der Liga, ließ die wenigsten Yards, die wenigsten Punkte und die wenigsten First Downs zu. Der Schlüssel war auch damals schon Schnelligkeit. „Sie sind wie ein Schwarm Bienen. Du denkst, du hast ein Loch gefunden, und plötzlich gehen sie von allen Seiten auf dich los", beschrieb G John Wilbur von den Washington Redskins nach der Niederlage seines Teams gegen die Dolphins im Super Bowl resigniert das Erfolgsrezept von Miamis Abwehr. Das zweite war, dass Head Coach Don Shula als Meister im Tarnen seiner geplanten Abwehrmaßnahmen galt. SS Dick Anderson, der wiederum als der Spieler galt, der das besser umsetzte als jeder andere, beschrieb Ziel und Folge davon nach der Saison so: „Wir wollen den Quarterback nervös machen, seine Gedanken durcheinander bringen, soweit, dass er sich nicht mehr sicher ist, was ihn erwartet und was er tun soll".

Trotz der Dominanz in der Regular Season waren die Playoffs für die Dolphins alles andere als ein Spaziergang. Beim 20:14

gegen die Cleveland Browns in den Divisional Playoffs lagen sie bis knapp fünf Minuten vor Spielende sogar zurück. Trotz einer 10:0-Führung nach dem ersten Viertel, letztlich 198 Lauf-Yards und fünf Interceptions der Abwehr taten sich die Dolphins schwer, verwandelten nur einen von 13 Third Downs in einen neuen First Down. Und fast ein Drittel ihrer Gesamt-Yards (80 von 272) holten sie bei der spielentscheidenden Angriffsserie. Nachdem die Browns nach knapp sieben Minuten im letzten Viertel mit einer langen Angriffsserie (elf Spielzüge, 90 Yards) mit 14:13 in Führung gegangen waren, arbeitete sich Miami im Gegenzug unter anderem mit Pässen über 15 und 35 Yards von Morrall auf Warfield bis an Clevelands 20-Yard-Linie vor. Eine Pass-Interference-Strafe gegen Cleveland nach Foul an Warfield zwei Spielzüge später brachte Miami an die 8-Yard-Linie, von wo aus Jim Kiick den Ball durch die Mitte zum Touchdown in die Endzone trug. Im AFC Championship Game eine Woche später bei den Pittsburgh Steelers kehrte Bob Griese auf das Spielfeld zurück. In der ersten Halbzeit spielte Morrall, aber die Dolphins taten sich erneut schwer. Der Touchdown zum 7:7-Ausgleich im zweiten Viertel fiel dank eines Trickspielzuges, bei dem P Larry Seiple bei einem vierten Versuch mit dem Ball lief und 37 Yards für einen neuen First Down an Pittsburghs 12-Yard-Linie holte. Nach Pittsburghs 10:7 zu Beginn des dritten Viertels führte Griese die Dolphins mit zwei langen Angriffsserien (jeweils elf Spielzüge) zu zwei Touchdowns und einer 21:10-Führung. Pittsburgh kam fünf Minuten und 21 Sekunden vor Spielende noch auf 17:21 heran, aber mit zwei Interceptions behauptete Miami in den Schlussminuten die knappe Führung.

Für den Super Bowl VII im Los Angeles Coliseum gegen die Washington Redskins galten die Dolphins trotz der 16-0-Zwischenbilanz nicht als Favorit. Anders als die Dolphins schienen die Redskins, gemessen an ihren starken Playoff-Vorstellungen gegen Green Bay (16:3) und Dallas (26:3), genau zum Saisonhöhepunkt ihre Top-Form erreicht zu haben. Aber das Spiel lief anders als erwartet. Der Angriff der Dolphins kontrollierte mit erfolgreichem Laufspiel das Spiel, während die Abwehr wieder einmal einen Quarterback zur Verzweiflung trieb. Shula ließ häufig einen der Outside Linebacker blitzen, während sich LB Nick Buoniconti in der Mitte etwas zurückfallen ließ. Das Ergebnis war unter anderem die Interception von Buoniconti im zweiten Viertel, die Miami nach einem 32-Yard-Return an der 27-Yard-Linie der Redskins in Ballbesitz brachte

Don Shula

und fünf Spielzüge später zum Touchdown zum 14:0 durch Jim Kiick (1-Yard-Lauf) führte. Eine zweite Interception, durch FS Jake Scott, bei der QB Billy Kilmer unter Druck ebenfalls die Übersicht verlor, hatte nach Erreichen der 10-Yard-Linie der Dolphins Washingtons beste Chance zunichte gemacht.

Die Dolphins siegten letztlich mit 14:7, aber spannend war es nach dem 14:0-Halbzeitstand nie. Die Dolphins hätten im dritten Viertel die letzten Zweifel über den Ausgang beseitigen können, aber nachdem sie sich von der eigenen 17-Yard-Linie bis an die 5-Yard-Linie der Redskins vorgearbeitet hatten, endete der Angriff mit einer Interception in Washingtons Endzone. Die einzigen Punkte der Redskins fielen zwei Minuten und sieben Sekunden vor Spielende auch mit Hilfe der Dolphins. Nach einem geblockten Field-Goal-Versuch versuchte Miamis K Garo Yepremian einen Pass zu werfen. Der verunglückte Wurf landete bei Mike Bass, der mit einem 49-Yard-Return den Touchdown erzielte. Nach dem Triumph war vor allem Shula, der bereits zwei Super Bowls als Head Coach verloren hatte, erleichtert: „Der Druck ist weg. Ich war mir des Rufs, den ich hatte, bewusst. Die Niederlagen waren nun mal da, die ließen sich nicht verbergen. Aber das ist jetzt Vergangenheit".

Die Saison 1972 ist fraglos das Highlight der Team-Historie, aber ein Jahr später dominierten die Dolphins fast noch mehr, trotz der zwei Niederlagen (7:12 in Cleveland am zweiten Spieltag und 3:16 in Baltimore am vorletzten) und leicht rückläufiger Statistiken. Ihre zwölf Siege holten sie mit im Durchschnitt knapp 18 Punkten Differenz, und die Abwehr ließ erneut die wenigsten Punkte aller Teams und noch einmal weniger als im Jahr zuvor zu. Die Folge: Miami stand bereits nach einem 17:0 am zehnten Spieltag bei den Buffalo Bills, zu der Zeit und auch am Ende Zweiter hinter den Dolphins in der AFC East Division, als Divisionssieger fest.

In den Playoffs präsentierten sich die Dolphins dann souveräner als in der KO-Runde 1972. In Rückstand gerieten sie nie. Am Anfang Punkte vorlegen, mit Hilfe des starken Laufspiels viel Spielzeit aufbrauchen und den Gegner damit zwingen, riskanter und passorientierter zu spielen, nach diesem Muster liefen beide Playoff-Spiele und auch der Super Bowl. In Gefahr bringen konnten sich die Dolphins eigentlich nur selbst. Im Divisional Playoff gegen die Cincinnati Bengals führten sie zur Pause nach zwischenzeitlicher 21:3-Führung nur mit 21:16, weil sie zweimal patzten. Das 10:21 der Bengals fiel durch einen 45-Yard-Interception-Return, das 13:21 nach einem Fehler von Mercury Morris nach dem anschließenden Kickoff, der die Bengals gleich wieder in Ballbesitz brachte. Trotzdem gewann man deutlich mit 34:16. Zehn der 16 Punkte der Bengals hatte im Übrigen der dort als Kicker tätige Horst Mühlmann, ehemaliger Ersatztorhüter des FC Schalke 04, erzielt. Im dann folgenden AFC Championship Game gegen die Oakland Raiders stand es zwischenzeitlich zwar mal „nur noch" 17:10 für Miami, aber dank 256 Lauf-Yards gegen die beste Laufverteidigung der NFL in dieser Saison gewannen die Dolphins letztlich ungefährdet mit 27:10.

Im Super Bowl VIII in Houston gegen die Minnesota Vikings das gleiche Bild: Wieder trafen die Dolphins auf eine der besten Abwehrreihen, wieder liefen sie diese in Grund und Boden (259 Yards, drei Touchdown-Läufe). Nachdem QB Bob Griese gegen Oakland nur sechs Pässe im ganzen Spiel geworfen hatte, waren es dieses Mal sieben. Die Dolphins schlossen ihre ersten beiden Angriffsserien nach jeweils zehn Spielzügen mit Touchdowns (Csonka und Kiick) zum 14:0 ab, führten nach gut sechs Minuten im dritten Viertel durch Csonkas zweiten Touchdown mit 24:0 und gewannen schließlich mit 24:7. Der einzige „Schönheitsfehler" an der Titelverteidigung war, dass viele moserten, Miami spiele langweiligen Football. „Wir ärgern uns wirklich über all die Leute, die unseren Football langweilig nennen. Wir denken, wir haben eine Offense, die alles machen kann, was gefordert ist. Wir können innen und außen laufen, kurze und lange Pässe spielen. Was ist schon so großartig an einem langen Pass gegen eine Bump-and-Run-Verteidigung? Entweder der Receiver fängt den Ball, oder der Verteidiger behindert ihn, und der Ball wird auf die 1-Yard-Linie gelegt. Und das soll gute Offense sein? Ich glaube nicht, dass billige Punkte wie diese wirklich interessant sind", konterte Shula diesen Einwand. Letztlich konnte es ihm ohnehin egal sein.

Super Bowl
VIII
Ticket

Zu diesem Zeitpunkt ahnte noch niemand, dass der Super-Bowl-Erfolg gegen die Vikings der letzte Playoff-Sieg der Dolphins bis zum Januar 1983 bleiben sollte. Nach dem sagenhaften „Lauf" von 32 Siegen innerhalb von 34 Spielen ging es nämlich leicht bergab. 1974 reichte es zwar noch zum Divisionstitel, aber im Divisional Playoff bei den Oakland Raiders verlor der Titelverteidiger durch einen Touchdown-Pass 26 Sekunden vor Spielende mit 26:28. In den folgenden Jahren wurden die Dolphins zweimal (1975 und 1977) mit 10-4-Bilanzen im Tie Breaker nur Zweiter in ihrer Division hinter den wieder erstarkten Baltimore Colts und verpassten, weil es damals nur ein Wild-Card-Team pro

Conference gab, beide Male die Playoffs. Gegen Ende der 70er Jahre bäumten sich Griese und Co. noch einmal auf, ohne aber an ihre große Zeit auch nur annähernd anküpfen zu können. 1978 scheiterte man im Wild Card Game knapp an den Houston Oilers (9:17), ein Jahr später ging die im Angriff auf den wichtigsten Positionen überalterte Mannschaft in den Divisional Playoffs mit 14:34 bei den Pittsburgh Steelers unter.

In der ersten Hälfte der 80er Jahre, nach erfolgtem personellen Umbruch, erlebten die Dolphins noch einmal eine kleine Blütezeit. Dank ihrer noch immer (oder schon wieder) erstklassigen Abwehr schafften sie 1982 trotz eines schwachen Angriffs den Einzug in den Super Bowl (17:27 gegen die Washington Redskins), zwei Jahre später führte sie ein Quarterback-Jungstar namens Dan Marino, der die Passrekorde der NFL gleich serienweise brach, erneut bis ins Finale, wo sie dann aber dem Team mit 16:38 unterlagen, das später als Team der 80er Jahre in die Geschichte einging – den San Francisco 49ers. Nach dem Scheitern im AFC Championship Game ein Jahr später war die große Zeit der Dolphins dann endgültig vorbei. Trotz Dan Marinos Passkünsten reichte es nur noch, und das auch erst in den 90er Jahren, zu ein paar Playoff-Kurzauftritten. Don Shula hielt sich trotz wachsender Kritik noch bis 1995 und trat als der zu diesem Zeitpunkt nach Siegen erfolgreichste Head Coach der NFL-Geschichte ab (328 Siege bei 156 Niederlagen und sechs Remis in Regular-Season-Spielen, 19 Siege und 17 Niederlagen in Playoffs und Super Bowls).

Aufstand der Helden

Emanzipationsversuche

Auch wenn man mit der Suche nach „glatten Brüchen" an der Schwelle von einem Jahrzehnt zum nächsten immer vorsichtig sein muss, so gab es zwischen den 70er und 80er Jahren in der NFL doch Unterschiede, die typisch waren für das jeweilige Jahrzehnt. Natürlich nahmen die Entwicklungen der 80er Jahre schon Ende der vorhergehenden Dekade ihren Anfang. So verschoben sich etwa die sportlichen Kräfteverhältnisse. Die sechs dominierenden Teams der 70er Jahre – Pittsburgh Steelers, Dallas Cowboys, Miami Dolphins, Minnesota Vikings, Los Angeles Rams und Oakland Raiders – verloren, zeitlich verschoben und in unterschiedlichem Maße und mit einer Ausnahme (Oakland Raiders), ihre beherrschende Rolle, weil der Generationswechsel nach dem Abtritt der Stars aus den 70ern nicht reibungslos klappte.

Am deutlichsten war das bei den Steelers, den Vikings und den Rams. Die Dolphins hielten sich zwar noch bis Mitte der 80er Jahre in der Spitze, erreichten sogar noch zweimal (1982 und 1984) den Super Bowl, sackten danach aber ins Mittelmaß ab, trotz der Passkünste von QB Dan Marino. Ähnlich war es bei den Cowboys, die zu Beginn des Jahrzehnts dreimal in Folge (1980 bis 1982) noch bis ins NFC Championship Game vorstießen, aber jeweils am Finaleinzug scheiterten (erst an den Philadelphia Eagles, dann an den San Francisco 49ers und schließlich an den Washington Redskins) und in der zweiten Hälfte der 80er Jahre dann zu einem der schwächsten Teams der Liga wurden.

**Super Bowl XVIII
Sammelteller
Jim Plunkett**

An die Stelle dieser Teams traten in den 80er Jahren andere. Zu diesen neuen „Powerhouses" muss man auch die Oakland Raiders zählen, die Ausnahme aus dem Sextett der Top-Teams der 70er, die in den 70er Jahren zwar ständig in den Playoffs zu finden waren, denen aber nur einmal (1976) der ganz große Wurf gelungen war. Sie erlebten in der ersten Hälfte der 80er Jahre, angeführt von anderenorts ausgemusterten Spielern wie QB Jim Plunkett und Jung-Stars wie RB Marcus Allen die erfolgreichste Phase ihrer Team-Geschichte, gewannen 1980 als erstes Wild-Card-Team einen Super Bowl (27:10 gegen die Philadelphia Eagles) und feierten in der Saison 1983 einen weiteren Super-Bowl-Erfolg (38:9 gegen die Washington Redskins). Die richtig neuen „Über-Teams" der 80er Jahre aber waren die San Francisco 49ers und mit Abstrichen die Washington Redskins.

Die 49ers waren Ende der 70er Jahre mit zwei 2-14-Bilanzen in Folge noch eines der lausigsten Teams der NFL gewesen. Mit einer neuen Spielergeneration um den späteren Superstar Joe Montana und einem neuen Head Coach, Bill Walsh, der die NFL um ein neues Angriffssystem, die so genannte „West Coast Offense", bereicherte, stiegen sie zur neuen Nummer eins auf und konnten am Ende des Jahrzehnts auf vier Super-Bowl-Erfolge (1981, 1984, 1988 und 1989) zurückblicken.

Auch bei den Redskins begann Anfang der 80er Jahre mit einem neuen Head Coach, Joe Gibbs, eine neue Ära. Unter seiner Führung gewannen die Redskins drei Super Bowls (1982, 1987 und 1991) und kamen ein weiteres Mal (1983) ins Finale. Auch für die Redskins unter Gibbs war ein bestimmtes Angriffssystem typisch: das der „One Back Offense", also eines Systems, in dem in der Regel nur mit einem Running Back gespielt wurde. In einer solchen extremen Ausprägung war dies bis dahin in der modernen NFL von niemandem praktiziert worden, angesichts der Erfolge der Redskins kopierten andere Teams später diesen Stil.

Eine Super-Bowl-Eintagsfliege blieben die Chicago Bears mit ihrem Titelgewinn der Saison 1985, aber ihr damaliger Defensive Coordinator Buddy Ryan bereicherte die Liga um eine Abwehrstrategie, die in der zweiten Hälfte der 80er Jahre eine zeitlang in aller Munde war: die so genannte „46 Defense". Diese war eine wirkungsvolle Antwort auf den in der ersten Hälfte der 80er Jahre gestiegenen „Output" im Passspiel, der wiederum das Ergebnis von Regeländerungen war, die schon in den späten 70er Jahren vorgenommen worden waren, um das Passspiel zu fördern.

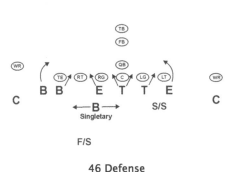

46 Defense

Ryans System funktionierte im Kern so: Die fünf Offensive Linemen bekamen jeweils einen direkten Gegenspieler zugeordnet (und waren so gebunden), zugleich wurde eine der beiden Abwehrseiten mit zwei Outside Linebackern „überladen", von denen mindestens einer blitzte. Im Ergebnis versuchten so ständig sechs bis sieben Verteidiger, bei Passspielzügen den Quarterback unter Druck zu setzen, mehr Spieler, als in der Regel zum Schutz des Spielmachers zur Verfügung standen.

Dreh- und Angelpunkt der von Defensive Coordinator Buddy Ryan geschaffenen Abwehrformation war LB Mike Singletary. Singletary spielte von 1981 bis 1992 für die Bears und wurde in seinen elf Jahren zehn Mal mit der Wahl in den Pro Bowl geehrt. Seine Ausnahmekarriere krönten die Sportjournalisten 1998 mit der Wahl in die Hall of Fame. Singletary, der sich selbst als praktizierenden Christen bezeichnet, hat später die Trainerlaufbahn eingeschlagen.

Mike Singletary

Eine wichtige Neuerung der 80er Jahre war die Einführung der Überprüfung von strittigen Schiedsrichter-Entscheidungen mit Hilfe von Fernsehbildern, „Instant Replay" genannt (was wörtlich übersetzt „sofortige Wiederholung" heißt). Eingeführt wurde Instant Replay 1986, zunächst als Test, dem 23 der 28 Team-Besitzer zustimmten. Anfangs wuchs der Widerstand gegen Instant Replay an, weil das System auch seine Schwächen hatte. So wurden die Spiele länger, und man befürchtete zudem, dass der Einsatz von Instant Replay die Autorität der Schiedsrichter untergraben und diese verunsichern könnte. Im Laufe der Zeit wurde das System aber nach und nach verfeinert. Sehr wichtig war zum Beispiel, dass man festlegte, dass eine Überprüfung einer Szene maximal zwei Minuten Zeit kosten darf. Lange Jahre musste über den weiteren Einsatz von Instant Replay jedes Jahr aufs neue abgestimmt werden, inzwischen ist es aber zum permanenten Hilfsmittel geworden, das sich im Großen und Ganzen bewährt hat.

Jenseits des Spielfeldes war für die 80er Jahre der Versuch der Spieler kennzeichnend, sich zu emanzipieren, sich mehr Freiheiten beziehungsweise Einfluss bei der Wahl ihres Arbeitsplatzes zu erkämpfen. Die unschönen Begleiterscheinungen dieses Kampfes waren zwei Spielerstreiks in den Jahren 1982 und 1987 und die immer weiter um sich greifende Unsitte der „Holdouts", des Ausstands einzelner Spieler, wenn diese versuchten, bei ihren Teams trotz bestehender Verträge neue, finanziell bessere Konditionen „herauszupressen". Die Entwicklung, die damals begann, führte in den 90er Jahren zu dem, was heute unter den Schlagworten „Free Agency" und „Salary Cap" für die NFL typisch ist, nämlich die gegenüber früher deutlich größere Wechselfreiheit der Spieler mit einem einhergehenden deutlichen Ansteigen der Gehälter und der Begrenzung der Ausgaben für Spielergehälter, die verhindern soll, dass letztere in für die Teams wirtschaftlich existenzgefährdende Höhen steigen. Die Salary Cap orientiert sich an der Einnahmesituation der Liga, wird jährlich – bislang immer mit einer leichten Steigerung – neu festgesetzt und ist für alle Teams gleich. Ohne die Vorgeschichte der Arbeitskämpfe von 1982 und 1987 ist so manches in der NFL von heute nicht ganz zu verstehen, zum Beispiel auch die im Vergleich zu früher extremen Leistungsschwankungen von Teams von einer Saison zur nächsten. Schon deshalb lohnt es sich, sich die Geschichte der Streiks von 1982 und 1987 sowie ihre Folgen, auch die sportlichen, etwas näher anzuschauen.

Die Streiks von 1982 und 1987

Die Geschichte der Spielerstreiks von 1982 und 1987 macht auch eines deutlich, was man als Fan normalerweise übersieht, nämlich dass die NFL jenseits von Faszination und Romantik und jenseits von Touchdowns und Tackles vor allem eines ist: ein knallhartes Geschäft, bei dem sich, wie im „normalen" Berufsleben auch, Arbeitgeber (die NFL-Team-Besitzer) und Arbeitnehmer (die Spieler) gegenüber stehen, die ständig versuchen, für sich das größere Stück aus dem gemeinsam erwirtschafteten Kuchen herauszuschneiden. Gerade in einer Profisportliga wie der NFL operieren die Beteiligten nicht ohne komplexe vertragliche Regelungen. Die Grundlage des Betriebes der Liga ist ein Tarifvertrag, das „Collective Bargaining Agreement" (CBA), das zwischen der Spielervereinigung, man könnte auch sagen Spielergewerkschaft, NFLPA (National Football League Players Association), und dem Management Council der NFL ausgehandelt und abgeschlossen wird. Dieses CBA regelt alles, von der Festsetzung von Mindestgehältern über die Kaderstärke bis hin zu Krankenversicherung und Altersversorgung, und wurde in jener Zeit etwa alle fünf Jahre erneuert.

Später war bis 2011 die jeweilige Erneuerung des CBA eine weitgehend geräuschlose Angelegenheit, seit man Anfang der 90er Jahre in den entscheidenden Punkten eine dauerhaft für beide Seiten tragbare Lösung gefunden hatte. Im Kern sah die so aus, dass Spieler nach vier Jahren bei auslaufendem Vertrag auf jeden Fall kompensationsfrei, also ohne dass sich das alte mit dem neuen Team einigen müsste, wechseln konnten (als „Unrestricted Free Agent") und unter bestimmten Bedingungen auch schon nach drei Jahren („Restricted Free Agent"). Im Gegenzug akzeptierte die

NFLPA eine Obergrenze für die Ausgaben für Spielergehälter („Salary Cap").

Zuvor war das anders. Die beiden Seiten lagen ständig „über Kreuz". Mitte der 70er Jahre operierte die NFL zwei Jahre ganz ohne gültiges CBA. Die dann am 1. März 1977 geschlossene Vereinbarung wurde von beiden Seiten nur zähneknirschend ratifiziert und lief bis 15. Juli 1982. Zu einer neuen Einigung kam man vor Ablauf dieses Vertrages nicht mehr. Man ging ohne CBA in die Saison, und als letzte Versuche, doch noch eine Einigung zu erzielen, scheiterten, begann nach dem Monday Night Game des zweiten Spieltages um Mitternacht am 20. September 1982 ein Spielerstreik, der letztlich 57 Tage dauerte und durch den acht Spieltage des ursprünglichen Spielplans ausfielen.

Das Interessante an der damaligen Situation war, dass im Grunde schon lange vorher, trotz aller Verhandlungen mit entsprechender medialer Begleitung, klar war, dass es beide Seiten auf einen Streik ankommen lassen würden. In einem Artikel der Sportjournalisten-Legende Will McDonough (Boston Globe) rund 14 Monate vor Ablauf des CBA wurde, ausgehend von Aussagen der beiden Verhandlungsführer, fast bis ins Detail beschrieben, was in den kommenden Monaten passieren würde und dass ein Streik im Grunde unvermeidlich wäre, wobei beide Seiten gute Gründe hatten, eine harte Linie zu fahren.

Der NFLPA ging es um nicht weniger als um die gesamte Verhandlungskultur zwischen den Team-Besitzern und den Spielern. Bis dahin sah das Verhältnis zwischen diesen beiden für Edward R. Garvey, damals Executive Director der NFLPA, so aus: „Für gewöhnlich haben sie einen jungen Mann, 21 oder 22 Jahre alt, der gerade aus dem College gekommen ist. Sein Traum ist der Sprung in die NFL. Er kommt hin und verhandelt mit einem General Manager, der oft ein gelernter Anwalt ist, wahrscheinlich jemand, der bereits hunderte von Verträgen ausgehandelt hat. In der Regel, in 97 Prozent der Fälle, bekommt der Spieler einen Vertrag, der von Seiten des Teams jederzeit gekündigt werden kann, während der Spieler aber bis zum Ende der Vertragslaufzeit an das Team gebunden ist. Unser primäres Ziel ist, dass alle Verträge garantiert sind, sobald ein Spieler den Sprung in den Kader geschafft hat, denn wir denken, dass wenn der Spieler an ein Team gebunden ist, das Team auch eine Verpflichtung gegenüber dem Spieler hat".

Darüber hinaus ging es der NFLPA darum, den Spielern ein größeres Stück vom Einnahmen-Kuchen zu erstreiten. Angestrebt wurden 55 Prozent der Einnahmen der Teams. „Wir reden hier darüber, über einen festen Prozentsatz an den Brutto-Einnahmen zu verhandeln, der unter den Spielern verteilt werden soll, basierend auf der Zeit der Zugehörigkeit zur Liga – ganz gleich, ob sie spielen oder nicht – und möglicherweise mit Zuschlägen für bestimmte, besonders verletzungsanfällige Positionen", so Garvey weiter. Außerdem wurde mehr Wechselfreiheit angestrebt. Untermauern konnte die NFLPA die Forderungen mit Zahlen. Im Durchschnitt nähmen die Teams (aus heutiger Sicht geradezu niedliche) 12,7 Millionen Dollar pro Jahr ein, von denen flössen nur 3,7 Millionen, etwas über 29 Prozent, in die Spielergehälter, rechnete Garvey vor. Das Durchschnittsgehalt eines NFL-Spielers hatte in der Saison 1980 bei knapp 79.000 Dollar gelegen. „Die Geschichte zeigt, dass die Spielergehälter nur dann dramatisch anstiegen, wenn es Konkurrenz in Form einer rivalisierenden Liga gab. Sie verdreifachten sich in den Tagen der AFL (1960 bis 1969) und verdoppelten sich in den zwei Jahren der World Football League (1974/1975). Wenn es keine Konkurrenz gibt, dann halten die Einkünfte nur mühsam mit den Lebenshaltungskosten Schritt", erklärte Garvey damals.

Die Team-Besitzer der NFL rechneten – natürlich – ganz anders. Sie sahen die Einnahmen pro Team und Jahr nur bei 12,3 Millionen Dollar und den Anteil, der an die Spieler ging, bei 5,7 Millionen oder etwas über 46 Prozent und warfen Garvey vor, einen Teil der Ausgaben für die Spieler, etwa die Bezahlung in der Preaseason einschließlich der für Spieler, die das Trainingscamp nicht überstehen, oder Zahlungen für Sozialversicherung und Pensionsfonds, ausgeklammert zu haben. „Es kommt gar nicht in Frage, dass wir den Spielern ein Mitspracherecht geben. Wir werden ihnen gewiss nicht 55 Prozent der Einnahmen überlassen. Sie tragen schließlich auch nicht die geschäftlichen Risiken. Wir sind gewillt, uns einige Vorschläge bezüglich der Gehaltsstruktur anzuhören, aber wir wollen keine neuen Geschäftspartner haben. Das funktioniert einfach nicht", bremste Chuck Sullivan, damals einer der Vizepräsidenten der New England Patriots und Vorsitzender des Management Council der NFL, die Erwartungen der NFLPA unmissverständlich.

Wie erwähnt, dauerte der Streik letztlich 57 Tage. Am Ende der wochenlangen Verhandlungen stand ein Kompromiss, mit dem die NFL eher leben konnte als die Spieler. Es wurde, wie von der NFLPA angestrebt, ein Mindestgehalt, gestaffelt nach Jahren der Zugehörigkeit zur Liga, eingeführt. Auch gab es für die Zukunft eine finanzielle Unterstützung für ausscheidende Spieler. Zusätzlich wurden die Bezahlung für Einsätze in Playoff-Spielen und die

Einzahlungen in die Krankenversicherung der Spieler angehoben. Die Teilnahme an Trainingscamps wurde ebenfalls höher honoriert. Die beiden wichtigsten Anliegen der Spielergewerkschaft, mehr Wechselfreiheit und einen festgeschriebenen Anteil an den Gesamteinnahmen der Teams, wurden in diesem neuen Vertrag aber nicht erfüllt.

Am 17. November 1982 wurde das neue CBA in New York unterschrieben, am 21. November nahm man den Spielbetrieb wieder auf, mit dem Spieltag, der im ursprünglichen Spielplan vorgesehen war. Man absolvierte dann die nach dem Ausstand verbliebenen sechs Spieltage (insgesamt waren es somit acht), hängte hinten noch einen neunten Spieltag an und strich dafür das spielfreie Wochenende zwischen den Conference Championship Games und dem Super Bowl. Für die Vergabe der Playoff-Plätze wurde die Divisionsaufteilung aufgehoben, es qualifizierten sich in AFC und NFC jeweils die acht punktbesten Teams, die in drei Playoff-Runden die beiden Super-Bowl-Teilnehmer ermittelten. Im Finale standen sich letztlich die Miami Dolphins und die Washington Redskins gegenüber. Den Titel holten sich die Redskins mit einem 27:17-Erfolg (nach 13:17-Rückstand am Ende des dritten Viertels).

Den Titelverteidiger, die San Francisco 49ers, suchte man im Feld der Playoff-Teilnehmer im Übrigen vergeblich. Er war in den Wirren des Streiks sportlich untergegangen und hatte gerade mal drei Spiele gewonnen. Dafür qualifizierten sich mit Cleveland Browns (AFC) und Detroit Lions (NFC) erstmals Teams mit einer negativen Regular-Season-Bilanz für die Playoffs (beide 4-5). Von diesen sportlichen Auswirkungen abgesehen hatte der Streik noch andere, gravierendere Folgen. So riss die Erfolgsserie der NFL an der Zuschauerfront. Nach vier Jahren in Folge mit neuen Rekorden beim Zuschauerdurchschnitt pro Spiel gab es einen Rückgang, und der Unmut von Fans und Medien über den Ausstand begünstigte die Schaffung der USFL (United States Football League), einer konkurrierenden Profiliga, die 1983 den Spielbetrieb aufnahm.

USFL Logo

Die USFL spielte zwar im Frühjahr, also nicht in direkter zeitlicher Konkurrenz, und überstand nur drei Jahre (sie gab auf, als sie 1986 keinen neuen TV-Vertrag abschließen konnte), aber ein Ärgernis war sie für die NFL, zumindest am Anfang, schon. So band sie, um nicht von Anfang an mit dem Image einer zweitklassigen Liga behaftet zu werden, mit viel Geld Top-Nachwuchsspieler an sich. Zu ihnen gehörten unter anderem die Quarterbacks Steve Young bei Los Angeles Express (später Tampa Bay Buccaneers und San Francisco 49ers; dort dreimaliger Super-Bowl-Gewinner) und Jim Kelly bei den Houston Gamblers (später Buffalo Bills; viermal Super-Bowl-Teilnehmer). DE Reggie White heuerte bei den Memphis Showboats an, bevor er später bei den Philadelphia Eagles und den Green Bay Packers sein Können zeigte und mit letzteren den Super Bowl gewann. Der Heisman-Trophy-Gewinner der Saison 1982, RB Herschel Walker, spielte bei den New Jersey Generals, wechselte dann in die NFL, wo er für die Dallas Cowboys, die Minnesota Vikings, die Philadelphia Eagles und die New York Giants aktiv wurde. WR Gary Clark gewann später mit den Redskins zweimal den Super Bowl, startete seine Karriere aber bei den Jacksonville Bulls.

Herschel Walker

Und auch einige bekannte und bewährte Veteranen erlagen den finanziellen Verlockungen der USFL. RB Joe Cribbs erlief von 1980 bis 1983 bei den Buffalo Bills dreimal über 1.000 Yards und wechselte dann 1984 zu den Birmingham Stallions. Erfolgreich, er erreichte dort 1.467 Yards und acht Touchdowns. Das reichte zum Titel des Top-Rushers der Saison. QB Doug Williams, kam von den Tampa Bay Buccaneers zu den Oklahoma beziehungsweise Arizona Outlaws. Er spielte dort zwei Jahre. Nach seiner Rückkehr in die NFL wurde er dann später bei den Washington Redskins, der erste farbige Super-Bowl-MVP. TE Dan Ross spielte von 1979 bis 1983 bei den Cincinnati Bengals und erzielte im Super Bowl der Saison 1982 zwei Touchdowns. Er setzte 1984 seine Karriere bei den New Orleans Breakers fort und wurde dort mit 65 Fängen für 833 Yards sowie zwei Touchdowns der beste Tight End der Saison.

Fünf Jahre später, als das 1982 geschlossene CBA auslief, gerieten Team-Besitzer und Spieler erneut aneinander. Man schaffte es wieder nicht, vor der Saison zu einer Einigung zu kommen, und so rief die NFLPA erneut zum Streik, der wiederum nach dem Monday Night Game des zweiten Spieltages (22. September) begann. Im Unterschied zu 1982 wählten die Team-Besitzer dieses Mal eine andere Strategie. Sie stampften mit Hilfe von Spielern, die ausgemustert worden waren oder den Sprung in die NFL nicht geschafft hatten, sogenannte „Replacement Teams" aus dem Boden. So bildeten meist völlig überalterte Ex-Spieler gemeinsam mit Aktiven, die nie professionell Football gespielt hatten, ein Team. Da sah man bei den Chicago Bears einen arbeitslosen Lehrer auf dem Feld, die New York Giants hatten einen Wirtschaftsprofessor aus Colorado im Team, und bei den Seattle Seahawks erfüllte sich ein wegen Raubes vorbestrafter 28-Jähriger seinen NFL-Traum. In den Reihen der Houston Oilers fand man dafür einen Gefängniswärter – neben einem Opernsänger und einem Bauarbeiter. Die Offensive Line der San Francisco 49ers „schmückte" unter anderem ein Pizza-Auslieferer.

Steve Largent in späteren Jahren als Abgeordneter des US-Kongresses

Einige etablierte Stars beteiligten sich nicht am Streik, etwa WR Steve Largent in Seattle, QB Gary Hogeboom in Indianapolis oder QB Gary Danielson in Cleveland. Ein Spieltag, der dritte, fiel aus, danach wurde drei Spieltage lang mit den Ersatzmannschaften gespielt. Das zeigte Wirkung. Dieses Mal dauerte der Ausstand nur 24 Tage. Die NFLPA erkannte, dass der Streik nichts bringen würde. Die Spieler beschlossen am 15. Oktober, den Ausstand zu beenden. Am selben Tag reichte die NFLPA eine Klage gegen die NFL ein, um die Free-Agency-Regelungen der NFL zu kippen. Die Klage wurde letztlich abgewiesen. In der Folge operierte die NFL bis 1993 ohne ein neues CBA. Erst als Freeman McNeil, damals Running Back der New York Jets, mit einer 1990 eingereichten Klage gegen die Free-Agency-Regeln der NFL Erfolg hatte und DE Reggie White, damals bei den Philadelphia Eagles, mit einer weiteren Klage drohte, setzten sich die Team-Besitzer und die NFLPA wieder an einen Tisch und arbeiteten ein neues CBA aus, das 1993 in Kraft trat und den Spielern wesentlich größere Wechselfreiheit zugestand als zuvor.

Zurück zur Saison 1987: Ab dem siebten Spieltag (25. Oktober) traten die Teams wieder mit ihren regulären Spielern an. Die sportlichen Auswirkungen des Streiks waren deutlich. Das Abschneiden in den Replacement-Spielen war entscheidend für den Saisonverlauf. Alle zehn späteren Playoff-Teilnehmer hatten in den Replacement-Spielen eine positive Bilanz, und konsequenterweise gewann die Mannschaft den Super Bowl, die als einzige alle drei dieser Spiele gewonnen hatte: die Washington Redskins, die im Finale in San Diego die Denver Broncos mit 42:10 demütigten.

San Francisco 49ers: Das Traumpaar Montana/Walsh

Das dominierende Team der 80er Jahre waren die San Francisco 49ers, die zwischen 1981 und 1989 viermal den Super Bowl gewannen, einen der besten Quarterbacks aller Zeiten, Joe Montana, und den besten Wide Receiver der NFL-Geschichte, Jerry Rice, hervorbrachten und für zwei der spektakulärsten Angriffsserien der Playoff- beziehungsweise Super-Bowl-Geschichte verantwortlich zeichneten. Untrennbar verbunden ist der Aufstieg der 49ers zur NFL-Supermacht mit zwei Namen, Bill Walsh (Head Coach) und Joe Montana (Quarterback), vor allem aber mit einem Spiel, genauer einer Szene: „The Catch" - dem Fang zum spielentscheidenden Touchdown von WR Dwight Clark beim 28:27-Sieg gegen die Dallas Cowboys im NFC Championship Game der Saison 1981. Ohne hohles Pathos, es war ein wahrhaft historischer Moment, eine Szene, die nicht nur die Geschichte der 49ers veränderte, sondern auch die der NFL. Die 49ers gewannen anschließend ihren ersten Super Bowl, mit 26:21 gegen die Cincinnati Bengals. „Wer weiß, was passiert wäre, wenn wir dieses Spiel (gemeint das gegen Dallas) verloren hätten", sagte Randy Cross, von 1976 bis 1988 Center der Mannschaft, später, und Joe Montana brachte die Bedeutung dieses Sieges noch deutlicher auf den Punkt: „Dieser Sieg ermöglichte es uns, den Super Bowl zu erreichen, nicht nur dieses eine Mal, sondern auch in den folgenden Jahren. Er hat unser aller Leben verändert."

Jerry Rice

Zugegeben, niemand konnte zu diesem Zeitpunkt wissen, wie die Geschichte nach diesem Erfolg weitergehen würde, und zunächst sah es noch gar nicht nach einer Dominanz der 49ers aus. Im Gegenteil, zwischen dem ersten und dem zweiten Super-Bowl-Erfolg lagen drei Jahre, zwischen dem zweiten und dem dritten gar vier, da hatten es die Pittsburgh Steelers in den 70er Jahren mit vier Titeln innerhalb von sechs Spielzeiten deutlich besser gemacht. Und es gab Rückschläge, etwa in der durch den Streik verkürzten Saison 1982, als die 49ers als Titelverteidiger nicht einmal die Playoffs erreichten, obwohl schon eine 4-5-Bilanz damals den Einzug in diese ermöglicht hätte, oder auch die deutlichen Schlappen im jeweils ersten Playoff-Spiel in den Jahren 1985 (3:17 bei den New York Giants im NFC Wild Card Game), 1986 (3:49 wieder bei den Giants im Divisional Playoff) und 1987 (24:36 gegen die Minnesota Vikings im Divisional Playoff).

Schon die Konstellation in jenem Conference Championship Game am 10. Januar 1982 im Candlestick Park in San Francisco hatte nicht gerade für die 49ers gesprochen. Hier die Cowboys, der Platzhirsch in der NFC. Das Team hatte 15 Mal in den 16

Jahren davor die Playoffs erreicht, es in den 70er Jahren fünfmal bis in den Super Bowl geschafft, diesen zweimal gewonnen (1971 und 1977), und es wurde seit 21 Jahren vom gleichen Head Coach geführt (Tom Landry). Die Mannschaft war gespickt mit erfolgs-verwöhnten, Super-Bowl-erfahrenen Spielern wie RB Tony Dorsett (zweitbester Rusher der Regular Season mit 1.646 Yards), DT Randy White, den Defensive Ends Harvey Martin und Ed „Too Tall" Jones, den Wide Receivern Drew Pearson und Tony Hill, TE Billy Joe Dupree oder K Rafael Septien (zweitbester Scorer der Saison), um nur einige zu nennen. Ihr Quarterback, Danny White, spielte seine sechste Saison, die zweite als Stammspieler.

Dagegen die 49ers, die noch nie etwas „gerissen" hatten, zum ersten Mal seit 1976 überhaupt eine positive Bilanz aufwiesen, zum ersten Mal seit 1972 die Playoffs erreicht hatten – und nach allgemeiner Auffassung viel zu jung waren, um schon nach dem ganz großen Erfolg zu greifen. 29 der 45 Spieler im aktiven Kader für die Partie bestritten maximal ihre dritte NFL-Saison, waren also erst unter dem 1979 neu verpflichteten Head Coach Bill Walsh zu den 49ers gekommen. Darunter auch die 1979 gedrafteten Montana, der seine erste Saison als Stamm-Quarterback bestritt, und Clark sowie RB Earl Cooper und FS Dwight Hicks, der beste Mann im Defensive Backfield. Zur weiteren Stammbesetzung der Rückraumverteidigung gehörten mit SS Ronnie Lott sowie den Cornerbacks Eric Wright und Carlton Williams ansonsten im April gedraftete NFL-Neulinge. 13 der 45 Spieler bestritten ihre erste NFL-Saison. Und ausgerechnet im bis dahin wichtigsten Spiel der Saison fehlte den 49ers wegen Verletzung ihr Top-Rush-er Ricky Patton.

Dwight Clark

Im Spiel selbst lief für die 49ers auch nicht alles nach Wunsch. Die sechs Ball-verluste (drei Fumbles, drei Interceptions) gegenüber dreien der Cowboys waren völ-lig untypisch und ein Zeichen von großer Nervosität. In der Regular Season waren die Kalifornier die Nummer eins der Liga in der Turnover-Differenz (+23) gewesen und hatten vor allem deshalb die zweitwenigsten Punkte kassiert. Dennoch lagen sie zweimal vorn und ansonsten nur knapp zurück. Vier Minuten und 54 Se-kunden vor Spielende hatten die Cowboys erneut die Führung übernommen (mit 27:21 durch einen 21-Yard-Pass von QB Danny White auf TE Doug Cosbie), und nach dem Kickoff begann die nächste Angriffsserie der 49ers an der eigenen 11-Yard-Linie.

Das Drama nahm seinen Lauf. Im dritten Spielzug sahen sich die 49ers an der eigenen 17-Yard-Linie mit einem dritten Versuch konfrontiert. Vier Yards fehlten zum neuen First Down. Die 49ers, das viertbeste Team der Liga in Third Down Conversions, nahmen die Hürde mit einem 6-Yard-Pass von Montana auf WR Freddie Solomon. Dann überraschten die 49ers die Abwehr der Cowboys, die sich primär auf die Passverteidigung konzentrierte, mit zwei Läufen über außen, die 18 Yards brachten. Es folgte das bekannte Kurzpassspiel, unterbrochen von einem Reverse-Spielzug mit Solomon (Raumgewinn 14 Yards). Nach zwölf Spielzügen standen die 49ers an der 6-Yard-Linie der Cowboys und brauchten

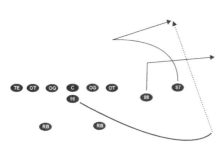

Sprint Right Option

drei Yards zum neuen First Down, das Ganze 58 Sekunden vor Spielende. Die 49ers nahmen eine Auszeit und entschieden sich für einen weiteren Passspielzug: „Sprint Right Option".

Bei diesem Spielzug postierten sich Clark und Solomon auf der rechten Seite, Clark außen, Solomon innen. Clark sollte eigentlich den Raum freimachen für Solomon, der in die rechte Ecke der Endzone laufen und von Montana, der seinerseits nach rechts lief, angespielt werden sollte. Würde Solomon gedeckt sein, sollte Clark in der Endzone zunächst von rechts nach links laufen, dann stoppen und wieder nach rechts laufen. Wäre keiner von beiden anspielbar gewesen, hätte Montana die Möglichkeit gehabt, den Ball ins Aus zu werfen. Montana lief also nach dem Snap nach rechts, verfolgt von drei Verteidigern der Cowboys. Solomon war hingefallen und nicht anspielbar. Ohne zu wissen, ob Clark ungedeckt war, wie er später zugab – „Ich sah niemanden außer Too Tall Jones" – warf Montana den Ball in die Endzone.

Clark wurde von CB Everson Walls bewacht, der als NFL-Neuling in der Regular Season die meisten Interceptions (11) verbucht hatte. Zudem waren in diesem Spiel schon zwei Montana-Pässe in seine Hände gelangt und nach einem der drei Fumbles eroberte er den Ball. Aber in dieser entscheidenden Szene war er WR Dwight Clark nicht gewachsen. Dieser reckte sich in die Höhe und bekam, auch durch seinen erheblichen Vorteil in der Körpergröße, den Ball mit den Fingerspitzen zu fassen – Touchdown. „The Catch" war geboren. Der Zusatzpunkt von Ray Wershing brachte die 49ers mit 28:27 in Führung.

Sicher waren die 49ers damit noch nicht. Im nächsten Spielzug brachte ein 31-Yard-Pass von White auf WR Drew Pearson die Cowboys bis an San Franciscos 44-Yard-Linie, und um ein Haar wäre Pearson zum Touchdown durch gewesen, hätte ihn CB Eric Wright nicht gerade noch zu Boden ziehen können. Im nächsten Spielzug schlug DE Lawrence Pillers dann QB Danny White den Ball aus der Hand. DE Jim Stuckey warf sich auf den Ball und sicherte so den Erfolg der 49ers.

Wie dicht Erfolg und potenzieller Misserfolg für die 49ers in dieser Saison beieinander lagen, zeigte sich auch zwei Wochen später im Super Bowl XVI in Detroit gegen die Cincinnati Bengals. Der begann für sie mit einem Tiefschlag. Nach dem Kickoff verlor Amos Lawrence den Ball und bescherte den Bengals Ballbesitz an San Franciscos 26-Yard-Linie. Sechs Spielzüge später befreite FS Dwight Hicks sein Team mit einer Interception an der 5-Yard-Linie plus Return bis an die 32-Yard-Linie aus der misslichen Lage – mit Hilfe einer außerplanmäßigen und glücklichen Aktion, wie er später zugab. Er ließ seinen Gegenspieler ziehen und konzentrierte sich auf WR Isaac Curtis, der eigentlich von CB Eric Wright bewacht wurde. „Zwei Wochen später schaute ich mir zusammen mit George Seifert (damals Defensive Backs Coach) die Aufzeichnung des Spiels an, und er sagte mir, ich solle mir die Szene einmal genau anschauen. Wenn wir Manndeckung spielten, ließ ich meinen Gegenspieler nie aus den Augen, denn wenn du das tust, bist du verloren. Aber dieses Mal tat ich es. Das tat ich später nie wieder, aber dieses Mal tat ich es. George sagte: Eine großartige Aktion, aber wenn dein Mann gepunktet hätte, wäre ich dir an die Gurgel gegangen."

Joe Montana

Im Anschluss an die Interception erzielten die 49ers das 7:0 (1-Yard-Lauf von Montana) – ein doppelter Tiefschlag für die Bengals. „Nach dieser Interception hatte es den Anschein, als hätten wir Angst davor, weitere Fehler zu machen. Vielleicht haben wir zu lange daran gedacht, was gewesen wäre, wenn, als uns mit dem abzufinden, was passiert war", sagte Forrest Gregg, Head Coach der Bengals, zu der Situation. Den Rest der ersten Halbzeit bestimmten fortan die 49ers. Nach einem Fumble der Bengals an San Franciscos 8-Yard-Linie marschierten die 49ers durch einen 11-Yard-Pass von Montana auf Earl Cooper zum 14:0. Mit einem Field Goal von Ray Wershing zum 17:0 15 Sekunden vor der Halbzeitpause war es noch nicht genug: Durch einen weiteren Fumble der Bengals an der eigenen 4-Yard-Linie kamen die 49ers noch einmal in eine hervorragende Feldposition, sodass Wershing noch drei Punkte zur 20:0-Halbzeitführung nachlegen konnte. In der zweiten Halbzeit hätte es noch einmal eng werden können. Jetzt dominierten die Bengals. Mit ihrem ersten Ballbesitz erzielten sie das 7:20 durch einen 5-Yard-Lauf von QB Ken Anderson. Nur kurze Zeit später erreichten sie einen First Down an San Franciscos 3-Yard-Linie. Die Bengals schafften es in vier Versuchen aber nicht in die Endzone, und das waren die Punkte, die ihnen letztlich fehlten. In den Anfangsminuten des vierten Viertels gelang den Bengals dann doch das 14:20 (4-Yard-Pass von Anderson auf TE Dan Ross), aber den im Angriff jetzt harmlosen 49ers genügten zwei Field Goals, das zweite zum 26:14 im Anschluss an eine Interception von Eric Wright an Cincinnatis 47-Yard-Linie plus Return bis an die 22, um den Gegner auf Distanz zu halten. Andersons zweiter Touchdown-Pass auf Ross (drei Yards) zum 21:26 kam 16 Sekunden vor dem Ende des Spiels zu spät.

Die 49ers waren World Champions, wie sich der NFL-Titelträger ganz unbescheiden nennt, und empfanden Genugtuung. „Die Leute haben nicht an uns geglaubt, und das war etwas entmutigend für uns. Selbst die Coaches der Liga, die meisten von ihnen tippten darauf, dass Cincinnati das Spiel gewinnt. Aber wir haben an uns geglaubt", so Montana.

Bis zu diesem Erfolg war es für die 49ers allerdings ein weiter und an Frustrationen reicher Weg gewesen. Zu Beginn der 80er Jahre hatten sie knapp dreieinhalb Jahrzehnte hinter sich, die von Mittelmaß geprägt gewesen waren. Begonnen hatte ihre Geschichte 1946 in der NFL-Konkurrenzliga AAFC, die 1950 in der NFL aufging. In den vier Jahren in der All-American Football Conference waren die 49ers keineswegs schlecht, sie holten 38 Siege bei nur 14 Niederlagen und zwei Remis, nur, an dem Über-Team der Liga, den Cleveland Browns, kamen sie nicht vorbei. Nach dem Beitritt zur NFL 1950 bewegten sie dort bis 1969 wenig. Zwar gab es regelmäßig positive Abschlussbilanzen, aber ihre Division beziehungsweise Conference gewannen sie in dieser Zeit nie. Nur einmal reichte es für eine Playoff-Teilnahme – 1957 als wegen Gleichstand mit den Detroit Lions in der Western Conference ein Entscheidungsspiel notwendig wurde, das man auf eigenem Platz mit 27:31 verlor. Vor allem das Abschneiden in den 50er Jahren war enttäuschend, stellte die Mannschaft damals doch einige namhafte Spieler. So war RB Joe Perry der Top-Rusher der NFL 1953 und 1954, und Receiver Billy Wilson zeichnete sich zweimal als bester Passempfänger der Liga (1954 und 1955) aus. Dazu kam mit QB Y.A. Tittle ein 1971 in die Hall of Fame aufgenommener Spielmacher.

Eine erste kurze Blüte erlebten die 49ers nach dem Zusammenschluss von NFL und AFL 1970. In den Jahren 1970 bis 1972 gewannen sie, jetzt vor allem angetrieben von QB John Brodie und WR Gene Washington, dreimal in Folge die NFC West Division. Ihr Pech: So wie sie einst in der AAFC immer wieder an den Cleveland Browns gescheitert waren, so stand ihnen auch dieses Mal immer wieder ein Team im Weg – die Dallas Cowboys. Zunächst scheiterten sie zweimal im NFC Championship Game an den Texanern (1970 mit 10:17 zu Hause, 1971 mit 3:14 in Dallas), dann bereits im ersten Playoff-Spiel mit 28:30 auf eigenem Platz. Danach ging es bergab. Es folgten drei „Losing Seasons", die Head Coach Dick Nolan den Job kosteten. In den folgenden drei Jahren (1976 bis 1978) verschlissen die 49ers vier Head Coaches und stürzten nach einem kurzen Hoffnungsschimmer in der Saison 1976 (8-6) richtig ab.

Eddie DeBartolo

Der einzige Lichtblick in dieser Phase war am 31. März 1977 die Übernahme des Teams durch Edward J. DeBartolo Jr., mit gerade einmal 31 Jahren der jüngste Team-Besitzer der NFL. Ausgesprochen unglücklich war dagegen die Besetzung der Position des General Managers und Vizepräsidenten mit Joe Thomas. Der wirtschaftete das Team mit einer Reihe umstrittener Personalentscheidungen sportlich völlig herunter und war mit seinem Auftreten in der Öffentlichkeit alles andere als ein Sympathieträger. Am Ende der Saison 1978 wurde Thomas von DeBartolo folgerichtig schon wieder gefeuert.

Die Wende kam 1979 mit Bill Walsh als neuem Head Coach, der in Personalunion auch zum General Manager ernannte wurde. Walsh hatte in den beiden Jahren zuvor als Head Coach an der nahe gelegenen Stanford University die Aufmerksamkeit nicht nur der 49ers auf sich gezogen. Davor war er elf Jahre als Assistant Coach in der NFL tätig gewesen, von 1966 bis 1967 bei den Oakland Raiders (Offensive Backfield Coach), von 1968 bis 1975 bei den Cincinnati Bengals (Quarterbacks und Receivers Coach) und 1976 bei den San Diego Chargers (Offensive Coordinator). Mit Walsh zog eine neue Mentalität bei den 49ers ein. „Bill forderte dich immer aufs Neue heraus. Du hattest nie das Gefühl, es geschafft zu haben", beschrieb Dwight Clark die Situation. Walsh regierte mit harter Hand und duldete keinen Widerspruch.

„Die Spieler hatten Angst vor Bill. Sie wussten, dass es besser ist, ihm nicht zu widersprechen. Sie wären am nächsten Tag weg gewesen", so brachte es Guy Benjamin, einst unter Walsh Quarterback bei Stanford und von 1981 bis 1983 Ersatzmann bei den 49ers, auf den Punkt. Dieser Aspekt von Walshs Wesen beschleunigte wohl auch die wichtigste Personalentscheidung in dessen Anfangsjahren bei den 49ers: den Wechsel auf der Quarterback-Position. Stammspieler in Walshs erster Saison (1979) war Steve DeBerg, der 1977 von den Dallas Cowboys gedraftet (10. Runde), im September dann entlassen und von den 49ers verpflichtet worden war. DeBerg schien damals vielen der Quarterback der nächsten Jahre bei den 49ers zu sein. Bei der Draft im April 1979 hatte Walsh aber einen weiteren hoffnungsvollen jungen Quarterback geholt, Joe Montana. Letzterer wäre nach Walshs Aussage ohnehin die neue Nummer eins geworden, unter Umständen aber vielleicht erst etwas später, wie eine Aussage von C Randy Cross vermuten lässt. „Steve wäre vielleicht der beste Quarterback für Bills System gewesen, von zwei Sachen abgesehen. Er war nicht so beweglich wie Joe, und mit seiner starken Persönlichkeit und seinem Football-Wissen forderte er Bill heraus. Nicht alle Coaches mögen das, und Bill ganz gewiss nicht. Aber Steve hat sich nie zurückgehalten."

Nachdem DeBerg 1979 der fünftbeste Passer der Saison gewesen war, verlor er gegen Ende der Saison 1980 die Position als Nummer eins an Montana. Spätestens nach dem Sieg gegen die New Orleans Saints am drittletzten Spieltag, als die 49ers auf eigenem Platz zur Halbzeit mit 7:35 zurücklagen und Montana die Mannschaft zu einem 38:35-Erfolg nach Verlängerung führte (immer noch das größte Comeback in einem Regular-Season-Spiel in der NFL-Geschichte), war klar, dass er der neue Anführer des Teams sein würde. Im Sommer 1981 wurde DeBerg an die Denver Broncos abgegeben. Trotzdem wusste auch Walsh, was er an DeBerg hatte. „Wenn wir Steve nicht gehabt hätten, dann hätten wir Joe sofort bringen müssen, mit katastrophalen Folgen. Wir hatten keine gute Pass Protection und mussten praktisch bei jedem Spielzug werfen, weil wir ständig zurücklagen. Dank Steve waren wir in der Lage, Joe langsam aber sicher in unser System einzubauen. Er stand nicht unter dem Druck, die Spiele gewinnen zu müssen, nur weil wir so eine schlechte Mannschaft waren. Joe hatte seine Probleme. Er war nicht beständig, er machte Fehler, und es zeigte sich seine fehlende Erfahrung, aber er lernte wirklich schnell. Manche Quarterbacks haben es schneller geschafft, aber die haben auch in Mannschaften gespielt, bei denen sie von guten Mitspielern umgeben und sie das letzte Mosaiksteinchen waren", beschrieb Walsh die damalige Situation später.

In Montana hatte Walsh den perfekten Mann für sein Angriffs-system gefunden, mit dem Walsh eine neue Ära im Offensivspiel einleitete. Dieses neue, stark auf Pass setzende System bekam später den Namen „West Coast Offense" ver-passt. Um das Neue an Walshs System bes-ser zu verstehen, muss man zunächst auf die Zeit davor zurückblicken. Eine starke Aus-richtung auf das Passspiel hatte es auch frü-her schon gegeben. In den 70er Jahren war vor allem Don (Spitzname „Air") Coryell bei den St. Louis Cardinals (1973 bis 1977) und den San Diego Chargers (ab 1978 und letztlich bis 1986) einer gewesen, der die das Passspiel begünstigenden Regeländerungen nutzte und stark auf den Angriff durch die Luft setzte, zumal er mit Jim Hart in St. Louis und Dan Fouts in San Diego auch die pas-senden Spielmacher dafür hatte. Generell galt

Dan Fouts

aber auch Anfang der 80er Jahre noch, dass Erfolg auf Dauer nur über ein starkes Laufspiel möglich war. Gepasst wurde vor allem, wenn größere Distanzen zu überbrücken waren oder um den Geg-ner zu überraschen.

Den Ansatz von Walsh und auch LaVell Edwards, der im College bei BYU genauso spielen ließ, beschrieben Frank Henderson und Mel Olson in ihrem Buch „Football's West Coast Offense" so: Das Ziel ist, die Abwehr über einen größeren Bereich des Spielfeldes auseinanderzuziehen, sowohl horizontal als auch vertikal. Au-ßerdem muss versucht werden ungleiche Situationen in punkto Schnelligkeit, Größe und Anzahl an Passempfängern, die die Ver-teidiger abzudecken versuchen, zu schaffen. Wichtig ist auch, un-abhängig von Versuch und zu überbrückender Distanz zu wer-fen, um zu verhindern, dass es Tendenzen gibt, auf die sich die Abwehr einstellen kann. Gelingt es dann auch noch, durch Pässe genauso den Ball zu kontrollieren, wie andere Teams das mit Lauf-spiel erreichen wollen, dann funktioniert das System perfekt.

In der West Coast Offense, bei der es um eine möglichst hohe Completion Percentage und möglichst wenig Risiko ging, so wur-de einmal gesagt, seien die Pässe, vor allem die vielen kurzen auf die Running Backs, nichts anderes als verlängerte Handoffs (Ball-übergaben an den Running Back). Walsh ging aber noch weiter. Die Receiver liefen keine festen vorgegebenen Routen, stattdessen hatten der Quarterback und die Receiver am Beginn eines Spiel-zuges die Abwehr zu „lesen", also zu sehen, was sie macht, und darauf zu reagieren. Die Folge war eine endlos scheinende Fülle von möglichen Spielzügen. Und Montana, der nach der Übernahme des Balles vom Center blitzschnell erkannte, was die Abwehr machte und welcher Passempfänger am besten anspielbar war, bediente diese dann meist präzise und setzte dieses System mustergültig um.

Zu voller Perfektion reifte Walshs System ab 1983 heran, als mit Roger Craig ein Running Back gedraftet wurde, der athletisch und vor allem als Receiver besser war als Earl Cooper, Paul Hofer, Ricky Patton oder Wendell Tyler vor ihm. In seinen ersten sieben Jahren (1983 bis 1989), in die drei Super-Bowl-Erfolge fielen, fing er im Schnitt 69 Pässe und erlief 946 Yards pro Saison. 1986 kam dann noch Fullback Tom Rathman hinzu, der in den

Roger Craig

Super-Bowl-Jahren 1988 und 1989 weitere 42 beziehungsweise 73 Fänge beisteuerte, wodurch das Spiel der 49ers noch unberechenbarer wurde. Die Folgen zeigten sich 1984 im Super Bowl XIX gegen die Miami Dolphins. Die 49ers hatten 15 der 16 Regular-Season-Spiele gewonnen, nur am siebten Spieltag gegen die Pittsburgh Steelers mit 17:20 verloren. In den Playoffs waren die New York Giants und die Chicago Bears nur bessere Trainingspartner für den großen Showdown. Im Finale sah es zu Beginn recht gut für die Dolphins und ihren Quarterback-Jungstar Dan Marino, der 1983 in die Liga gekommen war und 1984 neue Maßstäbe im Passspiel gesetzt hatte, aus. Sie führten nach dem ersten Viertel mit 10:7. Ab dem zweiten Viertel brachten vor allem die kurzen Pässe Miamis Abwehr aber immer mehr in Schwierigkeiten. Craig war mit sieben Fängen für 77 Yards und zwei Touchdowns Montanas wichtigste Anspielstation, die 49ers waren mehr als 37 Minuten in Ballbesitz, wiesen 537 Total Yards auf und gewannen letztlich mühelos mit 38:16. Die West Coast Offense hatte über ein Angriffssystem,

Tom Rathman

das vornehmlich mit langen Pässen operierte, gesiegt. Und anders als das Team von 1981, das nach landläufiger Meinung mehr erreicht hatte, als es das Talent hätte hergeben dürfen, galt die 84er Mannschaft als eine der besten in der Geschichte der NFL.

In der Rückschau hieß es auch von Montana, dass er 1984 vielleicht so gut gewesen sei wie anschließend nie wieder. Darüber lässt sich streiten, richtig aber ist, dass er später immer wieder gesundheitliche Probleme hatte. 1986 war es sogar so schlimm, dass seine Karriere in Gefahr geriet. Im ersten Saisonspiel (31:7 gegen die Tampa Bay Buccaneers) verletzte er sich am Rücken und musste operiert werden. Aber schneller als erwartet, nach acht Spielen Pause, war Montana wieder in Einsatz (beim 43:17 gegen die St. Louis Cardinals). Er spielte letztlich bis 1994, wenn auch die letzten beiden Jahre nicht mehr für die 49ers, sondern bei den Kansas City Chiefs, und führte die 49ers zu zwei weiteren Super-Bowl-Triumphen.

Unvergessen und „vintage Montana" war Titelgewinn Nummer drei, genauer das Ende des dritten Super-Bowl-Auftritts zum Abschluss der Saison 1988. Die Saison selbst war über weite Strecken ziemlich chaotisch verlaufen. Montana fiel aus gesundheitlichen Gründen immer wieder aus, und nach elf Spieltagen standen die 49ers mit einer 6-5-Bilanz mit dem Rücken zur Wand. Es schien bestenfalls noch ein Wild-Card-Platz für die Playoffs erreichbar zu sein. Mit einem 37:21 im Monday Night Game des zwölften Spieltages gegen Titelverteidiger Washington Redskins kam die Wende. Die 49ers gewannen vier Spiele in Folge, darunter am vorletzten Spieltag das wichtige Rückspiel gegen die New Orleans Saints (30:17), wodurch man letztlich bei Gleichstand mit den Saints und den Los Angeles Rams (jeweils 10-6) den Tie-Breaker gegen diese und die Division gewann.

In den Playoffs trumpften die 49ers dann auf wie in besten Tagen, fegten zunächst die Minnesota Vikings vom Platz (34:9) und anschließend auch die Chicago Bears in Chicago (28:3). Im Super Bowl XXIII waren die 49ers Favorit gegen die in der Regular Season erfolgreicheren Cincinnati Bengals (12-4). Die Bengals hielten tapfer dagegen, lagen die meiste Zeit vorn und gingen drei Minuten und 20 Sekunden vor Spielende durch ein 40-Yard-Field-Goal von Jim Breech mit 16:13 in Führung. Schlimmer wurde die Situation für die 49ers noch dadurch, dass sie nach einer Strafe beim Kickoff Return ihren nächsten Angriff an der eigenen 8-Yard-Linie beginnen mussten. Was folgte, war eine der spektakulärsten Angriffsserien in der Geschichte der NFL. In zehn Spielzügen, in deren Verlauf sie nach einer Strafe gegen C Randy Cross sogar einen zweiten Versuch und 20 zu überbrückende Yards überstanden, erreichten die 49ers die 10-Yard-Linie der Bengals, 39 Sekunden vor Spielende. Viel riskieren mussten die 49ers nicht, ein Field Goal hätte ja zumindest zum Ausgleich gereicht. Es folgte, nach einer Auszeit, der Spielzug, der, ebenso wie der im NFC Championship Game 1981, in die Geschichte eingehen sollte: „20 Halfback Curl".

Bei diesem Spielzug, ausgewählt, weil Bill Walsh erwartete, dass die Bengals Zonendeckung spielen würden, postierte sich WR Jerry Rice links und WR John Taylor, der bis dahin keinen Pass in diesem Spiel gefangen hatte, rechts auf der Seite des Tight Ends. Rice kam „in motion" von links nach rechts gelaufen, so dass CB Ray Horton sich auf seiner Seite zwei Receivern gegenüber sah.

Horton konzentrierte sich auf Rice, Taylor lief in die Mitte der Endzone, Montana passte, FS David Fulcher, der das drohende Unheil erkannte, kam etwas zu spät – Touchdown zum 20:16 34 Sekunden vor Spielende. Cris Collinsworth, Wide Receiver beim unglücklichen Verlierer aus Cincinnati, brachte anschließend zum Ausdruck, was damals gewiss viele dachten: „Joe Montana ist kein Mensch. Ich möchte ihn nicht einen Gott nennen, aber er ist irgendetwas dazwischen. Er ist vielleicht der großartigste Spieler, der je diesen Sport ausgeübt hat." Das Traumpaar Walsh/Montana wurde wenig später auseinander gerissen. Nach der Saison 1988 hörte Walsh bei den 49ers auf, sein langjähriger Assistant Coach George Seifert übernahm den Posten. Dieser feierte in seiner ersten Saison sogleich den nächsten Titelgewinn. Sein Team überrollte im Super Bowl XXIV die Denver Broncos mit 55:10.

George Seifert

Washington Redskins: Mit neuem Coach an die Spitze

Wären die San Francisco 49ers mit ihren vier Titeln nicht gewesen, dann wären gewiss die Washington Redskins als das Team der 80er Jahre in die NFL-Geschichte eingegangen. Zieht man großzügig noch das Jahr 1991 mit hinein, weil der Titelgewinn in jenem Jahr auch noch in die „Regentschaft" des Mannes gehörte, der für den Erfolg verantwortlich war, Head Coach Joe Gibbs, dann gewannen die Redskins in der erfolgreichsten Phase ihrer Team-Geschichte drei Super Bowls (1982, 1987, 1991) und zogen ein weiteres Mal ins Finale ein (1983).

Zwar waren die Redskins zuvor keine völlig erfolglose „Franchise" gewesen, aber nach ihrer ersten Blüte in der zweiten Hälfte der 30er Jahre und der ersten Hälfte der 40er Jahre mit den NFL-Meisterschaften 1937 und 1942 hatte es eine jahrzehntelange Durststrecke gegeben. Eine zweite Erfolgsphase fand sich in der ersten Hälfte der 70er Jahre. Zwischen 1970 und 1976 zog das Team fünf Mal in die Playoffs ein (vier Mal allerdings nur als Zweiter seiner Division, und da schied man dann jeweils auch im ersten Spiel aus), zur Super-Bowl-Teilnahme reichte es aber nur einmal, 1972. Und der Super-Bowl-Trip endete mit einer 7:14-Niederlage gegen die Miami Dolphins, bei dem der Touchdown der Redskins erst kurz vor Schluss fiel, als sich Miamis K Garo Yepremian bei einem verunglückten Field-Goal-Versuch als Quarterback versuchte und den Ball in die Arme von CB Michael Bass warf, der mit einem 49-Yard-Interception-Return den Touchdown erzielte. In den Jahren 1977 bis 1980 fanden die Playoffs dann ohne die Hauptstädter statt.

So wie bei den 49ers ist auch bei den Redskins die erfolgreichste Ära der Team-Geschichte untrennbar mit dem Namen eines Head Coaches verbunden: in diesem Fall mit dem von Joe Gibbs, der die Mannschaft von 1981 bis 1992 coachte und sie in diesen zwölf Jahren zu 124 Siegen bei 60 Niederlagen in Regular-Season-Spielen sowie 16 Siegen bei fünf Niederlagen in Playoff-Spielen und Super Bowls führte. Gibbs, der selbst nie in der NFL gespielt hatte, bekam den Posten nach der für die Redskins enttäuschenden Saison 1980 (Bilanz: 6-10). Er kam von den San Diego Chargers, für die er in den beiden Jahren zuvor als Offensive Coordinator tätig gewesen war. In dieser Zeit hatten die Chargers den besten Passangriff der NFL gestellt.

Gibbs setzte einerseits auf ein paar verdiente Veteranen, die bereits seit Jahren in Washington spielten, zum Beispiel auf QB Joe Theisman (seit 1974), DT Dave Butz (seit 1975) oder Running Back John Riggins (hatte von 1976 bis 1979 für die Redskins gespielt und wurde 1981 von Gibbs aus dem Ruhestand zurückgeholt), krempelte den Kader andererseits aber auch gehörig um. In Gibbs' erster Saison (1981) standen 22 neue Spieler im Kader, und als die Mannschaft ein Jahr später im Super Bowl stand, da fanden sich im „Starting Lineup" des Finales acht Spieler, die erst 1981 oder 1982, also von Gibbs, über die Draft oder als Free Agents geholt worden waren: C Russ

Joe Gibbs

Grimm, WR Charlie Brown, DE Dexter Manley, DT Darryl Grant (alle Draft 1981), CB Vernon Dean (Draft 1982), LT Joe Jacoby, ILB Mel Kaufman und DE Mat Mendenhall (alle Free Agents 1981).

Das spielerische Markenzeichen der Redskins in den Gibbs-Jahren war das Operieren aus einer Formation mit nur einem Running Back heraus. Mit dem wuchtigen John Riggins (gut 240 amerikanische Pfund, also knapp 110 Kilo schwer) hatte Gibbs dafür genau den richtigen Mann, einen, der keinen Fullback brauchte, um ihm die Wege freizuräumen. Zudem hatte Gibbs einen Laufspielzug kreiert, mit dem die Redskins wieder und wieder zum Erfolg kamen: den so genannten „Counter Trey". Bei diesem Spielzug liefen Guard und Tackle auf die entgegengesetzte Seite und blockten dort für den Running Back (wenn sie links vom Center postiert waren, liefen sie nach rechts und blockten dort beziehungsweise umgekehrt).

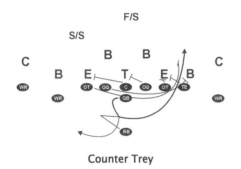

Counter Trey

Der Spielzug war unabhängig davon, wer gerade Running Back spielte, so effektiv, dass zum Beispiel beim Super-Bowl-Erfolg der Saison 1987 (42:10 gegen die Denver Broncos) selbst ein bis dahin namenloser NFL-Neuling, Timmy Smith, einen neuen Super-Bowl-Rekord für Rushing Yards aufstellen konnte (204 Yards aus 22 Läufen). Dass das so gut lief, lag natürlich auch an der sehr guten Offensive Line, die die Redskins damals besaßen. Diese war unter dem Spitznamen „The Hogs" eines der Markenzeichen des Teams in jenen Jahren. Kreiert wurde dieser Spitzname während des Trainingscamps vor der Saison 1982 vom damaligen Offensive Coordinator Joe Bugel. Die Original-Hogs waren die fünf Stammspieler der Offensive Line, C Jeff Bostic, die Guards Russ Grimm und Mark May sowie die Tackles Joe Jacoby und George Starke. Dazu kamen die Ersatz-Linemen T Donald Lester und G Fred Dean sowie die Tight Ends Don Warren und Rick Walker. John Riggins wurde im Saisonverlauf als „Ehren-Hog" in diesen Zirkel aufgenommen.

Noch schneller als bei den 49ers vollzog sich bei den Redskins der Wandel zum Spitzenteam. Die Unerfahrenheit im Kader sowie viele Verletzungen verhinderten 1981 zwar noch den Einzug in die Playoffs, aber die acht Siege aus den letzten elf Spielen (nach 0-5-Saisonstart) deuteten schon an, dass sich in Washington etwas zusammenbraute.

Als heißer Super-Bowl-Kandidat galten die Redskins vor der Saison 1982 dennoch nicht. Die Dallas Cowboys waren für viele immer noch das „Team to beat" in der NFC, und dann waren da in der eigenen Conference ja noch die San Francisco 49ers, der Titelverteidiger. Dass die Redskins dennoch zur Nummer eins in der NFC (und letztlich auch der NFL als Ganzes) aufstiegen, erklärte DT Dave Butz, mit damals zehn Jahren NFL-Erfahrung eine der Stützen der Mannschaft, im Vorfeld der Saison 1983 so: „Im letzten Jahr passte alles zusammen. Jeder bekam in der Preseason seine Einsätze und hatte eine Chance, es ins Team zu schaffen. Als Konsequenz gewannen wir nicht gerade viele Preseason-Spiele (eine spitzfindige Interpretation, denn die Redskins gewannen gar keines). Aber wir nahmen viel Positives aus der Preseason mit: Die Defense war intakt, die Offense war zu einer Einheit zusammengewachsen, und das ganze Team hatte ein Jahr mehr an Erfahrung."

Welche Auswirkungen der Spielerstreik hatte oder wie die Redskins in einer vollen Saison ohne diesen abgeschnitten hätten, ist natürlich Spekulation, Tatsache aber ist, dass die Redskins den zweimonatigen Ausstand besser überstanden als etwa die 49ers, die dadurch völlig aus dem Tritt kamen und die Playoffs verpassten. Und der Streik ersparte den Redskins zum Beispiel das Gastspiel bei den Dallas Cowboys sowie die Partien gegen die beiden Super-Bowl-Teilnehmer des Vorjahres, San Francisco 49ers und Cincinnati Bengals. Deshalb wurden die Redskins nach Wiederaufnahme des Spielbetriebs zunächst auch nicht als Titelanwärter ernst genommen. „Wir wurden unterschätzt. Die Leute haben immer wieder gesagt, dass wir doch gegen keine ernsthaften Konkurrenten gespielt hätten. Dabei wurde vergessen, dass wir drei der Teams aus unserer Division zweimal und Dallas in den Playoffs geschlagen hatten. Und das ist nicht leicht", so Butz.

Dave Butz

Auf jeden Fall machten die Redskins das Beste aus der Situation und überzeugten vor allem in den Playoffs. QB Joe Theisman etwa war schon in der Regular Season der Top-Passer der NFC mit einem Rating von 91,3 gewesen. In den Playoffs und im Super Bowl war er dann mit acht Touchdowns und einem Rating von 110,8 noch besser. Das gleiche Bild bei RB John Riggins: Nach 553 Yards und drei Touchdowns in den neun Regular-Season-Spielen erlief er bei den Postseason-Erfolgen gegen Detroit (31:7), Minnesota (21:7), Dallas (31:17) und Miami (27:17 im Super Bowl) 610 Yards und vier Touchdowns.

Im Super Bowl XVII erreichte Riggins dann den Höhepunkt seiner NFL-Karriere. Er stellte neue Super-Bowl-Rekorde für Läufe (38) und Yards (166) in einem Spiel sowie für den längsten Touchdown-Lauf (43 Yards) auf und brachte seine Mannschaft mit einer sehenswerten Einzelleistung auf die Siegerstraße. Doch zuerst dominierten in Pasadena die Dolphins dank ihrer Abwehr (die beste der Saison). Sie erzielten auch das bis dahin längste offensive „Scoring Play" der Super-Bowl-Geschichte, als WR Jimmy Cefalo nach sieben Minuten Spielzeit einen Pass von QB David Woodley auf Höhe der 45-Yard-Linie der Redskins fing und zu einen 76-Yard-Touchdown vollendete. Ein weiteres Big Play gelang Miami, als Fulton Walker mit einem 98-Yard-Kickoff-Return die 17:10-Halbzeitführung erzielte. Dieser Return war aber auch bitter nötig, da der Angriff der Dolphins insgesamt schwach blieb. Letztlich waren nur 176 Yards, davon 80 aus Pässen, in der Statistik zu vermerken. Dazu passte, dass QB Woodley mit nur vier erfolgreichen Pässen bei 17 Passversuchen eine schwache Leistung zeigte. Trotzdem lagen die Dolphins nach dem dritten Viertel mit 17:13 noch knapp vorn.

Dann kam der große Auftritt von Riggins: Etwas mehr als zehn Minuten vor Spielende standen die Redskins an Miamis 43-Yard-Linie und brauchten im vierten Versuch ein paar Zentimeter zu einem neuen First Down. Miami nahm noch eine Auszeit, um sich optimal auf den erwarteten Lauf von Riggins vorzubereiten. Genutzt hat es nichts. Riggins bekam den Ball und lief über die linke Angriffsseite. CB Don McNeal hatte die Chance, ihn nach wenigen Yards zu tackeln, wurde vom wuchtigen Riggins aber einfach überrannt, und der hatte dann freie Bahn in die Endzone. Nach einem erneuten Kurzauftritt von Miamis Angriff machten die Redskins beim nächsten Ballbesitz mit einem 6-Yard-Pass von Theisman auf WR Charlie Brown dann alles klar. Riggins wurde zum MVP

Mark Moseley

des Spiels gewählt und bereicherte die Super-Bowl-Historie neben seinen Rekorden auch gleich noch um einen kessen Spruch. „Zumindest für heute Nacht gilt: Ron (gemeint war der damalige US-Präsident Ronald Reagan) mag der Präsident sein, aber ich bin der König", frohlockte Riggins.

In voller Blüte standen die Redskins erst im folgenden Jahr. Sie erreichten die beste Regular-Season-Bilanz (14-2) und standen am Ende erneut im Super Bowl. Auch der produktivste Angriff kam 1983 mit einem neuen NFL-Rekord von 541 Punkten aus Washington. Joe Theisman belegte mit 3.714 Yards und 29 Touchdowns bei nur elf Interceptions Platz zwei der Quarterback-Statistik. Dazu konnte sich K Mark Moseley, nachdem er im Jahr zuvor als erster und bisher einziger Kicker zum „Most Valuable Player" der Liga ernannt worden war, noch einmal steigern und holte sich mit 161 Punkten den Top-Scorer-Thron. Da wollte auch

John Riggins nicht zurückstehen und erlief mit 1.347 Yards die beste Ausbeute seiner NFL-Karriere. Mit 24 Rushing Touchdowns stellte er zudem noch einen neuen NFL-Rekord für eine Saison auf.

Diese eigentlich fast perfekte Saison hatte aus Sicht der Redskins aber einen entscheidenden Makel: Im Super Bowl XVIII in Tampa ging die Mannschaft sang- und klanglos unter - mit 9:38 gegen die Los Angeles Raiders. Diese hatten mit Hilfe eines nach einem von Derrick Jensen geblockten Punt in der Washingtoner Endzone durch Jensen selbst eroberten Balles, eines 12-Yard-Passes von QB Jim Plunkett auf WR Cliff Branch und eines 5-Yard-Interception-Returns von LB Jack Squirek schon zur Halbzeit für klare Verhältnisse gesorgt (21:3). Nicht Riggins, der nur enttäuschende 64 Yards erzielte, war dieses Mal der Mann des Tages, sondern Marcus Allen von den Raiders. Ein NFL-Neuling, der gleich Riggins' Rekord aus dem Vorjahr mit 191 Rushing Yards brach und außerdem mit einem 74-Yard-Touchdown-Lauf im dritten Viertel, sein zweiter Touchdown im Spiel, seinerseits für eines der Highlights der Super-Bowl-Geschichte sorgte.

Titelseite
Sports Illustrated
vom 30.1.1984
Jack Squirek

Einmal war kurzfristig noch Hoffnung für die Redskins aufgekommen, als sie beim ersten Ballbesitz nach der Pause in neun Spielzügen 70 Yards überbrückten und Riggins mit einem 1-Yard-Lauf den Rückstand auf 9:21 verkürzte (der Zusatzpunktversuch wurde geblockt). Die Hoffnung war aber nur von kurzer Dauer. „Ich konnte fühlen, wie sich die Mannschaft wieder aufrichtete, als wir zu Beginn der zweiten Halbzeit punkteten. Aber dann scorten auch sie, und das auch noch im direkten Gegenzug", beschrieb Riggins die Situation später. Mit Hilfe einer Pass-Interference-Strafe gegen CB Darrell Green (38 Yards Raumgewinn für die Raiders) kamen die Raiders zum 28:9 (5-Yard-Lauf von Allen). „Alles, wofür wir die letzten beiden Jahre gestanden haben, alles, was wir in der Zeit so erfolgreich gemacht haben, haben wir heute nicht gemacht", zog Head Coach Joe Gibbs frustriert Bilanz.

Die kurze Phase der Dominanz war damit vorbei, es folgten Rückschläge, das Aus im ersten Playoff-Spiel 1984 (19:23 auf eigenem Platz gegen die Chicago Bears) und das Verpassen der Playoffs gegenüber den Dallas Cowboys und den New York Giants 1985 trotz der gleichen Anzahl von Regular-Season-Siegen. Nach dem Erreichen des NFC Championship Games 1986 (0:17 beim späteren Super-Bowl-Gewinner New York Giants) gelang 1987, mit einer auf einigen wichtigen Positionen zwar veränderten Mannschaft, deren Stammformation im Kern aber immer noch aus Spielern des Erfolgsteams der frühen 80er Jahre bestand, der zweite Titelgewinn, und ähnlich wie 1982 nutzten die Redskins auch dieses Mal die Gunst des Augenblicks. Während eines erneuten Spielerstreiks wurden drei Spiele mit so genannten „Replacement Teams" gespielt, die Redskins gewannen als einzige alle drei dieser Spiele und legten damit den Grundstein zu einem ungefährdeten Sieg in ihrer eigenen Division (vier Siege Vorsprung vor dem Zweiten). In den Playoffs profitierten sie davon, dass ihnen die Minnesota Vikings mit den San Francisco 49ers (mit 13-2 die beste Regular-Season-Bilanz der Saison) den dicksten Brocken in den Divisional Playoffs aus dem Weg geräumt hatten. Washington zog mit einem 17:10 gegen die Vikings in den Super Bowl ein.

Dort schrieben die Redskins beim 42:10 gegen die Denver Broncos einmal mehr Super-Bowl-Geschichte. QB Doug Williams war der erste schwarze Quarterback, der ein Team zum Super-Bowl-Erfolg führte. Williams stellte mit vier Touchdown-Pässen, 340 Yards aus Pässen und einem 80-Yard-Touchdown-Pass auf WR Ricky Sanders (zum 7:10 im zweiten Viertel, der längste Pass der Super-Bowl-Geschichte) gleich noch einige neue Super-Bowl-Rekorde auf. Die 35 von den Redskins im zweiten Viertel erzielten Punkte haben gute Chancen, ein „Rekord für die Ewigkeit" zu sein. Nach dem Frust vier Jahre zuvor konnte Joe Gibbs dieses Mal stolz verkünden: „Ich denke, das ist die beste Leistung, die ich je von meinem Team gesehen habe."

Joe Gibbs
als NASCAR-
Rennstall-Chef

Weitere vier Jahre später (1991) krönte Gibbs seine Zeit bei den Redskins mit einem weiteren Super-Bowl-Erfolg, zog sich nach einer weiteren Saison, in der die Mannschaft ins Mittelmaß absank, dann aber erst einmal aus dem Coaching-Geschäft zurück und widmete sich zunächst ganz seinem NASCAR-Rennstall in Carolina. Die Redskins kamen danach nie wieder recht auf die Beine und machten in den folgenden Jahren vor allem durch einen hohen Trainerverschleiß, ständige Streitigkeiten zwischen dem neuen Team-Besitzer Daniel Snyder und seinen jeweiligen Head Coaches sowie durch eine ganze Reihe von Fehleinkäufen von sich reden. Auch als Joe Gibbs 2005 als Coach „reaktiviert" wurde, blieben die ehemaligen Glanzzeiten nur eine schwache Erinnerung.

Die Class of 83

Die so genannte „Class of 83" gilt bis heute als der Maßstab, wenn es darum geht, die jeweiligen Quarterback-Neuzugänge der NFL über die Draft zu bewerten. Bezeichnet werden damit jene sechs Quarterbacks, die im April 1983 in der ersten Runde aus-

John Elway

gewählt wurden: John Elway von den Baltimore Colts an erster Stelle und im weiteren Verlauf Todd Blackledge von den Kansas City an sieb-ter, Jim Kelly von den Buffalo Bills an 14., Tony Eason von den New England Patriots an 15., Ken O'Brien von den New York Jets an 24. und schließlich Dan Marino von den Miami Dolphins an 27. Position. Anzumerken ist, dass Elway nie für die Colts spielte. Er hatte bereits im Vorfeld der Draft erklärt, dass er auf keinen Fall in Baltimore spielen werde und wurde eine Woche nach der Draft im Rahmen eines Tauschgeschäfts an die Denver Broncos ab-gegeben. Jim Kelly kam auch erst später zu den Bills. Er nahm zunächst ein Angebot aus der United States Football League an und spiel-te erst ab 1986, nachdem die USFL ihren Spiel-betrieb eingestellt hatte, in Buffalo.

Jim Kelly

Bei aller Wertschätzung litt die „Class of 83" aber lange unter einem Makel, nämlich dem, dass zunächst keiner der sechs Quarterbacks einen Super Bowl gewinnen konnte. Erst die beiden Erfolge von Elway gegen Ende seiner Karriere, in den Spielzeiten 1997 und 1998, retteten die Ehre der „Class of 83". Bis dahin hatte der Jahrgang lediglich Super-Bowl-

Dan Marino

Niederlagen vorzuweisen gehabt – Jim Kelly vier, John Elway drei und Dan Marino und Tony Eason je eine. Darüber hinaus hatte sich ein Spieler als völliger Flop erwiesen, zwei andere hinterließen in der NFL-Geschichte keine allzu großen Spuren. Der Flop war Todd Blackledge, der fünf Jahre für die Chiefs und dann noch zwei für die Pittsburgh Steelers spielte, nur 5.286 Yards und mehr Interceptions (38) als Touchdowns (29) erwarf und mit 60,2 ein küm-merliches Passer Rating aufwies. Deutlich bes-ser war Ken O'Brien, der 25.094 Yards erwarf und 128 Touchdowns bei 98 Interceptions erzielte (Rating von 80,4). Auch Tony Eason konnte sich mit 11.142 Yards und 61

Touchdowns bei 51 Interceptions (Rating von 79,7), zumindest im gehobenen Mittelfeld behaupten, zumal er mit einer Playoff-Ausbeute von sieben Touchdowns ohne Interception und einem Rating von 115,6 glänzen konnte. Große Spuren hinterließen aber beide, sicherlich auch wegen der geringen Erfolge ihrer Teams, in der NFL nicht. Das Karriereende erfolgte dann bei Eason (1990) und ebenfalls bei O'Brien (1993) relativ früh.

Seinen guten Ruf verdankt dieser Jahrgang vor allem Marino und Elway. Der erste, der auf dem Spielfeld Schlagzeilen machte, war Marino, der für Miamis Head Coach Don Shula völlig überraschend noch zur Verfügung stand, als die Dolphins als Super-Bowl-Verlierer des Vorjahres an vorletzter Stelle der ersten Runde der 83er Draft erstmals zugreifen durften. Marino übernahm dann im sechsten Spiel seiner Rookie-Saison die Rolle des Stamm-Quarterbacks von David Woodley. Zwar wurde seine gute Debütleistung (322 Yards, drei Touchdown-Pässe) bei der 35:38-Heimniederlage nach Verlängerung gegen die Buffalo Bills von der Leistung des gegnerischen Quarterbacks Joe Ferguson noch übertroffen (419 Yards, fünf Touchdown-Pässe), aber von diesem Tag an war klar, dass die Dolphins einen kommenden Star in ihren Reihen hatten. Marino beendete die Saison 1983 schließlich als führender Passer der AFC (in der Regular Season 2.210 Yards, 20 Touchdowns und nur sechs Interceptions) und wurde für den Pro Bowl nominiert, die Dolphins zogen mit einer 12-4-Bilanz und als Erster der AFC East Division in die Playoffs ein.

Mark Duper

Ein Jahr später, 1984, setzte Marino neue Maßstäbe im Passspiel, stellte Saisonrekorde für erfolgreiche Passversuche (362), Yards aus Pässen (5.084) und Touchdowns (48) auf und warf nur 17 Interceptions. Natürlich profitierte Marino dabei auch von einem exzellenten personellen Umfeld, und das wusste er auch selbst. „Ich würde nicht sagen, dass das Spiel bei den Profis leicht ist, aber wenn du Receiver hast wie wir, wenn du dich auf das Passspiel konzentrierst, du Zeit hast und die Receiver immer anspielbar sind, dann ist es relativ einfach, einen Pass an den Mann zu bringen", sagte Marino im Vorfeld der Saison 1985. Wie wahr gesprochen: Die Offensive Line ließ nur 13 Quarterback Sacks an Marino in der ganzen Saison zu. Zusätzlich stand ihm mit den „Marks Brothers", bestehend aus den Wide Receivern Mark Clayton und Mark Duper, ein erstklassiges Duo zur Verfügung. Mit Receiver-Veteran Nat Moore als Ergänzung hatte er das zu der Zeit beste Receiver-Korps der NFL an seiner Seite. Clayton stellte 1984 mit 18 Touchdown-Fängen (bei 73 Fängen für 1.389 Yards) ebenfalls einen neuen NFL-Rekord auf. Duper, der 1985 - in der Rückschau zu kühn - prophezeite, „Marino wird

Dan Marino

eines Tages 700 Yards in einem Spiel erwerfen und niemand wird das verwundern", war mit 71 Fängen für 1.306 Yards und acht Touchdowns kaum schlechter, und Moore steuerte als nur dritter Mann auch noch 43 Fänge für 573 Yards und sechs Touchdowns bei.

Natürlich wuchsen, wie man heute weiß, auch für Marino die Bäume nicht in den Himmel. Nach einer tollen Regular Season (Bilanz: 14-2) und relativ leichten Playoff-Siegen gegen Seattle (31:10) und Pittsburgh (45:28) fanden die Dolphins im Super Bowl XIX in den San Francisco 49ers, diese waren mit einer 15-1-Bilanz in der Regular Season noch besser gewesen, ihren Meister. San Franciscos auf Ballkontrolle ausgelegte „West Coast Offense" erwies sich als die bessere Taktik, und Marinos Leistung (318 Yards, ein Touchdown, zwei Interceptions) wurde von der von San Franciscos QB Joe Montana (331 Yards, drei Touchdowns, keine Interception) überstrahlt. Ebenso wichtig war, dass es der 49ers-Abwehr gelang, Marino durch vier Quarterback Sacks unter Druck zu setzen. Ohne die nötige Zeit fand Marino auch Clayton und Duper nur selten. An den beiden lief das Spiel völlig vorbei. „Du brauchst nicht der beste Cornerback der Welt zu sein, wenn der Quarterback so unter Druck gesetzt wird", erklärte San Franciscos CB Ronnie Lott nach dem Spiel, warum Clayton und Duper so wirkungslos blieben. Und DT Gary Johnson ergänzte: „In der zweiten Halbzeit war Marino ein wenig eingeschüchtert."

Als Beinbruch sah diese Niederlage damals keiner an. Marino würde noch einige Gelegenheiten bekommen, den Super Bowl zu gewinnen, glaubten die meisten. Ein Irrtum: Die 16:38-Pleite im Super Bowl XIX am 20. Januar 1985 blieb Marinos einziger Auftritt im Spiel der Spiele. Zweimal (in den Saisons 1985 und 1992) stieß Marino noch ins AFC Championship Game vor. Ansonsten waren die 15 Jahre zwischen 1985 und seinem Karriereende nach der Spielzeit 1999 geprägt von Misserfolgen, und schon bald sahen nicht wenige Marino selbst als Teil des Problems. Im Angriff drehte sich alles um ihn, ein vernünftiges Laufspiel zum Beispiel hatten die Dolphins in diesen Jahren nie. Wer Marino ausschaltete, und das geschah immer häufiger, hatte fast schon gewonnen. Zudem gingen auch die Abwehrleistungen, in der Zeit vor Marino das Markenzeichen des Teams, immer weiter zurück. Am Ende blieben ihm aber elf Pro-Bowl-Berufungen und beeindruckende Zahlen: 8.358 Passversuche, 4.967 gültige Pässe, 61.361 Yards, 420 Touchdowns und nur 252 Interceptions in Regular-Season-Spielen sowie 687 Passversuche, 385 gültige Pässe, 4.510 Yards, 32 Touchdowns und 24 Interceptions in Playoff-Spielen.

Bei Elway dauerte der Durchbruch einige Jahre länger als bei Marino. Das lag zum einen daran, dass er in den ersten beiden Jahren seiner NFL-Karriere des Öfteren mit Schulter- und Ellbogen-verletzungen ausfiel, zum anderen aber auch daran, dass die Mannschaft um ihn herum deutlich schwächer war als die von Marino. Anders gesagt: Elway war der große Hoffnungsträger, der das Broncos-Team mit seinen Passkünsten wieder in die Erfolgs-spur bringen sollte, während Marino bei den Dolphins „Missing Link" in einer bereits guten Mannschaft war. Elway fehlte in Den-ver mehr als ein Jahrzehnt lang ein ihn entlastendes Laufspiel, und vom Schutz, den Marino durch die Offensive Line in Miami bekam, konnte Elway nur träumen. Mit Ausnahme einer Saison wurde er immer zwischen 27 und 48 Mal pro Spielzeit zu Boden gebracht, lediglich 1995 musste er „nur" 22 Mal einen Quarter-back Sack erdulden. Selbst im Jahr seines ersten Super-Bowl-Ge-winns (Saison 1997) kamen die gegnerischen Verteidiger 40 Mal bis zu ihm durch. Entsprechend sahen seine Statistiken aus. Nur selten produzierte Elway ähnlich beeindruckende persönliche Werte wie Marino, das Verhältnis von Touchdowns zu Interceptions (327 zu 247) war schlechter als das von Marino (452 zu 276), und in den drei ersten Super Bowls seiner Karriere (1986 gegen die New York Giants, 1987 gegen die Washington Redskins und 1989 gegen die San Francisco 49ers) war er mit der Rolle des Heils-bringers noch überfordert. In diesen Spielen brachte er nur 45,5 Prozent seiner Passversuche ins Ziel, und auch zwei Touchdown-Pässe bei sechs Interceptions kann man nicht gerade als brillant bezeichnen.

Die - positive - Kehrseite: Ohne Elway und dessen Stehvermö-gen wären die Broncos nie so weit gekommen. Denn trotz der nicht unbedingt günstigen personellen Rahmenbedingen war Elway ein Meister des „Comebacks", der immer wieder Spiele mit Big Plays kurz vor Schluss noch aus dem Feuer riss. Unvergessen ist vor allem eine Situation aus dem AFC Championship Game der Saison 1986 bei den Cleveland Browns, als er seine Mannschaft in 15 Spielzügen von der eigenen 2-Yard-Linie bis zum Touchdown 37 Sekunden vor Ende der regulären Spielzeit führte. Er brachte sechs Pässe an und erlief 20 Yards selbst, das Ganze trotz einer leichten Knöchelverletzung. Diese Angriffsserie, als „The Drive" in die NFL-Geschichte eingegangen, brachte das 20:20 und rettete Denver in die Verlängerung. In der siegten die Broncos dann dank eines 33-Yard-Field-Goals von Rich Karlis mit 23:20. Klar, dass sich um solche Geschichten Anekdoten ranken, zum Beispiel die, die WR Steve Watson später über die Situation im Huddle vor Beginn der Angriffsserie erzählte: „John sagte, wenn ihr Jungs hart arbeitet, dann wird schon alles gut gehen. Und dann hat er uns angelächelt. So hatte ich ihn noch nie gesehen."

John Elway

Trotz solcher „Heroics" sah es lange Zeit so aus, als sollte auch Elway ohne „seinen" Super-Bowl-Erfolg abtreten. Nach dem Debakel beim Super Bowl XXIV gegen die 49ers (10:55) war in Denver für die nächsten Jahre im Großen und Ganzen Mittelmaß angesagt. Fast niemand rechnete mehr mit einem großen Sieg aus dem Hause Broncos/Elway. Doch im Jahr 1995 kam mit dem in der sechsten Runde gedrafteten RB Terrell Davis die Wende. Er avancierte nach gelungenem Debüt (1.117 Yards, sieben Touchdowns) in seiner zweiten NFL-Saison mit 1.538 erlaufenen Yards und 13 Touchdowns zu einem der Top-Running-Backs der Liga. Zusätzlich erwies er sich auch als ein guter Receiver. Davis wurde von Jahr zu Jahr besser: 1997 steigerte er seine Ausbeute im Laufspiel auf 1.750 Yards und 15 Touchdowns, 1998 war er mit 2.008 Yards und 21 Touchdowns jeweils die Nummer eins der NFL. Das Ergebnis: Die Last im Angriff ruhte nun nicht mehr primär auf Elways Schultern, die Broncos gewannen folgerichtig Super Bowl XXXII und XXXIII. Besonders deutlich wurde dieses Zusammenspiel beim ersten Triumph des Duos im Januar 1998. Die Broncos siegten in San Diego gegen die Green Bay Packers kurz vor Schluss mit 31:24. Aber nicht Elway war mit Pässen für nur 123 Yards, ohne Touchdown-Pass und dafür sogar einer Interception, der entscheidende Mann, sondern Terrell Davis. Dieser erlief 157 Yards und zeichnete für drei Touchdowns verantwortlich.

Als alle schon dachten, Elway würde mit diesem Triumph in den „Ruhestand" gehen, legte dieser noch eine Saison nach. Jetzt ging die Saat richtig auf. Fast 39 Jahre alt, stand er auf dem Zenit seines Schaffens und erzielte in der regulären Saison das höchste Rating seiner Karriere. Sein Auftritt in Super Bowl XXXIII sollte ihn dann „unsterblich" machen. Am 31.1.1999 bestritt Elway im Pro

Player Stadium zu Miami sein letztes und vielleicht in Anbetracht der Begleitumstände größtes Spiel. Mit 18 kompletten von 29 Pässen und 336 erworfenen Yards stand diesmal er im Mittelpunkt des Geschehens. Ein von ihm höchstpersönlich selbst erlaufener Touchdown zum 30:6 versetzte den gegnerischen Atlanta Falcons im vierten Viertel den Todesstoß. Wenn auch Terrell Davis mit 102 Yards sein Scherflein zum Triumph beitrug, konnte kein Weg daran vorbeiführen, dass Elway zum Abschluss seiner großen Karriere nicht nur den 34:19-Sieg, sondern auch MVP-Ehren im Super Bowl mit nach Hause nahm.

Mögen Eason und O'Brien nur Durchschnitt gewesen sein, Blackledge ein Flop und Marinos Karriere ohne Super-Bowl-Erfolg »unvollendet«, das ist jedoch nichts im Vergleich zum Schicksal von Jim Kelly. Der ist fraglos die tragische Figur der Class of 83. Vom Potenzial her war er sicherlich so gut wie Elway und Marino, riss wie diese so manches Spiel mit seinen Pässen aus dem Feuer und schaffte das bis heute einzigartige Kunststück, von 1990 bis 1993 mit den Buffalo Bills viermal in Folge den Super

Jim Kelly

Bowl zu erreichen. Nach dem Ende seiner NFL-Karriere (1996) geriet er aber recht schnell in Vergessenheit, wird nur selten genannt, wenn über die großen Quarterbacks der NFL-Geschichte geredet wird. Der Grund: Kelly und die Bills verloren alle vier Super Bowls, den ersten gegen die New York Giants noch etwas unglücklich, durch einen von K Scott Norwood verschossenen Field-Goal-Versuch aus 47 Yards Entfernung kurz vor Schluss, mit 19:20, die übrigen alle deutlich. Deshalb sehen viele Fans den damaligen Bills-Jahrgang als Versager, die im Moment der größten Herausforderung weiche Knie bekommen haben. Spötter übersetzten den Team-Namen Bills so: **B**oy, **I** **L**ove **L**osing **S**uper Bowls. Das mag unfair sein, denn was Kelly und die Bills damals leisteten, ist bemerkenswert genug. Ein wenig ist aber schon etwas dran am Verlierer-Image. Gerade Kelly, der mit den Bills in elf Jahren sieben Mal die Playoffs erreichte und sechs Mal die AFC East Division gewann, war in den wichtigsten Momenten seiner sportlichen Laufbahn regelmäßig nicht auf der Höhe. Die vier Super Bowls gehören zu den schlechtesten Spielen seiner Karriere.

Zwei Zahlen mögen das unterstreichen: In diesen vier Spielen warf er nur zwei Touchdown-Pässe, beide im Super Bowl XXVI, als sein Team gegen die Redskins schon mit 10:37 hinten lag (Endstand: 24:37), aber sieben Interceptions. Im Vergleich dazu hatte er in 160 Regular-Season-Spielen 237 Touchdown-Pässe geworfen, in 13 Playoff-Partien 19. Und noch ein Beleg für die Tragik von Kellys NFL-Karriere: In seiner Glanzzeit hatten die Bills die NFL-Historie um eines der spektakulärsten und kuriosesten Spiele bereichert. Im AFC Wild Card Game der Saison 1992 lagen sie gegen die Houston Oilers auf eigenem Platz im dritten Viertel schon mit 3:35 zurück, nach einem sensationellen Comeback wurde das Spiel aber letztlich mit 41:38 nach Verlängerung gewonnen. Der Mann des Tages mit vier Touchdown-Pässen war aber nicht etwa Kelly, sondern sein Ersatzmann Frank Reich. Kelly fehlte in diesem Spiel, wie auch beim 24:3 in Pittsburgh eine Woche später, wegen einer Knieverletzung. Kelly versuchte, die vier Super-Bowl-Pleiten mit Galgenhumor zu nehmen. »Wir sind das zweitbeste Team der NFL«, tröstete er sich nach der vierten Endspiel-Niederlage. Aus dem »Drive for Five«, so das Motto von Fans und Medien in Buffalo vor der Saison 1994 wurde aber nichts. Kelly und die Bills verpassten die Playoffs – der Anfang vom Ende der besten Phase der Team-Geschichte der Bills und der Karriere von Jim Kelly.

Die moderne NFL

Dominanz der Wirtschaftlichkeit hält Einzug

In den 90er Jahren des 20. Jahrhunderts kam es zu einer Reihe von Neuerungen, die die NFL veränderten. Einige Teams zogen in andere Städte um, weitere Teams kamen hinzu. Neu war beides nicht. 1983 waren die Colts von Baltimore nach Indianapolis abgewandert und 1988 die Cardinals von St. Louis nach Phoenix in Arizona. Was die 90er Jahre jedoch von der Zeit davor unterschied, das waren die Dimensionen dieser Umzüge. Ganz unverhohlen wurde nun die Karte der wirtschaftlichen Rahmenbedingungen von einigen Teambesitzern ausgespielt. Vor der Saison 1995 zogen die Rams aus Los Angeles nach St. Louis, weil man ihnen dort ein nagelneues Stadion anbot; die Raiders, erst 1982 von Oakland nach Los Angeles umgesiedelt, kehrten im selben Jahr nach Oakland zurück. Danach hatte die NFL mit dem Problem zu kämpfen, dass der zweitgrößte TV-Markt der USA in Los Angeles mit keinem Team besetzt war. Dies änderte sich erst nach der Saison 2015 wieder, als die Rams ihre Rückkehr nach Los Angeles ab der Saison 2016 ankündigten. Im Gespräch blieb darüber hinaus weiterhin der innerkalifornische Umzug der San Diego Chargers oder der Oakland Raiders ebenfalls nach Los Angeles. Die Chargers hatten damals als Teil der sogenannten American Football League (AFL) für ein Jahr, 1960, in Los Angeles gespielt, ehe sie 1961 nach San Diego umsiedelten.

Der Umzug der Rams im Jahr 2016 beendete eine längere Phase der nur scheinbaren Stabilität in dieser Hinsicht, vielerorts gärte es hinter den Kulissen. Die Ansprüche an Stadionkomfort und Refinanzierungsmöglichkeiten der NFL-Teams wuchsen, auch vor dem Hintergrund der technologischen Entwicklung, die das „Erlebnis NFL" am Fernsehschirm oder in digitalen Medien immer attraktiver für die Fans machte. Reine Freiluftstadien ohne das gewisse „Etwas", ohne eine Architektur, die ein Gesamterlebnis ermöglichte, das über das reine Betrachten eines Football-Spieles hinausging (wie etwa die neuen Stadien in New York, in Dallas oder bald in Los Angeles), konnten nicht mithalten. Und die öffentliche Hand in - im NFL-Maßstab - kleineren Städten, ob nun in Buffalo oder eben in St. Louis, stand längst nicht mehr so großzügig mit Hunderten Millionen Dollar zur Seite, um Teams in der Stadt zu halten.

Ein abschreckendes Beispiel, an das sich viele Fans in Cleveland noch erinnern, war der Umzug der Cleveland Browns nach

Baltimore im Jahre 1996. Die Empörung war im ganzen Land auch deshalb so groß, weil die Browns ein Team mit großer Tradition waren. Baltimore war bereit, mehrere Hundert Millionen Dollar für eine neue Arena bereitzustellen. Die Browns benannten sich nach dem Umzug in „Ravens" um, zugleich musste die NFL unter öffentlichem Druck, nicht nur aus Cleveland, zusagen, spätestens nach drei Jahren ein neues Team dort anzusiedeln, das dann den Namen Browns und deren Tradition und Rekorde übernehmen würde. Eine Expansion durch die Hintertür, die einige Jahre später die Erweiterung auf 32 Teams und die Neueinteilung der Conferences in je vier Gruppen von vier Teams nach sich zog.

Dieser Fan irrte ...

32. und für einige Zeit nun wohl das letzte neue NFL-Team wurden die Houston Texans. In Houston hatten 1997 die Oilers ihrer Heimatstadt den Rücken gekehrt und benannten sich in der neuen Heimat 1999 in Tennessee Titans um. In nur drei Jahren, zwischen 1995 und 1997, waren mit den Rams, den Raiders, den Browns/Ravens und den Oilers/ Titans somit vier Teams umgezogen.

Vor diesen Umzügen hatte sich die Liga um zwei Teams erweitert. Jacksonville in Florida und Charlotte in North Carolina setzten sich im Herbst 1993 gegen drei weitere Bewerber aus Baltimore, Memphis und St. Louis durch. Die Jacksonville Jaguars und die Carolina Panthers waren geboren. Baltimore und St. Louis hatten zunächst als Favoriten gegolten, aber die wirschaftlichen Perspektiven im boomenden Südosten der USA siegten über Tradition und Sentimentalität. Auch beim Aufbau der Teams spielte erstmals der wirschaftliche Faktor die entscheidende Rolle. Anders als bei den Neulingen in den 70er Jahren, Tampa Bay Buccaneers und Seattle Seahawks, stellten Jaguars und Panthers ihre Teams über eine Expansion Draft zusammen, für die alle anderen Teams jeweils sechs Spieler aus ihrem Kader zur Verfügung stellen mussten. Der gewünschte Effekt, diese Mannschaften schnell konkurrenzfähig zu machen, wurde erreicht: Die Jaguars und die Panthers stießen schon in ihrer zweiten Saison, 1996, in die Conference Championship Games vor.

Doch nicht nur national wurden in der NFL in den 90er Jahren die Weichen für die Zukunft gestellt. Mit ihrem Projekt der „World League of American Football", das mehrere Phasen durchlief, trieb die NFL ihre Expansion auch international voran. Gegründet worden war diese neue Liga vor dem Hintergrund des Erfolgs der sogenannten „American Bowls". Mit diesen Testspielen, die die NFL mit ihren Teams seit Mitte der

Die Trophy der WLAF

80er Jahre in Mexiko, Europa und in Asien bestritt, wollte sie auch außerhalb der USA Fuß fassen; 39 Spiele waren es insgesamt. Zwei Jahre nach ihrer Gründung im Jahre 1989 nahm die World League of American Football 1991 ihren Spielbetrieb auf. Die Liga bestand zunächst aus sechs US-Teams, einem aus Kanada und drei europäischen Teams in London, Barcelona und Frankfurt.

Die Resonanz in Europa überstieg die Erwartungen, doch in den USA war das Interesse der Fans und Medien äußerst gering. Die finanziellen Einbußen bewogen die Eigentümer dazu, die Liga nach nur zwei Spielzeiten nicht mehr zu unterstützen. Drei Jahre später, 1995, kam es zu einer Neuauflage, die sich auf den europäischen Markt und die Bedürfnisse der Fans in Deutschland, Großbritannien, Holland und Spanien konzentrierte. Während die beiden deutschen Teams, Frankfurt Galaxy und Rhein Fire, viele Fans anlockten, war dies in Amsterdam, London, Edinburgh und Barcelona nicht der Fall.

1998 nahm die NFL weitere Veränderungen vor. Die Liga wurde zunächst in „NFL Europe" umbenannt. Aus den London Monarchs wurden die England Monarchs, aber der Spielbetrieb in England wurde ein Jahr später eingestellt und ein neues Team in Deutschland etabliert: Berlin Thunder. Im Jahre 2004 wurden auch die Standorte in Spanien und Schottland geschlossen. Wiederum rief die Liga Teams an deutschen Standorten, in Hamburg und Köln, ins Leben, sodass die NFL Europe in der Saison 2005 aus fünf deutschen und einem holländischen Team, den Amsterdam Admirals, bestand.

Der Zuschauerzuspruch der Liga war hoch und die NFL Europe in Deutschland populär. Im Jahre 2006 wurde die Liga sogar in „NFL Europa" umbenannt. Der Markt war jedoch zu begrenzt, und

Die Fans in Mexico waren 2005 begeistert von der Partie im Aztekenstadion

dieser Nachteil schien aus Sicht der NFL-Eigentümer zu überwiegen. 2007 gab die NFL schließlich das Ende ihres Projektes bekannt.

Neue Überlegungen gingen in eine andere Richtung. Ziel war es, reguläre NFL-Saisonspiele außerhalb Amerikas stattfinden zu lassen. Dieses Vorhaben wurde unter dem Namen „NFL International Series" realisiert. Das erste reguläre Saisonspiel, das nicht auf US-amerikanischem Boden ausgetragen wurde, fand 2005 in Mexico City statt, wo die Arizona Cardinals die San Francisco 49ers vor mehr als 100.000 Zuschauern besiegten. Etabliert wurde besagte Serie dann ab 2007 im Londoner Wembley-Stadion. Die American-Bowl-Serie hatte damals ebenfalls in London ihren Anfang genommen, wo in der Zeit von 1986 bis 1993 acht American Bowls in Folge ausgetragen wurden.

In der Zeit nach 2007 bekamen die englischen und europäischen Football-Fans jeweils ein reguläres Saisonspiel in London zu sehen. Den Auftakt hatten im Oktober 2007 die New York Giants und die Miami Dolphins gemacht. Mit den Jahren wurden immer mehr NFL-Spiele im Wembley-Stadion ausgetragen. Im Jahre 2013 fanden erstmals zwei Spiele in London statt, und ein Jahr darauf waren es sogar schon drei. Doch die Pläne der NFL-Eigentümer und von Commissioner Roger Goodell gehen noch weiter. Längst möchte man sich nicht mehr nur auf das Wembley-Stadion beschränken. In London wurde die NFL-Verantwortlichen außerdem im südlich gelegenen Twickenham mit einem der größten Rug-

Olaf Hampel

by-Stadien der Welt und im nördlich gelegenen Tottenham fündig. Im neuen Stadion des Fußball-Klubs Tottenham Hotspur sollen ab dem Jahr 2018 zwei reguläre Saisonspiele stattfinden.

Doch selbst drei Austragungsorte in London scheinen der NFL bei ihren Expansionsbestrebungen nicht auszureichen – zumindest nicht weltweit. Die Nachfrage der Fans scheint die Überlegungen der Liga zu bestätigen, denn innerhalb kurzer Zeit waren die Karten für das Montagabend-Spiel im November 2016 zwischen den Oakland Raiders und den Houston Texans in Mexico City vergriffen. Nachdem dort 2005 zum ersten Mal ein reguläres NFL-Saisonspiel stattgefunden hatte, kehrte die Liga also auch wieder an den Ort zurück, wo diese Form der internationalen Expansion ihren Anfang nahm.

Die American Bowls, die World League of American Football und die International Series halfen der NFL auf unterschiedliche Weise, das globale Wachstum der Liga zu fördern. Die internationale Expansion schreitet mit großen Schritten voran; die Entwicklung in den Kadern der NFL hinkt dieser Entwicklung jedoch hinterher. Im Gegensatz zu den Profis beim Basketball und beim Baseball befinden sich in der NFL noch immer vergleichsweise wenig Spieler aus Ländern, die außerhalb der USA mit dem Jugend-Football begannen und denen der Sprung in die NFL gelang.

Zu Beginn diente auch der europäische Ableger der NFL als Sprungbrett. Teile der Kader wurden mit einheimischen Spielern besetzt, von denen oft zwar nur die Kicker und besonders spielstarke tatsächlich Stammplätze erhielten. Um einerseits deren Anzahl mittelfristig zu steigern, andererseits aber mögliche Potenziale für die NFL selbst auszuloten, gab es Bestrebungen seitens der NFL Europa, europäischen Spielern Chancen im College Football in den USA zu eröffnen. Dazu allerdings musste die NFL Umwege gehen, da die Bestimmungen des College-Sportverbandes NCAA es Spielern verbieten, durch Profi-Ligen vor oder während ihrer College-Zeit gefördert zu werden.

Erfolge auf breiter Front hatten diese Initiativen auch deswegen nicht. Einzelne der europäischen Spieler der NFLE verdingten sich als Free Agents bei NFL-Teams und kamen in erweiterte Kader, wie etwa der Deutsche Olaf Hampel. In den letzten Jahren der NFL Europa, die nach der Saison 2007 ihren Spielbetrieb einstellte, wurde den besten der europäischen oder mexikanischen Spieler die Gelegenheit geboten, während der Vorbereitungen auf die NFL-Saison bei NFL-Teams zu hospitieren. In die Saisonkader wurde keiner von ihnen aufgenommen.

Der Weg in die NFL-Kader führte nach wie vor nur über den College Football. Constantin Ritzmann war schließlich der erste deutsche Spieler, der bei einem regulären NFL-Spiel eingesetzt wurde. Am Heiligen Abend 2005 bestritt der Defensive End im Dress der Atlanta Falcons sein erstes NFL-Spiel. Begonnen hatte er mit dem Football im Jugend-Team in Donaueschingen und hatte danach eine überzeugende Zeit bei der University of Tennessee absolviert. Als Free Agent war er von den Buffalo Bills verpflichtet und später an die Falcons abgegeben worden.

Wie Ritzmann hatten inzwischen auch andere junge Talente erkannt, dass nicht die NFL Europa vor Ort, sondern das Engagement bei einem College-Team die Chancen auf den Sprung in die NFL eröffnete. Sebastian Vollmer wurde schließlich der erste deutsche Spieler, der von einem NFL-Team gedraftet wurde, nachdem er in Deutschland mit Amateur-Football begonnen hatte, bei den Düsseldorf Panthern. Die New England Patriots wählten ihn 2009 in der zweiten Runde der Draft aus. Vollmer wuchs in den kommenden Jahren zu einem Leistungsträger in der Offensive Line der Patriots heran und gewann mit diesen am 1. Februar 2015 in Arizona den Super Bowl XLIX.

Ein strahlender Sebastian Vollmer nach dem Sieg im Super Bowl

2012 wurde mit Markus Kuhn der nächste deutsche Spieler gedraftet, der von den New York Giants ausgewählt wurde. Der Defensive Lineman sorgte im Dezember 2014 für einen besonderen deutschen Moment in der NFL: Im Spiel seiner Giants gegen die Tennessee Titans nahm er einen freien Ball auf und trug ihn zu einem 26-Yard-Fumble-Return in die Endzone der Titans. Für Kuhn wurde ein weiterer Traum wahr – der erste durch einen Deutschen erzielte Touchdown in der NFL.

Nach Kuhn gab es praktisch jährlich weitere ehemalige Jugendspieler aus Deutschland, die nach erfolgreichen Jahren im College Football NFL-Profis wurden. Björn Werner wurde 2013 als erster deutscher Spieler sogar in der ersten Runde der Draft von den Indianapolis Colts ausgewählt, an 24. Stelle, als einer der besten Defensive Ends seines College-Jahrgangs.

In Deutschland hatte Werner einst mit Flag Football begonnen und dabei auch gegen Kasim Edebali gespielt. Edebali wurde nach seiner Zeit auf dem Boston College 2014 von den New Orleans

Touchdown durch Markus Kuhn

Saints verpflichtet. 2015 folgte dann Linebacker Mark Nzeocha, der von den Dallas Cowboys gedraftet wurde.

Im April 2016 schließlich schrieb ein weiterer deutscher Spieler NFL-Geschichte: Moritz Böhringer wurde von den Minnesota Vikings in der sechsten Runde der Draft ausgewählt, ohne jemals zuvor College Football gespielt zu haben. 2015 hatte Böhringer noch im Dress der Schwäbisch Hall Unicorns in der deutschen GFL gespielt.

Niemals zuvor war es einem Spieler, der zuvor lediglich in einer europäischen Liga und nicht für ein College gespielt hatte, gelungen, in die NFL gedraftet zu werden. Böhringer kam bei den Vikings dann allerdings zum Saisonstart nicht in den Kader.

Ein Sieg der Vernunft

Ein Ereignis, das die NFL nachhaltig veränderte, war der Abschluss eines neuen Collective Bargaining Agreements (CBA), eines Tarifvertrages – vereinbart zwischen den Team-Besitzern und den durch die Spielervereinigung NFLPA (National Football League Players Association) vertretenen Spielern – am 6. Mai 1993. Der Vertrag, der ursprünglich bis 2000 galt und danach viermal verlängert wurde, sorgte immerhin für fast 20 Jahre „Arbeitsfrieden" in der NFL. Mit ihm hielten eine große Spielerfluktuation und auch ein deutlicher Anstieg der Gagen der Top-Stars Einzug in die NFL.

Jahrzehntelang hatte es bei den Tarifverhandlungen oft Streit gegeben. Im Kern war es dabei immer um dieselben Punkte gegangen: einen größeren Anteil der Spieler am finanziellen Kuchen und mehr Wechselfreiheit für sie. Die Team-Besitzer hatten beides immer abgeschmettert, die Spieler hatten ohne wirklichen Erfolg versucht, ihren Forderungen mit zwei Streiks 1982 und 1987 Nachdruck zu verleihen. Seit dem Spielerstreik in der Saison 1987 hatte die NFL sogar ohne gültiges CBA operiert. Die zwei zentralen Punkte des CBA von 1993 waren „Free Agency" und „Salary Cap".

Mit „Free Agency" ist das Recht der Spieler gemeint, nach wenigen Jahren in der NFL ihr Team wechseln zu können, ohne dass sich bisheriges und neues Team auf eine Kompensation einigen müssen. Nach vier Jahren in der NFL kann ein Spieler völlig ohne Abfindung zu einem anderen Team wechseln, wenn sein Vertrag ausgelaufen ist. Schon nach drei Jahren kann er Angebote anderer Klubs einholen und muss nur dann bei seinem alten Team bleiben, wenn dieses ihm für einen Ein-Jahres-Vertrag ein im CBA festgelegtes Mindestgehalt, mindestens aber zehn Prozent mehr als zuvor bezahlt.

Um die Wechselfreiheit zu erhalten, mussten die Spieler aber auch eine „Kröte" schlucken, nämlich die Einführung einer „Salary Cap", eine Obergrenze für die Ausgaben der Teams für Spielergehälter. Das CBA von 1993 legte etwa fest, dass die Teams im ersten Jahr der Gültigkeit des CBA maximal 64 Prozent ihrer Brutto-Einnahmen für Spielergehälter aufwenden durften, 63 Prozent im zweiten Jahr und in den folgenden Jahren maximal 62 Prozent. Zugleich wurde festgelegt, dass die Teams mindestens 50 Prozent ihrer Brutto-Einnahmen für Spielergehälter in einem Jahr aufwenden müssen.

Die Höhe der „Salary Cap" wird für jede Saison neu festgelegt, zur Saison 2016 betrug sie etwa 155 Millionen Dollar pro Team. Angerechnet werden für die „Salary Cap" eines Teams für die betreffende Saison die vertraglich vereinbarten Grundgehälter der Spieler für dieses Jahr. Die in den 80er Jahren eingeführten sogenannten „Signing Bonuses" - Handgelder, die bei Vertragsabschluss gezahlt werden und die die Spieler behalten dürfen, auch wenn ihr Team den Vertrag vor Ablauf der ursprünglichen Vertragslaufzeit kündigt - werden anteilmäßig auf die Jahre der

Vertragslaufzeit angerechnet. Die Kombination bei den Zahlungen an die Spieler aus Grundgehalt und „Signing Bonus" lässt den Teams einigen Spielraum. So hat es sich eingebürgert, den Spielern (vor allem solchen, die man längerfristig an sich binden will) Verträge mit niedrigen Grundgehältern in den ersten Jahren der Vertragslaufzeit zu geben und damit die finanziellen Belastungen in die Zukunft zu verschieben. Bis zum Erreichen der späteren Jahre mit den hohen Jahresgagen werden die Verträge nachverhandelt und umstrukturiert oder gekündigt. Gleichzeitig bekommen die Spieler vorab die „Signing Bonuses", die bei den Stars im zweistelligen Millionenbereich liegen können, und kommen so schnell auf „ihr" Geld, das allerdings mit dem Abschluss des neuen Vertrages im Jahre 2011 weniger wurde.

Im März 2006 einigte sich die NFL unter der Führung von Paul Tagliabue mit der Gewerkschaft auf einen neuen Vertrag. Es war eine der letzten Amtshandlungen von Tagliabue, der noch im selben Jahr von seinem Posten zurücktrat. Im August 2006 wurde Roger Goodell zu seinem Nachfolger gewählt. Die Unzufriedenheit der Eigentümer mit dem neuen Abkommen, das sie aus ihrer Sicht zu stark benachteiligte, führte dazu, dass sie es so schnell, wie es die Vereinbarung zuließ, wieder aufkündigten. Der Arbeitsfrieden endete somit im Mai 2008, und die Entscheidung der Eigentümer führte dazu, dass die Saison 2010 – die letzte, für die das Abkommen gültig war – ohne Salary Cap gespielt wurde.

Im Kern ging es bei diesem Streit zwischen NFL und Spielervereinigung NFLPA um die Verteilung der Einnahmen zwischen den Eigentümern und Spielern, wobei die Eigentümer mit dem Ausstieg aus der Vereinbarung einen größeren Anteil der Einkünfte forderten – statt einer Milliarde zwei. Begründet wurde dies mit den nötigen Maßnahmen zur Verbesserung der Infrastruktur rund um die Spiele. Das war nur einer von vielen Streitpunkten. Bis zum 3. März 2011 hätte eine Einigung erzielten werden müssen, um einen Arbeitskampf zu verhindern.

Im Gegensatz zur letzten Konfrontation im Jahre 1987 wurden zunächst keine Spiele abgesagt und keine Ersatzspieler verpflichtet. Dennoch war die Situation völlig zer-

Roger Goodell

fahren. Zu den vielen Gerüchten und Schreckensszenarien, die in dieser Zeit kursierten, gehörte auch die Überlegung, die NFL könne für die Dauer von einem oder sogar zwei Jahren den Spielbetrieb vorübergehend einstellen, ohne finanziellen Schiffbruch zu erleiden. Angeblich hätten die TV-Verträge vorgesehen, dass die Fernsehsender auch dann ihren Zahlungsverpflichtungen nachgekommen wären, wenn es keine Saison gegeben hätte. Für die Gewerkschaft und die Spieler wären die Folgen fatal gewesen. Ganz so weit kam es nicht, allerdings konnte die lange Zeit im Vorfeld befürchtete Aussperrung nicht abgewendet werden.

Vier Monate lang hatten die Spieler keinen Zugang zu den Einrichtungen ihrer Teams. Es gab keine Trainingslager, und die Spieler konnten weder die Hilfe und den Rat der medizinischen Abteilungen beanspruchen noch mit den Trainern Kontakt aufnehmen – sie mussten sich auf eigene Kosten und auf Eigeninitiative fit halten für eine Saison, von der keiner wusste, ob sie überhaupt gespielt werden würde.

Am 25. Juli 2011 endete der Arbeitskampf mit einer Einigung, die eine Gültigkeitsdauer von zehn Jahren vorsah. Der zentrale Punkt der Free Agency, wie er 1993 vereinbart worden war, trat wieder in Kraft und ersetzte die Regelung aus dem Jahre 2010, in der die Spieler erst nach sechs und nicht schon nach vier Jahren bei ihrem bisherigen Team kompensationsfrei wechseln konnten. Die reguläre Saison konnte wie geplant Anfang September beginnen. Lediglich das alljährlich stattfindende Hall-of-Fame-Spiel musste 2011 abgesagt werden.

Aus Sicht der Eigentümer war die neue Vereinbarung insofern ein Gewinn, als beispielsweise ihre Forderungen nach der Beibehaltung der „Franchise Tags" und der Reduzierung der Rookie-Gehälter erfüllt wurden. Beim sogenannten „Exclusive Franchise Tag" haben die Eigentümer die Möglichkeit, kurzfristig die Rechte an einem Top-Spieler pro Saison und Team zu behalten, bis sie sich zu einem späteren Zeitpunkt auf einen neuen Vertrag mit ihm einigen können. Kurzfristig bedeutet in diesem Fall: für die Dauer eines Jahres. Voraussetzung ist, dass die Eigentümer dem jeweiligen Spieler für diese eine Saison mindestens 20 Prozent mehr zahlen als im Jahr zuvor und mindestens das, was die Top-5-Spieler auf der jeweiligen Position im Schnitt verdienen. Die Spielergewerkschaft hatte gefordert, dass Top-Spieler nur ein einziges Mal derart an das jeweilige Team gebunden werden dürften, kam aber mit dieser Forderung nicht durch. Somit war und ist es weiterhin möglich, Spieler mehrere Jahre hintereinander jeweils mit dem Franchise Tag zu versehen.

Im Hinblick auf die Verträge von Top-Rookies konnten die Eigentümer in den neuen Vereinbarungen ebenfalls ihre Vorstellungen durchsetzen. Sie hatten argumentiert, dass die Kosten, die aus dem „Signing Bonus" für Rookies resultierten, zu hoch wären. Schließlich gab es immer wieder Top-Rookies, die den hohen Erwartungen nicht gerecht wurden und nur kurze Zeit spielten. Dieses Risiko bestand auch nach der neuen Vereinbarung noch, aber das finanzielle Ausmaß reduzierte sich deutlich, sodass Top-Spieler, die nach der Einigung in die NFL drängten, weitaus weniger garantiertes Geld erhielten als noch in den Jahren zuvor.

Aus Sicht der Spieler gab es zwar einige Verbesserungen, sei es im Hinblick auf eine bessere medizinische Versorgung oder auf die Anhebung der Minimalgehälter. Insgesamt jedoch herrschte bei ihnen und auch in den Medien die Meinung vor, dass die Eigentümer von dieser neuen Vereinbarung mehr profitierten als die Spieler.

Rückkehr von America's Team

Durch Free Agency und Salary Cap standen plötzlich Jahr für Jahr eine große Zahl gestandener Spieler auf dem Transfermarkt zur Verfügung. Mit diesen Spielern konnten die Teams ihre Kader kurzfristig verstärken und Schwachstellen in ihrer Mannschaft beseitigen. Es hing nun nicht mehr alles davon ab, dass sich die gedrafteten Spieler – über mehrere Jahre – wie erhofft entwickelten. Bevor diese Auswirkungen zu spüren waren, wurde die NFL aber zunächst noch von einigen wenigen Teams dominiert.

Jerry Jones

Dies waren in der ersten Hälfte der 90er Jahre die Dallas Cowboys. Diese hatten zwischen 1992 und 1995 drei Super-Bowl-Erfolge in vier Jahren gefeiert – eine Ausbeute, die selbst den großen Teams der 70er und 80er Jahre nicht gelungen war. Das Cowboys-Team der frühen 90er Jahre war noch auf dem herkömmlichen Weg zusammengestellt worden, nämlich im Wesentlichen über die Draft.

Der Wiedergeburt der Cowboys und ihrem Aufstieg zum erfolgreichsten Team der 90er Jahre war ein tiefer Fall vorangegangen. Der Tiefpunkt war die 3-13-Bilanz 1988 gewesen. Mit dem sportlichen Niedergang ging die Demontage von Tom Landry, dem bis dahin einzigen Head Coach der Cowboys-Geschichte, einher. Der Einschnitt kam in Gestalt des Verkaufs des Teams Anfang 1989 an Jerry Jones, einen damals 46-jährigen Millionär.

Jones unterschied sich von der älteren Generation der NFL-Team-Besitzer durch seine aggressive, auf schnellen Erfolg abzielende Philosophie, die auf Traditionen wenig Rücksicht nahm. Sowohl das Management um General Manager Tex Schramm als auch Tom Landry und sein Stab wurden gefeuert. Der neue Besitzer holte für den Posten des Head Coaches einen Mann, der ähnlich gepolt war wie er und mit dem er in der ersten Hälfte der 60er Jahre an der University of Arkansas das Zimmer geteilt hatte: Jimmy Johnson. Die Verbindung von Jones und Johnson war eine „Ehe", die reich an Spannungen war, aber das Ergebnis der nur fünf gemeinsamen Jahre konnte sich sehen lassen.

Schon in Johnsons zweitem Jahr begann der Aufschwung, und das lag auch an einer seiner Stärken: Er hatte einen unglaublichen Blick für Talente. Seine vier 1989 als erste gedrafteten Spieler, QB Troy Aikman, RB Daryl Johnston, C Mark Stepnoski und DE Tony Tolbert, gehörten am 31. Januar 1993 zur Startaufstellung beim Erfolg des Teams im Super Bowl XXVII. Auch der 1990 in der ersten Runde gedraftete RB Emmitt Smith und die 1991 ebenfalls in Runde eins gedrafteten Russell Maryland (Defensive Tackle) und Alvin Harper (Wide Receiver) trugen in Pasadena als Starter zum Erfolg bei. Mit dem 1991 in der dritten Runde ausgewählten OT Erik Williams und den beiden 1992 in der ersten Runde gedrafteten CB Kevin Smith und LB Robert Jones waren noch drei weitere Jungstars in der Anfangsformation zu finden.

Die ersten Erfolge zeigten sich schon in Johnsons zweiter Saison (1990). Die endete zwar nach Niederlagen an den letzten beiden Spieltagen mit einer 7-9-Bilanz, aber angetrieben vom „NFL Rookie of the Year", RB Emmitt Smith (937 Yards, elf Touchdowns), hatten die Cowboys bis zum letzten Spieltag Chancen auf einen Wild-Card-Platz in den Playoffs. Das brachte Johnson die Auszeichnung als Coach des Jahres ein.

Im folgenden Jahr erreichten die Cowboys mit einer 11-5-Bilanz dann tatsächlich wieder die Playoffs. Dort siegte man mit 17:13 im Wild Card Game bei den Chicago Bears, verlor dann aber in den Divisional Playoffs bei den Detroit Lions mit 7:38.

Emmitt Smith

Auch die Individualstatistiken wurden von Cowboys-Spielern geprägt. Emmitt Smith avancierte 1991 mit 1.563 Yards und zwölf Touchdowns zum Top-Rusher der Saison. Michael Irvin fing 93 Pässe für acht Touchdowns und 1.523 Yards. Er war damit nach Yards bester Receiver der Saison.

Was der Mannschaft bei aller Offensivkraft noch fehlte, war eine stabile Abwehr. Vor allem in der Passverteidigung gab es noch Schwächen. Mit der Draft von CB Kevin Smith und S Darren Woodson im April 1992 und der rasanten Entwicklung des im April 1991 gedrafteten Cornerbacks Larry Brown wurde dieses Problem dann aber abgestellt. Mit einer 13-3-Bilanz, der zweitbesten der Liga, gewannen die Cowboys 1992 ihre Division. Emmitt Smith war erneut der Top-Rusher der Liga (1.713 Yards und 18 Touchdowns) und Troy Aikman der zweitbeste Passer (3.445 Yards, 23 Touchdowns, 14 Interceptions).

Im Super Bowl XXVII in Pasadena trafen die Cowboys auf die nach zwei Super-Bowl-Niederlagen in den beiden vorangegangenen Spielzeiten mental offensichtlich angeschlagenen Buffalo Bills und fertigten diese mit 52:17 ab. Ein Erfolg, der auch deshalb so unerwartet klar ausfiel, weil sich die Bills neun Ballverluste leisteten, von denen fünf zu Touchdows der Cowboys führten. 15 Jahre nach ihrem letzten Titelgewinn standen die Cowboys wieder ganz oben.

Johnson kam der ganz große Erfolg fast zu früh. Er betrachtete sein Team noch als eines im Aufbau. Und er sorgte sich angesichts des Alters seiner Mannschaft um die Auswirkungen, die der schnelle Aufstieg auf die Spieler haben könnte. Ganz unbegründet war Johnsons Sorge nicht, stellten die Cowboys in der Saison 1992 doch das mit einem Altersdurchschnitt von nicht einmal 25 Jahren jüngste Team der NFL.

Von einer denkbaren Schwäche im folgenden Jahr (1993) wollte Troy Aikman nichts wissen. Nach außen wirkte Aikman oft zu geschäftsmäßig, fast unterkühlt, aber das täuschte. Aikman war und ist einer, der selbst im Moment des größten Erfolges nicht abhebt, und das hat gewiss maßgeblich zum Zusammenhalt der damaligen Mannschaft geführt, den Aikman später einmal als das für ihn Wichtigste an der Saison 1992 bezeichnete. Und diese Zurückhaltung war nicht nur Attitüde. Nach dem Gewinn des Super Bowls und einer der besten Leistungen, die in den Playoffs je ein Quarterback gebracht hatte (Completion Percentage von 68,5 Prozent, 795 Yards, acht Touchdowns, keine Interception), wurde Aikman mit Angeboten für Werbeverträge und Anfragen für TV-Auftritte geradezu überhäuft. Angenommen hat er davon nur wenige.

Von einem Nachlassen konnte dann in der Saison 1993 keine Rede mehr sein. Mehr noch: Selbst Vertragsstreitigkeiten mit Emmitt Smith warfen das Team nicht aus der Bahn. Team-Besitzer Jerry Jones wollte zunächst nicht nachgeben, tönte, dass er Smith notfalls die gesamte Saison in Untätigkeit verharren lassen würde. Smith fehlte also zu Saisonbeginn, und ohne ihn verloren die Cowboys ihre ersten beiden Spiele in Washington (16:35) und gegen Buffalo (10:13).

Troy Aikman

Nach den beiden Auftaktniederlagen einigte man sich plötzlich ganz schnell mit Smith. Mit ihm gewannen die Cowboys zwölf der letzten 14 Spiele und ihre Division. Smith wurde trotz der beiden verpassten Einsätze Top-Rusher der Saison (1.486 Yards, neun Touchdowns). Durch die Playoffs marschierten die Cowboys genauso souverän wie im Jahr zuvor, mit Siegen gegen die Green Bay Packers (27:17) und die San Francisco 49ers (38:21). Im Super Bowl XXVIII trafen sie dann erneut auf die Buffalo Bills. So leicht wie im Jahr zuvor hatten es die Cowboys dieses Mal nicht. Doch die Wende brachten erneut die Ballverluste, auch wenn sich die Bills dieses Mal „nur" drei leisteten. Diese führten aber zu 17 Punkten der Cowboys, die schließlich 30:13 gewannen.

Im Jahr danach (1994) gab es einen Wechsel an der sportlichen Spitze. Head Coach Jimmy Johnson hörte auf. Für ihn kam Barry Switzer, der langjährige Erfolgscoach des College-Teams Oklahoma Sooners (drei National Championships in 16 Jahren),

Jimmy Johnson

der seit Ende der 80er Jahre nicht mehr gecoacht hatte. Trotz des gleichzeitigen Abgangs von Offensive Coordinator Norv Turner und des Verlustes einiger Spieler über Free Agency waren die Cowboys eines der Top-Teams. Allerdings verloren sie im NFC Championship Game gegen die San Francisco 49ers, die sie in den beiden Jahren zuvor im NFC-Finale besiegt hatten, mit 28:38.

Einen leichten Stand hatte Switzer in Dallas nicht. Er wurde zwangsläufig ständig an seinem Vorgänger Jimmy Johnson gemessen, von dem er im Verlauf der Saison 1994 auch öffentlich kritisiert wurde. In den Medien wurde auch regelmäßig das Gerücht weitergetragen, Team-Besitzer Jerry Jones würde sich in den Kompetenzbereich des Trainers einmischen.

Alle Zweifel an Switzers Kompetenz hätten ein Jahr später (1995) weggewischt sein können, als die Cowboys erneut ihre Division mit einer 12-4-Bilanz dominierten. Die folgenden Siege in den Playoffs, erst gegen Philadelphia (30:11) und dann gegen Green Bay (38:27), und schließlich der Erfolg im Super Bowl XXX gegen die Pittsburgh Steelers mit 27:17 hätten dazu eigentlich allen Anlass gegeben. Die Zweifel und die Kritik aber blieben, und später bezeichnete Switzer diese Spielzeit als die „schlimmste Saison, die er in diesem Job erlebt hat". Neben der Kritik von außen gab es auch Unstimmigkeiten im Inneren, etwa zwischen Switzer und Aikman. Switzer versuchte zwar mit dem Verweis auf seine Bilanz, den Druck auf sich herunterzuspielen, aber gleichzeitig gestand er ein, dass der Erfolg im Super Bowl XXX „mehr als alles andere eine Erleichterung" gewesen sei. „Es war sehr wichtig, ihn zu gewinnen. Sehr wichtig. Er nahm viel Druck von uns allen", so Switzer.

Jerry Jones hielt an Switzer noch zwei Jahre fest, zwei Jahre, in denen die Leistungsträger allmählich in die Jahre kamen und die Erfolgsmannschaft rapide ins Mittelmaß abrutschte. Nach der Saison 1997 musste Switzer gehen, und plötzlich zeigte sich, dass in den vier Jahren unter seiner Führung doch einiges im Argen gelegen haben musste. „Mit diesem Zug ging's seit 1994 bergab.

Wir ließen die kleinen Dinge immer mehr schleifen. Wenn du das tust, wird es zu einer schlechten Angewohnheit, und du lässt nach", sagte Troy Aikman über die Zeit unter Switzer.

Die Altmeister sind wieder da

Die Green Bay Packers waren als Sieger der beiden ersten Super Bowls drei Jahrzehnte ihren früheren Erfolgen vergeblich hinterher gerannt. Die Packers stehen bis heute, vor allem für die älteren Football-Fans, für die vermeintlich gute alte Zeit, in der die Gehälter der Spieler niedrig waren, der Football noch nicht so durchkommerzialisiert war und in der Ausnahme-Teams der NFL über längere Zeit ihren Stempel aufdrücken konnten – so wie die Packers in den 60er Jahren. Als das Team aus dem kleinsten Markt der NFL Mitte der 90er Jahre dann tatsächlich wieder mit den „Big Boys" mithalten konnte und 1996 nach 30 Jahren Endspiel-Abstinenz seinen dritten Super-Bowl-Erfolg feierte, da war das für die Medien ein guter Aufhänger.

Begonnen hatte der Aufstieg der Packers, als Mike Holmgren 1992 den Posten des Head Coaches übernahm. Er nutzte beim Umbau der Mannschaft konsequent die neuen Möglichkeiten, die sich durch Free Agency und Salary Cap boten. In der Startaufstellung für den Super Bowl der Saison 1996 standen eine Vielzahl von Spielern, die nicht über die Draft zu den Packers gekommen waren.

So verstärkte Holmgren seine Mannschaft systematisch mit Free Agents oder mit Spielern, die im Rahmen von Tauschgeschäften geholt worden. Im Angriff mit C Frank Winters, OT Bruce Wilkerson, WR Andre Rison und vor allem QB Brett Favre, der 1992 zu den Packers stieß. Für die Abwehr wurden die Defensive Ends Reggie White und Sean Jones, die Defensive Tackles Gilbert Brown und Santana Dotson, MLB Ron Cox und FS Eugene Robinson nach Wisconsin gelockt.

Auch die Special Teams wurden mit Desmond Howard, dem späteren MVP beim 35:21-Sieg im Super Bowl gegen die New England Patriots, entsprechend verstärkt. Insgesamt standen im 53-Mann-Kader für den Super Bowl nur 25 Spieler, die die Packers gedraftet hatten. Die wichtigsten der nicht gedrafteten Spieler waren Brett Favre und Reggie White. Favre war 1992 im Tausch gegen einen Draft-Zugriff aus Atlanta geholt worden. Unter Holmgren, als Spieler einst selbst Quarterback, entwickelte sich Favre zu einem der Top-Quarterbacks, der seine besten Jahre zwischen 1994 und 1997 hatte. Als einzigem Spieler in der NFL-Geschichte gelang es ihm 1995 bis 1997, dreimal in Folge als MVP der Saison ausgezeichnet zu werden.

White war, so kann man sagen, die Symbolfigur der neuen Wechselfreiheit in der NFL ab 1993. Er hatte bereits acht überaus erfolgreiche NFL-Spielzeiten (mit 124 Quarterback Sacks) bei den Philadelphia Eagles hinter sich, als er endlich seinen Marktwert testen konnte. Nahezu die gesamte Liga war an ihm interessiert. Die Packers, die dringend Verstärkung für ihre schwa-

Brett Favre im Jahr 1992

che Abwehr brauchten, machten das Rennen mit einem 17-Millionen-Dollar-Vertrag für vier Jahre. Mit White, der in der Saison 1993 seine achte Pro-Bowl-Nominierung in Folge und 13 Quarterback Sacks verbuchte, verbesserten sich die Packers auf Platz zwei der Defense-Statistik.

Trotz Favre und White dauerte es aber einige Jahre, ehe die Packers nach dem Titel greifen konnten. In den ersten drei Jahren unter Holmgren gab es jeweils 9-7-Bilanzen. 1996 war es dann aber so weit. Das Team hatte jetzt nicht nur das nötige individuelle Können, sondern war auch als Einheit gewachsen. Die Packers dominierten die Liga und wurden das erste Team seit den Miami Dolphins der Saison 1972, das die meisten Punkte in der Saison erzielte und gleichzeitig die wenigsten kassierte. Und mit dem Gewinn des Super Bowls gelangten sie auch

Mike Holmgren und Reggie White

ans Ziel ihrer Träume. Ein Sieg gegen die Panthers im NFC Championship Game (30:13) brachte die Packers in den Super Bowl XXXI nach New Orleans. Dort sorgten zwei Big Plays der Offense und eine Galavorstellung von Desmond Howard (vier Kickoff Returns für 154 Yards und sieben Punt Returns für 90 Yards) für die Entscheidung.

Nach dem Triumph von New Orleans sah es so aus, als könnten die Packers die zweite Hälfte der 90er Jahre ähnlich dominieren wie die Cowboys die erste. Im Wesentlichen blieb die Mannschaft intakt, auch wenn mit Desmond Howard, Andre Rison und Sean Jones drei wichtige Spieler über Free Agency verloren wurden. Die Packers gewannen mit der besten Regular-Season-Bilanz (ebenso wie San Francisco und Kansas City 13-3) souverän ihre Division und setzten sich in den Playoffs dank ihrer sehr guten Abwehr letztlich ebenso ungefährdet gegen die Tampa Bay Buccaneers (21:7) und bei den San Francisco 49ers (23:10) durch. Gegner im nächsten Super Bowl waren die Denver Broncos, die als Wild-Card-Team in das Finale eingezogen waren. Ein gutes Omen für die Packers, schließlich hatte mit den Oakland Raiders (1980) erst einmal ein Wild-Card-Team den Super Bowl gewonnen.

Es kam anders, denn den Broncos gelang mit 31:24 die Überraschung. Das hatte vor allem zwei Gründe: Zum einen konnte die Abwehr der Packers Denvers RB Terrell Davis nicht stoppen (157 Yards und drei Touchdowns), zum anderen machten die Packers, insbesondere in der ersten Halbzeit, Fehler, die die Broncos ausnutzten. Entschieden wurde das Spiel letztlich durch Davis' dritten Touchdown eine Minute und 34 Sekunden vor dem Ende.

Der Traum von einer neuen Blütezeit der Packers war schon wieder ausgeträumt, und erst in der Saison 2010 gelang es Green Bay wieder, ein Endspiel zu erreichen. Im Januar 2011 bezwangen die Packers die Pittsburgh Steelers im Super Bowl XLV in Dallas mit 35:21. Matchwinner und MVP der siegreichen Mannschaft war jedoch nicht mehr Brett Favre, sondern Aaron Rodgers, der drei Touchdown-Pässe warf, sich keine Interception leistete und 24 Pässe auf nicht weniger als acht verschiedene Receiver verteilte.

Aaron Rodgers

Als Rodgers am 6. Februar 2011 die Vince Lombardi Trophy in die Höhe stemmte, waren gerade einmal etwas mehr als vier Wochen vergangen, seit der langjährige Packers-Spielmacher Brett Favre seinen Rücktritt erklärt hatte. Doch Favre hatte sich nicht etwa frühzeitig um einen weiteren Super-Bowl-Ring gebracht. Seine Trennung von den Packers und damit die Wachablösung auf der Quarterback-Position war bereits drei Jahre zuvor vollzogen worden – unter sehr unschönen Umständen.

Rodgers wurde im Jahre 2005 in der Draft von den Packers in der ersten Runde ausgewählt, an 24. Stelle, und es gab keinen Zweifel daran, dass er Brett Favre beerben sollte. Allein der Zeitpunkt war ungewiss, weil Favre als unverwüstlich galt – seine fast unglaubliche Serie von 297 Spielen in Folge als Starter spricht für ihn. An seiner Robustheit zweifelte niemand, aber nach der Saison 2005 wurde spekuliert, Favre würde zurücktreten, weil jene Saison mit nur 20 Touchdowns bei 29 Interceptions und einem katastrophalen Passer Rating von 70,9 statistisch die schlechteste seiner Karriere gewesen war.

Favre biss sich durch und verzeichnete 2006 zwei weitere Rekorde. Als erst zweiter Quarterback in der Geschichte nach Dan Marino von den Miami Dolphins verzeichnete er 400 Touchdown-Pässe in seiner Karriere, und Favre war der erste Spieler überhaupt, dem es gelang, in seiner Laufbahn 5.000 Pässe zu vervollständigen. Am letzten Spieltag wurde er kurz vor Schluss ausgewechselt, die Begeisterung seiner Mitspieler, die Ovationen der Fans und Favres Tränen deuteten auf den endgültigen Abschied hin.

Doch abermals täuschte sich die Football-Welt, denn Favre wollte auch die folgende Saison bei den Packers spielen, in der er sich anschickte, weitere Rekorde zu brechen. Ende September warf Favre seinen 421. Touchdown-Pass und übernahm damit den Rekord von Dan Marino, und im November schloss Favre zu Peyton Manning und Tom Brady auf, die beide schon gegen jeweils alle Teams der NFL mindestens einmal in ihrer Karriere gewonnnen hatten. Die Chiefs hatten Favre in seiner Sammlung noch gefehlt.

Brett Favre erklärt am 6. März 2008 erstmals seinen Rücktritt

Die Packers gewannen insgesamt 13 Spiele und den Titel der NFC North. In den Playoffs besiegten sie die

Seattle Seahawks und mussten sich erst im NFC Championship-Spiel den New York Giants geschlagen geben. Es sollte Favres letztes Spiel im Dress der Packers werden und eigentlich auch sein letztes überhaupt – doch es kam anders. Die Zeit schien reif für Aaron Rodgers – zumindest aus Sicht der Packers. Favre erklärte zwar im März auf einer Pressekonferenz unter Tränen seinen Rücktritt, aber im Juli 2008 hieß es, Favre könne sich eine Rückkehr zu den Packers vorstellen. Wenig später bat Favre die Packers, ihn ohne weitere Bedingungen freizustellen, was ihm jedoch von General Manager Ted Thompson verwehrt wurde, weil dieser befürchtete, Favre würde beim Divisionsrivalen aus Minnesota anheuern.

Ted Thompson

Im August 2008 wurden sich Packers und Jets einig, und Favre unterschrieb in New York einen Vertrag für ein Jahr. Favres Einschätzung, er wäre noch in der Lage, Football zu spielen, wurde eindrucksvoll unterstrichen, als er am vierten Spieltag der Saison gegen die Arizona Cardinals sechs Touchdown-Pässe warf, für ihn persönlicher Rekord. Die Jets erwischten mit acht Siegen bei nur drei Niederlagen einen guten Start, aber vier der letzten fünf Saisonspiele gingen verloren. Favres Kraft und Passgenauigkeit ließen zusehends nach, die Jets verpassten die Playoffs. Bei Favre, der verstärkt über Schulterschmerzen geklagt hatte, wurde eine Bizeps-Verletzung festgestellt. Nach diesem Saison-Aus informierte Favre die Jets, dass er nun endgültig seine Karriere beenden wolle, und Ende April 2008 endete Favres Vertrag mit den Jets.

18 Jahre NFL-Football lagen hinter Favre, doch im Gegensatz zu Peyton Manning, der seine Karriere Jahre später nach diesem Zeitraum beendete, wollte Favre es noch einmal wissen. Er trat abermals vom Rücktritt zurück, was in den Monaten seiner Entscheidungsfindung einige Spötter auf den Plan rief, und unterschrieb – wie zuvor von den Packers befürchtet – bei den Vikings.

Thompsons Befürchtung kam nicht von ungefähr, denn Favre verzeichnete in der Saison 2009 in Minnesota das beste Quarterback Rating seiner ruhmreichen Karriere (107,2). Im NFC Championship-Spiel trafen die Vikings in New Orleans in einem emotionalen und dramatischen Spiel auf die Saints. Jahre zuvor hatten die Stadt, die Region und auch das Team unter dem Hurrikan Katrina gelitten, nun war die Chance gekommen, zum ersten Mal in der Team-Geschichte ins Endspiel einzuziehen.

Das Spiel glich einem Schwergewichtskampf, bei dem besonders Favre ungewöhnlich viele und harte Hits einstecken musste. Es war dem 40-Jährigen im Schlussviertel anzusehen, dass selbst ihm, der über eine hohe Schmerztoleranz verfügte, die vielen Kollisionen zugesetzt hatten: Sein Hand- und Sprunggelenk waren sichtbar angeschwollen, das Atmen fiel ihm schwer.

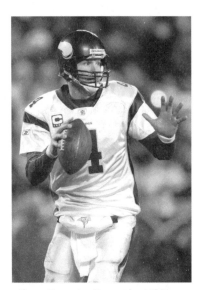

Doch in der letzten Angriffsserie der regulären Spielzeit brachte Favre sein Team in Field-Goal-Reichweite. Wenige Sekunden vor dem Ende der Partie standen die Vikings und Favre kurz davor, in den Super Bowl einzuziehen. Die Vikings hatten jedoch in aller Aufregung zwölf Spieler auf dem Platz, und durch die folgende Strafe war ein Field-Goal-Versuch keine Option mehr. Favre wollte im folgenden Spielzug zunächst selbst laufen, entschied sich dann aber für einen Pass – seinen letzten in einem Playoff-Spiel. Der Ball wurde von den Saints abgefangen. In der Verlängerung bekamen die Vikings den Ball nicht mehr zurück, und die Gastgeber zogen durch ein Field Goal ins Endspiel ein.

Brett Favre im Dress der Vikings

Nach diesem Drama wurde ab der Saison 2010 der Modus für Overtimes in der NFL so abgeändert, dass ein Field Goal nur dann zum Sieg reicht, wenn der Gegner (davor oder danach) mindestens einmal selbst in Ballbesitz gewesen ist.

In der Folgesaison trat Favre abermals an, aber der Traum von einem zweiten Super-Bowl-Titel blieb unerfüllt. Beim letzten Saisonspiel seiner Laufbahn saß Favre nur auf der Bank. Er litt an den Folgen einer Gehirnerschütterung. Am 17. Januar 2011 trat er endgültig zurück. „Es ist Zeit. Ich weiß, dass es Zeit ist. Das ist okay. Ich bereue nichts", sagte Favre zum Abschied.

Im August 2016 wurde Brett Favre in die Hall of Fame aufgenommen. Die Entscheidung darüber dauerte angeblich noch nicht einmal zehn Sekunden – derart einig waren sich die 46 Personen, die über die Aufnahme entschieden, dass Favre nach 20 Jahren NFL diese letzte Auszeichnung verdient hatte.

Geglücktes Ende

Die Denver Broncos ließen ihrem überraschenden Erfolg in der Saison 1997 ein Jahr später noch einen weiteren folgen. Das Team der Broncos war ein Kind der neuen Zeit – stärker noch als jenes der Packers. In den Startaufstellungen der Super Bowls gegen die Packers und die Atlanta Falcons (Saison 1998) standen in Abwehr wie Angriff je sieben Spieler, die seit 1993 als Free Agents oder über Tauschgeschäfte geholt worden waren. Insgesamt bestand der 53-Mann-Kader für den Super Bowl in San Diego gegen Green Bay aus nur noch 17 gedrafteten Spielern, aber 33 Free Agents und drei über Tauschgeschäfte geholten Akteuren (1997), und der Kader für Miami gegen Atlanta ein Jahr später aus 20 gedrafteten Spielern, 29 Free Agents und vier im Tausch geholten Spielern.

Terrell Davis

Allerdings kam der wichtigste Neuzugang in diesen Jahren, RB Terrell Davis, über die Draft (1995). Bis er die Broncos verstärkte, hatte deren Angriffsspiel immer darunter gelitten, dass es zu stark auf die Pässe von QB John Elway ausgerichtet war. Gerade auch deshalb waren die Broncos bei ihren vorherigen Super-Bowl-Auftritten trotz Elway (1986, 1988 und 1989) immer wieder kläglich gescheitert. Zudem neigte sich die Zeit, in der Elway das Team im Angriff allein „tragen" konnte, dem Ende zu. Beide gemeinsam konnten nun ein variableres und schwerer auszurechnendes Angriffsspiel aufziehen.

Davis, als ein erst in der sechsten Runde Geholter ein echtes Draft-Schnäppchen, avancierte schnell zu einem der besten Running Backs der Liga. 1996 führte er die AFC-Statistik für Lauf-

Yards an (1.538), 1997 erneut jene für Lauf-Yards (1.750) und die der Lauf-Touchdowns (15), 1998 dann gar die NFL-Gesamtstatistik in beiden Kategorien (2.008 Yards, 21 Touchdowns). Das Ergebnis war, dass die Broncos 1997 den nach Yards und erzielten Punkten besten Angriff der NFL stellten, 1998 den nach Yards drittbesten und nach erzielten Punkten zweitbesten und dass Elway 1998, in seiner letzten NFL-Saison, das höchste Passer Rating

seiner NFL-Karriere erzielte. „Wir haben ihm eine Unterstützung gegeben, die er nie zuvor hatte. Er hat jetzt einen großartigen Running Back neben sich. Er steht nicht mehr so sehr unter Druck, wie es in der Vergangenheit oft war", erklärte Offensive Coordinator Gary Kubiak, der als Spieler einst Elways Ersatzmann gewesen war.

John Elway –
Sieger im Super Bowl als Spieler ...

Auch im Super Bowl XXXIII in Miami kam das Team beim 34:19 nie wirklich in Bedrängnis. Die überforderte Abwehr der Falcons konnte Elway nicht stoppen, sodass die Broncos zur Halbzeit mit 17:6 führten. In der zweiten Halbzeit brachten sich die Falcons dann mit vier Ballverlusten selbst um jede Chance. Im Gegensatz zum letzten Endspiel war Elway fit, und mit 336 Yards, einen Pass-Touchdown und einem Lauf-Touchdown bei nur einer Interception wurde er im letzten Spiel seiner Laufbahn sogar noch einmal zum MVP gewählt.

Was nach den vorherigen Misserfolgen kaum noch jemand für möglich gehalten hatte, war doch noch eingetreten: Die Broncos hatten sich ihren Platz in der Super-Bowl-Geschichte gesichert. Seit dem Beginn der Super-Bowl-Ära war es bis zu diesem Zeitpunkt lediglich fünf Mannschaften gelungen, ihren Titel zu verteidigen: Green Bay 1966 und 1967, Miami 1972 und 1973, Pittsburgh 1974 und 1975 sowie 1978 und 1979, San Francisco 1988 und 1989 und Dallas 1992 und 1993. Denver gehörte nun ebenfalls dazu – 2003 und 2004 kam später New England noch hinzu.

Mit dem zweiten Super-Bowl-Erfolg war aber auch die Zeit der Broncos vorerst wieder vorbei. In der Saison 1999 rutschten sie mit einer 6-10-Bilanz ans Ende der Tabelle ihrer Division. Im Frühjahr 1999 war Elway im Alter von 38 Jahren zurückgetreten. In den folgenden zehn Spielzeiten nach dem Super-Bowl-Gewinn unter Head Coach Mike Shanahan erreichten die Broncos noch vier Mal die Playoffs. Drei Mal schieden sie bereits in der ersten Runde aus. 2005 erreichten sie das AFC-Championship-Spiel, mussten sich jedoch den Pittsburgh Steelers beugen.

Die siegreichen Steelers gewannen 2005 ihren ersten Super Bowl seit dem letzten Triumph im Jahre 1979. Nachdem die Broncos vor der Jahrtausendwende erfolgreich ihren Titel verteidigt hatten und dies auch den Patriots zu Beginn der Jahrtausendwende gelungen war, kam nach dem fünften Titel der Steelers reflexhaft die Frage auf, ob nun Pittsburgh an der Reihe wäre, an alte Erfolge anzuknüpfen. Die Steelers erreichten zwar drei Jahre später erneut das Finale und besiegten die Arizona Cardinals, aber jeweils in der Folgesaison nach ihren Super-Bowl-Erfolgen fünf und sechs verpasste das Team von Mike Tomlin in den Jahren 2006 und 2009 die Playoffs.

Erst 2011 setzte bei Denver wieder die große Wende ein, und diese war abermals verbunden mit John Elway. Im Frühjahr 2011 wurde Elway zum Executive Vice President of Football Operations der Broncos ernannt. Im selben Jahr wurde John Fox als Head Coach verpflichtet. Unter der Leitung von Fox gewannen die Broncos in den vier Folgejahren jeweils den Divisionstitel, und bereits in seinem ersten Jahr konnten sich die Broncos in der ersten Playoff-Runde gegen die Steelers für die sechs Jahre zuvor erlittene Niederlage im AFC-Championship-Spiel revanchieren. Allerdings wurden die Broncos im folgenden Playoff-Spiel von den Patriots mit 10:45 demontiert und schieden aus.

... und als General Manager

In der Folgesaison übernahm Elway auch die Geschäfte des General Managers. Es war ihm klar, dass das Ziel, einen dritten Titel nach Denver zu holen, mit Spielmacher Tim Tebow nicht zu erreichen war. Die Mängel des beliebten Tebow waren zu groß und zu offensichtlich. Eine glückliche Fügung ließ Elway fündig werden

und sorgte für den ersten Pauken-
schlag seiner neuen Karriere im
Management: Er verpflichtete die
lebende Legende Peyton Manning,
der bei den Broncons einen Fünf-
Jahres-Vertrag unterschrieb.
Überglücklich gab Elway zu Pro-
tokoll: „Mein Ziel ist es, Peyton
Manning zum besten Quarterback
aller Zeiten zu machen. Und der
einzige Weg dahin ist, mit ihm Titel zu gewinnen."

Titel waren ein wunder Punkt in
Mannings Karriere, der 2012 noch
immer zu einem der besten
Quarterbacks der Liga gehörte.
Manning hatte aus den
Indianapolis Colts, die ihn 1998

Peyton Manning

in der ersten Runde der Draft verpflichteten, einen Playoff-An-
wärter und später einen Super-Bowl-Aspiranten gemacht. In den
zwölf Folgejahren nach Mannings Rookie-Saison gewannen die
Colts unter seiner Führung acht Mal ihre Division.

Das Problem dabei war jedoch, dass diese Titel folgenlos blieben, weil die Colts in den Jahren 1999, 2003, 2004 und 2005 den
Einzug ins Endspiel und damit den Titel, von dem Elway bei der
Verkündung von Mannings Verpflichtung sprach, verpassten. 1999
und 2005 erfolgte das Aus bereits in der ersten Runde durch Niederlagen gegen Titans und Steelers. 2003 und 2004 fegten die
Colts die Broncos mit hohen Siegen (41:10 und 49:24) vom Platz,
scheiterten später aber jeweils an den New England Patriots –
2003 erst im Championship-Spiel und ein Jahr später bereits in
der zweiten Runde. Mannings Stigma lautete, er könne die großen Spiele nicht gewinnen und keine Titel holen, obwohl kein
Zweifel daran bestand, dass er ein großartiger Quarterback war,
was seine zahlreichen Rekorde und Auszeichnungen – 2003, 2004,
2008 und 2009 wurde er zum MVP der Liga gewählt – bewiesen.

Im Jahr 2006 gelang Manning endlich der ersehnte Triumph
und zugleich eine Revanche für die zuvor erlittenen Playoff-Nie-
derlagen gegen die Patriots unter der Führung von Tom Brady.
Die Colts schalteten in den ersten beiden Playoff-Spielen die Chiefs
und die Ravens aus und schlugen die Patriots im AFC-Championship-Spiel mit 38:34. Im Endspiel trafen sie auf die Chicago Bears,
die sie mit 29:17 besiegten.

Drei Jahre später, 2009, gelang die erneute Endspielteilnahme, aber die Colts verloren gegen die Saints mit 17:31, und in den Jahren 2007, 2008 und 2010 waren Manning und sein Team wieder nicht über die erste Playoff-Runde hinausgekommen. In all den Jahren, in denen Manning die Colts zum Divisionstitel trieb, war er von größeren Verletzungen verschont geblieben. Im September 2011 musste er sich jedoch einer Operation im Halswirbelbereich unterziehen, und fiel die gesamte Saison aus. Ohne Manning stürzten die Colts ab und errangen nur zwei Siege.

Im März 2012 kam sein Aus in Indianapolis. Bei einer Pressekonferenz, in der sowohl Team-Besitzer Jim Irsay als auch Manning selbst mit den Tränen kämpften, verkündete Irsay die Trennung. Manning sagte: „Zeiten ändern sich, die Gegebenheiten ändern sich." Manning und Irsay hätten sich im beiderseitigen Einvernehmen getrennt, hieß es, aber trotz aller sentimentalen Anwandlungen war offensichtlich, dass Irsay eine rationale geschäftliche Richtungsentscheidung zu treffen hatte. Hätte Manning 2012 für die Colts gespielt, wäre ein 28-Millionen-Dollar Bonus für ihn fällig geworden. Die Colts hingegen konnten mit dem ersten Draft Pick Andrew Luck verpflichten, den jungen Quarterback-Star von Stanford, dem eine glänzende NFL-Zukunft vorausgesagt wurde.

Als Irsay Manning wünschte, bei einem Team zu landen, das echte Ambitionen hätte, den Titel zu holen, da konnte der Team-Besitzer der Colts wohl noch nicht wissen, wie Recht er behalten sollte. Manning wusste bei seinem Einstand 2012 bei den Denver Broncos sofort zu überzeugen. Gleich in seinem ersten Spiel gegen die Steelers erreichte er durch seinen ersten Touchdown-Pass im Dress der Broncos einen ersten Meilenstein: Es war sein 400. Touchdown-Pass. Nur Dan Marino und Brett Favre hatten diese Marke vor ihm schon erreicht. Die Broncos gewannen den Titel der AFC West, und die Kritiker, die glaubten, Mannings Wurfarm wäre nicht mehr stark genug, waren vorerst verstummt.

Dass in den Playoffs abermals in der ersten Runde Endstation war, konnte trotz Mannings Vergangenheit getrost als Betriebsunfall ausgelegt werden, denn die Ravens profitierten eine Minute vor Schluss von einem Blackout von Denvers Passabwehr. Die Ravens retteten sich in die Verlängerung und gewannen. Manning schrieb seine Erfolgsgeschichte im Folgejahr weiter und spielte sich mit der Offense und seinen Receivern Demaryius Thomas, Eric Decker und Wes Welker in einen wahren Rausch. Bei der Revanche für das Playoff-Spiel gegen die Ravens warf Manning beim 49:27-Erfolg zum Saisonauftakt gegen Baltimore sieben Touchdown-Pässe. Am Ende der Saison hatte er sich mit 55 Touchdown-Pässen den alten Touchdown-Rekord von Tom Brady zurückgeholt und war nun auch alleiniger Rekordhalter für Raumgewinn durch Pässe in einer Saison (5.477 Yards). Für seine phänomenale Leistung wurde er zum fünften Mal in seiner Laufbahn als MVP ausgezeichnet – auch das ein Rekord.

Doch all die Rekorde und Auszeichnungen halfen nicht, als er mit seinem Team im Super Bowl auf die Seattle Seahawks traf. Im dritten Anlauf ging Manning zum zweiten Mal in Folge leer aus. Besonders die Höhe der 8:43-Niederlage und die Chancenlosigkeit der Broncos-Offense bestürzten Manning und Elway. Ein Umdenken setzte ein. In den zwei folgenden Jahren, 2014 und 2015,

konzentrierte sich Elway beim Umbau des Teams auf die Defense und unterstützte Manning mit den Running Backs Knoshown Moreno, Montee Ball, Ronnie Hillman und C.J. Anderson, die den Druck von ihm nehmen sollten. In den letzten Monaten der Saison 2014 schien sich das Angriffssystem unter dem neuen Offensive Coordinator Adam Gase zu wandeln – wohl auf Anraten von Elway. Die Broncos setzten verstärkt auf den Lauf.

2012 hatten die Broncos noch die zweitbeste Defense der Liga gestellt. Ein Jahr darauf war die Verteidigung aus Denver schlechter als der Ligadurchschnitt. Elway

DeMarcus Ware

handelte und verpflichtete 2014 mit Defensive End DeMarcus Ware und Cornerback Aqib Talib zwei absolute Top-Leute. Verstärkt würde die Passverteidigung zudem durch Safety T.J. Ward.

In der Saison 2014 ließ die Laufverteidigung durchschnittlich nur 3,4 Yards pro Lauf zu und avancierte zu einer der besten der Liga. Manning brach einen weiteren Rekord, als er im Oktober 2014 den 509. Touchdown-Pass warf und damit Brett Favre überflügelte. Doch wiederum stand Denver zu Beginn der Playoffs mit leeren Händen da: Ausgerechnet gegen Mannings altes Team, die Colts, und seinen Nachfolger dort, Andrew Luck, erlitten die Broncos eine 13:24-Niederlage und schieden abermals aus. Nun war endgültig von einer Wachablösung die Rede, aber bereits zu diesem Zeitpunkt war es längst unbestritten, dass den jungen, mobilen Quarterbacks wie Andrew Luck, Russell Wilson in Seattle oder Cam Newton in Carolina die Zukunft gehören würde.

Mit den Broncos hatte Manning nunmehr zwei Playoff-Spiele verloren und ein Endspiel. Die Zeit lief unerbittlich ab, und die Chancen standen schlecht, zumal Manning im Jahr 2015 nur noch ein Schatten seiner selbst war. Elway hatte mittlerweile seinen ehemaligen Weggefährten und alten Freund Gary Kubiak zum Head Coach ernannt, und die beiden konnten Wade Phillips überzeugen, den Posten des Defensive Coordinators zu übernehmen, den dieser Ende der 80er schon einmal bekleidet hatte. Das, so schien es, waren die fehlenden Puzzlestücke, denn Phillips verpasste der

Defense ein vereinfachtes System, und die Erfolge sprachen für ihn. Die Broncos starteten gut in die Saison. Mannings Probleme waren verletzungsbedingt. Erst später stellte sich heraus, dass er unter einer äußerst schmerzhaften Sehnenverletzung am Fuß gelitten hatte, die auch seine Wurftechnik beeinflusste. Zwar gelang es Manning noch, einen weiteren Rekord von Favre zu brechen (71.950 Yards Raumgewinn durch

Wade Phillips

Pässe), aber die 17 Interceptions, die ihm unterliefen, bei lediglich neun Touchdowns, sprachen eine deutliche Sprache. Im Verlauf der Saison wurde er gar von Ersatz-Quarterback Brock Osweiler abgelöst.

In Mannings Abwesenheit erreichten die Broncos unter Osweiler eine Bilanz von vier Siegen bei zwei Niederlagen. Im Saisonfinale gegen die Chargers verschuldete Osweiler jedoch zwei Interceptions und verlor einen weiteren Ball und wurde schließlich von Manning, der das Spiel nur als Ersatzmann begonnen hatte, ersetzt. In den Playoffs gegen die Steelers ließ Manning dann zum letzten Mal sein Können aufblitzen, als er nach einem Ballverlust der Steelers die einzige Angriffsserie der Broncos dirigierte, die in bester Manning- und Elway-Manier 65 Yards brachte und sieben Minuten verschlang.

Der Lohn war das AFC-Championship-Spiel gegen die Patriots und gegen Mannings alten Rivalen und Freund, Tom Brady. Insgesamt 17 Mal waren beide sich in Spielen begegnet. Elf Mal hatte Brady gewonnen, aber in den Duellen in den Playoffs war Manning - im Widerspruch zum Vorwurf, die großen Spiele nicht gewinnen zu können - auf der Höhe: In den Jahren 2006 und 2013 hieß der Sieger der AFC Championship jeweils Manning, und auch im dritten Anlauf und im letzten Aufeinandertreffen der beiden besten Quarterbacks seit der Jahrtausendwende ging Manning als Sieger vom Platz. Allerdings waren die Hauptakteure dabei - wie von Elway geplant und von Phillips umgesetzt - die Broncos-Verteidiger, allen voran Von Miller, Denvers Top-Draft-Pick des Jahres 2011,

Von Miller

DeMarcus Ware und Derek Wolfe, die weder Brady noch das Laufspiel der Patriots ins Spiel kommen ließen. Somit war es der besten Defense der NFL vorbehalten, den Broncos ein zweites Mal in drei Jahren den Super-Bowl-Einzug zu bescheren.

Dort gelang tatsächlich das, wovon Elway bei seinem Amtsantritt und bei der Verpflichtung von Manning ein Jahr später geträumt hatte: der ersehnte dritte Titel. 24:10 besiegten die Broncos die Panthers. Die Broncos-Defense kontrollierte den explosiven Angriff der Panthers, und passend zum Saisonverlauf und dem des Endspiels wurde mit Von Miller, der sechs Tackles und 2,5 Quarterback Sacks verzeichnete sowie zwei Fumbles erzwang, ein Verteidiger der Broncos zum MVP des Spiels gekürt. Im Juli 2016 machten die Broncos Miller zum vorerst höchstbezahlten Verteidiger in der NFL-Geschichte.

Peyton Manning

Manning gewann seinen zweiten Super Bowl und bedankte sich nach dem Spiel für die Chance, die er in Denver bekommen hatte. Das klang nach Abschied, und so kam es auch. Im März 2016 trat Manning zurück. „Ich habe mein Football-Rennen beendet, und nach 18 Jahren ist es Zeit." Zweifellos wird Manning fünf Jahre nach seinem Rücktritt auf Anhieb in die Hall of Fame gewählt werden. Elways Büste befindet sich dort bereits.

Eine neue Dynastie

Mit ihren Endspiel-Erfolgen in den Spielzeiten 2001, 2003 und 2004 waren die New England Patriots nach den Dallas Cowboys erst das zweite Team in der Geschichte der NFL, das seit 1966 drei Titel innerhalb von vier Jahren gewann. Verständlich, dass nach dem 24:21-Erfolg gegen die Philadelphia Eagles im Januar 2005 das Wort „Dynasty" bei Medien und Fans die Runde machte. Nur die Patriots selbst waren geradezu ängstlich darauf bedacht, ihre Dominanz herunterzuspielen – allen voran Head Coach Bill Belichick.

Die Pittsburgh Steelers mit ihren vier Titeln in den 70er Jahren (1974, 1975, 1978 und 1979) gelten als Dynastie, ebenso die San Francisco 49ers mit ihren vier Erfolgen in den 80er Jahren (1981, 1984, 1988 und 1989) plus dem Titelgewinn 1994. Acht Mal standen die Dallas Cowboys zwischen 1970 und 1995 im Super Bowl. Nur drei andere Teams können acht Endspiel-Teilnahmen vorweisen: die Pittsburgh Steelers, die Denver Broncos und die New England Patriots.

Den Erfolg der Patriots in den Jahren 2001 bis 2004 zu erklären, das fiel schwer, denn im Grunde waren die Patriots ein wandelnder Widerspruch. Die allgemeine Auffassung ist, dass es in Zeiten von Free Agency und Salary Cap mit der damit einhergehenden Spielerfluktuation keine über mehrere Jahre dominierenden Teams mehr geben könne. Trotzdem haben die Patriots in besagten Jahren etwas erreicht, was selbst die Top-Teams in den Zeiten monolithischer Kader nicht erreicht haben. Was daran zusätzlich überrascht: Die Patriots waren dabei immer eine eher biedere Mannschaft.

Sie spielten selten spektakulär, ihre Siege fielen ebenso selten deutlich aus, und der erste Super-Bowl-Triumph in der Saison 2001 hing an einem seidenen Faden. Weniger wegen des knappen Ausgangs des Finales gegen die St. Louis Rams (20:17 durch ein Field Goal Sekunden vor Spielende), als vielmehr wegen des glücklichen 16:13-Erfolges in den Divisional Playoffs gegen die Oakland Raiders, bei dem die Mannschaft von einer mehr als umstrittenen Entscheidung der Schiedsrichter profitierte. Tom Brady hatte knapp zwei Minuten vor Spielende bei einem Quarterback

Sack durch CB Charles Woodson den Ball verloren. Die Schiedsrichter entschieden zunächst – und wie es schien zu Recht – auf
Fumble, auch um sich die Möglichkeit offen zu halten, den umstrittenen Spielzug noch einmal per Instant Replay anzuschauen.
Zur allgemeinen Überraschung wurde die Entscheidung nach der
Überprüfung revidiert. Die Patriots blieben damit in Ballbesitz,
erzielten kurz darauf den Ausgleich (13:13) und gewannen dann
in der Verlängerung.

Die beiden nächsten Titel errangen die Patriots ebenfalls denk-
bar knapp mit einer Differenz von nur drei Punkten: gegen die
Carolina Panthers 2003 (32:29) und die Philadelphia Eagles 2004
(24:21). Als die Patriots zehn Jahre
nach ihrem letzten Erfolg beim
Spiel gegen Seattle in der Saison
2014 ihren vierten Titel gewannen, betrug die Differenz vier
Punkte (28:24), wobei der Ausgang noch viel knapper war, als
das Ergebnis vermuten ließ.

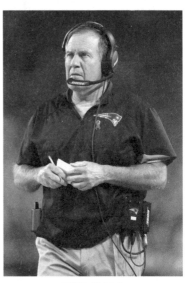

Die Patriots in den Jahren unter
Head Coach Belichick tragen –
überspitzt formuliert – Züge eines sozialistischen Kollektivs, in
dem Stars nicht erwünscht sind
und das verordnete System an
erster Stelle steht. Belichick wei-
gerte sich penetrant gegen Lob-
preisungen seiner Spieler. Die
Stärke dieses Ansatzes ist, dass

Bill Belichick

es bei den Patriots so gut wie kei-
ne Querelen gab. Fehler, die natürlich auch bei ihnen gemacht
wurden, führten nicht zu gegenseitigen Schuldzuweisungen. Vor
allem aber waren sie besser in der Lage als andere, Ausfälle auch
wichtiger Spieler zu verkraften.

Diese relativ große Austauschbarkeit der Spieler hatte zudem
noch einen weiteren Vorteil, den man bis jetzt vielleicht nicht genug
beachtet hat. Es ist generell in der NFL heute so, dass es angesichts
von Free Agency und Salary Cap schwer ist, eine Meistermannschaft
zusammenzuhalten. Die Patriots waren in diesem Punkt aber weniger gefährdet, da die Konkurrenz an den meisten ihrer Spieler
kein großes Interesse hatte. Und die wenigen wirklich heraus-
stechenden Akteure des „Kollektivs" wie Brady waren langfristig
an die Patriots gebunden.

Ein ganz zentraler Punkt für den Erfolg der Patriots ist Head Coach Bill Belichick, ein verschlossener, nach außen unterkühlt wirkender Analytiker, der, so wird über ihn erzählt, schon im Alter von zehn Jahren Football-Spiele in ihre einzelnen Situationen auseinander genommen hat. Nach dem Super-Bowl-Sieg gegen Carolina wurde einmal geschrieben, er sei der Erste, der verstanden habe, worauf es im Chaos, das Free Agency und Salary Cap geschaffen hätten, ankommt. Nämlich weniger auf namhafte Spieler als vielmehr auf die sie umgebende Masse der übrigen Spieler zu achten. Dieses sind oft Spieler, die gemeinhin übersehen werden, aber durchaus in der Lage sind, Lücken zu schließen, wenn Stammspieler ausfallen. Dazu kommen ein großes Augenmerk auf sehr gute Coaches sowie eine hohe Beständigkeit im Trainerstab.

Die Auswirkungen konnte man in der Saison 2001 sehr gut an der Quarterback-Situation sehen. Als sich der langjährige Spielmacher Drew Bledsoe zu Saisonbeginn verletzte, sprang Brady ein, ein Quarterback im zweiten NFL-Jahr, der bis dahin in der NFL ganze drei Pässe geworfen hatte, und spielte besser als Bledsoe in den Jahren zuvor. Brady entwickelte sich in den folgenden Jahren zu einem der besten Quarterbacks der NFL und erwies sich als der ideale Mann für Belichicks Philosophie. Er wollte kein Star sein, funktionierte im Rahmen des Systems und blieb auf dem Feld in brenzligen Situationen ebenso cool wie sein Head Coach an der Seitenlinie.

Tom Brady

Belichick selbst beschrieb seine Philosophie, bei der, auf eine griffige Formel gebracht, der individuelle Ruhm dem Erfolg des Teams untergeordnet, um nicht zu sagen geopfert wird, einmal so: „Es geht nicht darum, Talent anzuhäufen, sondern darum, eine Mannschaft zu formen. Darum geht es in diesem Geschäft."

Da erfolgreiche Systeme oder Philosophien immer von anderen kopiert werden, versuchen inzwischen auch andere Teams, einen dem der Patriots vergleichbaren Weg einzuschlagen. Sie wollen ebenso den Sprung zum Super-Bowl-Kandidaten nicht über den „wilden" Einkauf teurer Free

Agents quasi über Nacht erzwingen, sondern gezielt und kontinuierlich einen möglichst homogenen Kader aufbauen, der nur hier und da durch große Namen ergänzt wird. Die beiden Super-Bowl-Teilnehmer der Saison 2005, Pittsburgh und Seattle, versuchten eine ähnliche Strategie umzusetzen – und das durchaus sehr erfolgreich. Die Steelers, die seit jeher eine eher bodenständige Gehalts- und Einkaufspolitik betreiben, sicherten sich 2008 ihren sechsten Titel und stellten damit einen neuen NFL-Rekord auf. Die Seahawks gewannen 2013 zum ersten Mal den Super Bowl und scheiterten im Jahr darauf ausgerechnet an den New England Patriots in einem Herzschlagfinale, das in die Geschichte einging.

Super Bowl XLIX war eine spannende Partie zweier gleichwertiger Teams. Fünf Minuten vor Ende des dritten Viertels war Seattle mit 24:14 in Führung gegangen. Doch zu Beginn des Schlussviertels ging noch einmal ein Ruck durch die Mannschaft von Brady, und diesem gelang es mit einem Touchdown-Pass auf Danny Amendola den 21:24-Anschluss herzustellen. In der entscheidenden Phase war Brady voll auf der Höhe. Nach seinem dritten Touchdown-Pass, einem kurzen Zuspiel auf Julian Edelman, gingen die Patriots mit 28:24 in Führung – und gaben diese nicht mehr ab. Sekunden vor Schluss konnte CB Malcolm Butler einen Pass von Seahawks-QB Russell Wilson abfangen – ein Yard vor New Englands Endzone. Die Patriots gewannen nach 2001, 2003 und 2004 zum vierten Mal den Super Bowl, Brady wurde zum drit-

Die Entscheidung im Super Bowl XLIX – Interception durch Malcolm Butler

ten Mal als MVP des Spiels ausgezeichnet, wodurch er zu seinem Idol, Joe Montana von den 49ers, aufschloss, der zu seiner Blütezeit ebenfalls vier Titel und drei MVP-Auszeichnungen errungen hatte.

Unabhängig davon, wie lange Brady noch spielen wird, die zwei Endspielniederlagen gegen die Giants der Spielzeiten 2007 und 2011 werden ihn ebenso für den Rest seines Lebens begleiten wie all die Auszeichnungen und Titel, die er erreichte. Besonders die Niederlage im Februar 2008 im Super Bowl XLII wird ihm wohl ewig in Erinnerung bleiben – und nicht nur ihm. Die Patriots hatten als erst zweites Team der NFL-Geschichte alle Spiele der regulären Saison gewonnen. Den Miami Dolphins war dies 1972 zum ersten Mal gelungen. Damals gewannen diese 14 Saisonspiele, bei den Patriots waren es nun sogar 16.

David Tyree

Die Patriots hatten im letzten Viertel bei zweieinhalb Minuten verbleibender Spielzeit mit 14:10 in Führung gelegen. Die Giants standen tief in ihrer eigenen Hälfte und die Patriots kurz vor der Unsterblichkeit. Stattdessen aber ging das Zuspiel von QB Eli Manning auf WR David Tyree in die Geschichte ein. Manning hatte sich im Stile eines Houdini aus der Umklammerung mehrerer Patriots-Verteidiger befreit und warf mit dem Mute der Verzweiflung einen Pass auf Tyree, der beim Fangen von Safety Rodney Harrison attackiert wurde, woraufhin Tyree den Ball nur noch mit einer Hand sichern konnte, indem er ihn gegen seinen Helm presste. Harrison und Tyree fielen zu Boden, aber der Ball blieb in Tyrees Besitz.

Eine Minute war noch zu spielen, und die Giants erzielten schließlich wenig später den entscheidenden Touchdown, der ihnen das 17:14 und damit den nicht mehr für möglich gehaltenen Sieg bescherte. Schlimmer war aus Bradys Sicht wohl nur das Jahr 2008, als er aufgrund einer Knieverletzung, die er sich im Spiel gegen die Chiefs zugezogen hatte, die gesamte Saison ausfiel. Im Jahr zuvor hatte Brady noch eine der besten Leistungen seiner Laufbahn gezeigt und mit 50 Touchdown-Pässen den alten Rekord von Peyton Manning (49) übertroffen, den dieser 2004 aufgestellt hatte.

Vom altersbedingten Verschleiß ist der 39-jährige Brady auf wundersame Weise bislang verschont geblieben. Was auf den ersten Blick wie ein Segen wirkt, ist in Wahrheit Teil der unermüdlichen Arbeitsethik geschuldet, die Brady auszeichnet. Seit Jahren arbeitet Brady - abgesehen von seinem Wurf-Trainer, mit dem er seine Technik auch nach all den Jahren noch verfeinert - mit einem Trainer und Berater zusammen, der nicht Teil der Patriots-Organisation ist und der sich um seine Ernährung, seine Regeneration, sein Training, kurzum um alle Dinge kümmert, die Brady gesund halten sollen.

In den letzten Jahren blieb er von Verletzungen verschont, aber diese Zeit war nicht frei von Rückschlagen. Brady, der von sich selbst einmal sagte, er würde zurücktreten, wenn er seine Leistung nicht mehr bringen könne, erlebte Ende September der Saison 2014 beim 14:41 gegen die Chiefs einen rabenschwarzen Tag. Nachdem Brady im Schlussviertel eine Interception verschuldete, die zum 7:41 führte, wurde er ausgewechselt und musste für Ersatzmann Jimmy Garoppolo das Feld räumen.

Alle, die zu diesem Zeitpunkt Brady abgeschrieben hatten und für die eine Wachablösung in New England bereits beschlossene Sache war, wurden eine Woche später eines Besseren belehrt, als Brady mit seiner Leistung maßgeblich zur 43:17-Demontage der Bengals beitrug. Im weiteren Saisonverlauf war Bradys kurzfristige Verbannung auf die Bank nur noch eine Fußnote wert.

Der vorerst letzte Tiefpunkt von Bradys Karriere erfolgte ausgerechnet am Ende der Saison 2014 beziehungsweise im Anschluss an den 45:7-Sieg im Championship-Spiel gegen die Colts, der Brady seine sechste Super-Bowl-Teilnahme bescherte. Er hatte mit seinen Pässen über 300 Yards Raumgewinn erzielt und zwei Touchdowns, aber das Thema, das in der Folgezeit die Schlagzeilen beherrschte, waren die Bälle, die die Patriots in diesem Spiel gegen die Colts verwendet hatten und deren zu niedriger Luftdruck.

Die sich über Monate hinziehende Untersuchung der NFL und all die Querelen, die damit einhergingen, gingen unter der Bezeichung „Deflategate" als weiteres unrühmliches Kapitel in die Geschichte der Patriots ein. Schließlich waren die Patriots schon einmal im Jahre 2007 für Unregelmäßigkeiten von der NFL bestraft worden, als sie beim Spiel gegen die Jets die Signale der Coaches der gegnerischen Verteidigung per Videokamera aufnahmen – und zwar von deren Seitenlinie aus, was verboten war. Der Vorgang und die anschließende Strafe, die NFL Commissioner Roger Goodell gegen die Patriots aussprach, wurde als „Spygate" bekannt.

Beim „Deflategate" blieben die Fronten lange Zeit verhärtet. Die Sperre von vier Spielen, die Goodell gegen Brady verhängt hatte, wurde von diesem erfolgreich vor Gericht angefochten. Erst im Sommer 2016 kam wieder Bewegung in den Streit der beiden Parteien, und schließlich wurde die Sperre bestätigt. Brady musste tatsächlich die ersten vier Saisonspiele 2016 aussetzen und wurde zu Saisonbeginn von Nachwuchs-Quarterbacks vertreten. Diese überzeugten, und immer, wenn sie für ihre Leistung gelobt wurden, fiel im selben Atemzug die Einschätzung, sie wären Spieler, die zuerst ans Team denken würden und sich selbst nicht zu wichtig nähmen. Genau das, was Head Coach Bill Belichick seit Jahren predigt und vor allem erfolgreich praktiziert: Der Star ist die Mannschaft. Und das könnte tatsächlich die Formel sein, mit der die Patriots noch viele Jahre die NFL dominieren werden – mit oder ohne Brady.

Die Anwärter von morgen

Dass Super-Bowl-Teilnehmer in der Folgesaison nicht einmal die Playoffs erreichten, war früher eine Ausnahme, in der Zeit seit der Jahrtausendwende kam es häufiger vor. Trauriger Höhepunkt war die Saison 2003, als beide Finalisten von 2002, Tampa Bay und Oakland, die Playoffs verpassten. Ähnliches wiederholte sich beim Super-Bowl-Verlierer zwei Jahre später (2000), den New York Giants.

Schnell nach oben kamen auch die St. Louis Rams, die sich in der Saison 1999 mit 13 Siegen bei nur drei Niederlagen zum Top-Team der NFC aufschwangen. Der Sieg im Super Bowl XXXIV war dann schon als fast folgerichtig zu bezeichnen. In Atlanta bezwangen sie nach harter Gegenwehr die Tennessee Titans mit 23:16.

Kurt Warner

Ihr Aufstieg kam völlig überraschend, und ausgerechnet eine schwere Verletzung ihres designierten Stamm-Quarterbacks sorgte für eine der größten „Cinderella Storys" der NFL-Geschichte. Eigentlich hätte Trent Green das Angriffsspiel beleben sollen, aber in der Vorbereitung verletzte er sich schwer am Knie. Sein Ersatzmann war Kurt Warner, der 1994 nicht gedraftet wurde, dann aber als Free Agent von den Green Bay Packers einen Vertrag bekam, ehe er wieder entlassen wurde. Ende 1997 nahmen die Rams Warner unter Vertrag und schickten ihn im Frühjahr 1998 in die NFL Europe. Bei den Amsterdam Admirals deutete er mit den meisten Pass-Yards (2.101), den meisten Touchdown-Pässen (15) und dem zweitbesten Passer Rating sein Können an.

Nach Greens Verletzung lieferte Warner 1999 dann eine der besten Saisonleistungen eines Quarterbacks in der NFL-Geschichte. Er erreichte das fünfbeste Saison-Passer-Rating aller Zeiten (109,2) und warf 41 Touchdown-Pässe. Am Ende führten die Rams die NFL-Statistiken in Total Offense, Passing Offense und Scoring Offense an und gewannen 13 Spiele. Fortan sprach alle Welt von der „Greatest Show on Turf".

Als kluger Schachzug entpuppte sich die Entscheidung von Head Coach Dick Vermeil, die Leitung des Angriffs in die Hände von Mike Martz zu legen, der vom Quarterbacks Coach zum Offensive Coordinator befördert wurde. Das Potenzial war vorhanden, doch 2000 misslang der Finaleinzug, obwohl die Rams unter Mike Martz, der Dick Vermeil als Head Coach abgelöst hatte, im Angriff weiterhin das Maß aller Dinge waren: 540 Punkte (durchschnittlich 33,7 Punkte pro Spiel) erzielte die Offense. In den Playoffs scheiterten die Rams in der ersten Runde an den New Orleans Saints.

Ein Jahr später waren die Rams wieder ganz vorn dabei. Wesentlich trug dazu ein vollständig genesener Kurt Warner bei, der zum Saisonende als MVP der Liga ausgezeichnet wurde. Damit stellten die Rams in den drei Jahren von 1999 bis 2001 drei Mal in Folge den besten Spieler der NFL. Ein zusätzlicher wichtiger Schritt war die Verpflichtung von Lovie Smith als neuem Defensive Coordinator. Unter seiner Führung beendete die Abwehr die Saison als drittbeste der NFL. Die Rams erreichten die beste Regular-Season-Bilanz (14-2) und zogen erneut in den Super Bowl ein.

Der entscheidende Kick ist gut –
Jubel bei Adam Vinatieri

Dort lief es, anders als zwei Jahre zuvor, nicht so glücklich wie erhofft. Gegen die New England Patriots, die eher überraschend im Finale standen, geriet man kurz vor Ende des dritten Viertels mit 3:17 in Rückstand. Doch im letzten Viertel konnte die Rams eineinhalb Minuten vor Schluss zum 17:17 ausgleichen. Das letzte Play des Spiels machte jedoch alle Hoffnungen der Rams zunichte – Patriots-Kicker Adam Vinatieri verwandelte ein 48-Yard-Field-Goal souverän.

Wie stark die Ausgeglichenheit in der NFC seit der Jahrtausendwende war, belegen folgende Zahlen: In 16 Jahren zogen elf verschiedene Teams ins Endspiel ein. Nur die New York Giants und die Seattle Seahawks waren in diesem Zeitraum je drei Mal im Super Bowl vertreten. Den Giants gelang es, zwei Spiele gegen den Vertreter der AFC, beide Male die Patriots, zu gewinnen, und Seattle gewann im Jahre 2013 ein Mal gegen Denver und verlor 2005 gegen Pittsburgh und 2014 gegen die Patriots.

Von allen anderen NFC-Teams, die den Sprung ins Endspiel schafften, waren lediglich die Carolina Panthers zwei Mal dort vertreten, 2003 und 2015. 2003 verloren sie gegen die Patriots, und 2015 unterlagen sie den Broncos.

Allen anderen Endspielteilnehmern der NFC blieb bislang ein weiterer Super Bowl verwehrt. Von diesen acht Teams verfügen die Arizona Cardinals, die 2008 Pittsburgh unterlagen, und die Green Bay Packers, die 2010 Pittsburgh bezwangen, wohl über das größte Potenzial, in den kommenden Jahren bei der Vergabe des Titels als Kandidaten genannt zu werden. Somit ergibt sich zusammen mit den Panthers und den Seahawks ein Erfolgs-Quartett, das durchaus in der Lage sein könnte, die Dominanz der Patriots zu brechen. Alle vier Teams werden von Quarterbacks geführt, die sich in den letzten Jahren einen Namen gemacht haben. Während bei Palmer von den Cardinals mit 36 Jahren ein Karriereende abzusehen ist, befindet sich Rodgers mit 32 Jahren noch im besten Quarterback-Alter.

Russell Wilson

Doch gemessen an der Leistung der letzten Jahre könnte die Zukunft weder Palmer noch Rodgers gehören. Die „New Kids on the Block" in der NFC sind Russell Wilson von den Seahawks und Cam Newton von den Panthers. Beide sind erst 27 Jahre alt. Newton wurde mit Ablauf der regulären Saison 2015 zum MVP gewählt. Gegen die Übermacht der Broncos-Abwehr im Super Bowl 50 schien jedoch selbst er machtlos. Es bleibt abzuwarten, wie sich Newton, dem die Panthers einen neuen Vertrag gaben und der mit seiner Größe, seiner Kraft und Schnelligkeit in der Liga eine Klasse für sich ist, als Führungsspieler entwickelt.

Wilson wirkte verglichen mit Newton in den großen Spielen schon weitaus gefestigter, obwohl auch er schon in den ersten vier Jahren seiner NFL-Laufbahn einiges an Rückschlägen einstecken musste. Nach dem ersten Super-Bowl-Triumph in der Saison 2014, als Seattle Denver klar dominierte, erreichte Seattle unter Wilsons Führung das Championship-Spiel gegen die Packers. In der ersten Halbzeit warf er drei Interceptions, und zur Halbzeit lag Seattle mit 0:16 zurück. Als Wilson in der zweiten Hälfte eine weitere Interception verschuldete und die Packers fünf Minuten vor Schluss mit 19:7 führten, schien das Spiel gelaufen. Doch Seattle glich überraschend aus, und in der Verlängerung warf Wilson den entscheidenden Pass, der seinem Team die zweite Super-Bowl-Teilnahme in Folge bescherte.

Im Finale gegen die Patriots musste Wilson das nächste Missgeschick verkraften. Der Ausgang des Endspiels war aus seiner Sicht fast schon tragisch. Zwei Minuten vor Ende des Spiels führten die Patriots mit vier Punkten. Ein Touchdown hätte den Seahawks die Titelverteidigung beschert. Wilson führte sein Team Sekunden vor Schluss bis an die 1-Yard-Linie der Patriots. Alle Welt schien mit einem Lauf von RB Marshawn Lynch zu rechnen, doch Offensive Coordinator Darrell Bevell entschied sich für einen Pass, der für Ricardo Lockette gedacht war. CB Malcolm Butler ging dazwischen und fing den Ball ab. Die Patriots gewannen das Spiel.

Es spricht für Wilson und seine mentale Stärke, dass er 2015 ohne Nachwirkungen dort weitermachte, wo er in der Saison davor begonnen hatte. Er stellte einige Team-Rekorde auf und schien in bester Verfassung, Seattle zum dritten Super Bowl in Folge zu führen. Im Playoff-Duell gegen die Panthers revanchierten sich diese jedoch für die 17:31-Playoff-Niederlage des Vorjahres. Zur Halbzeit lag Carolina, angeführt von Cam Newton, bereits mit 31:0 in Front. Doch wie schon beim Spiel gegen die Packers im Vorjahr gab sich Wilson nicht geschlagen und brachte sein Team bis auf sieben Punkte heran (24:31).

Beide Spielmacher werden sich wohl – so wie es bei Tom Brady und Peyton Manning insgesamt 17 Mal der Fall war – in den kommenden Jahren vielleicht öfter in den Playoffs wieder begegnen. Beide bereichern die Liga besonders auch mit ihrer Athletik und Mobilität und schicken sich an, die legitimen Nachfolger von Aikman, Elway, Favre, Manning und Brady zu werden.

Tabellen und Playoff-Spiele

1920 – 2015

1920

	S	N	U	Pct.	EP	GP
Akron Pros	8	0	3	1.000	151	7
Decator Staleys	10	1	2	.909	164	21
Buffalo All-Americans	9	1	1	.900	258	32
Racine Cardinals	6	2	2	.750	115	43
Rock Island Independents	6	2	2	.750	201	49
Dayton Triangels	5	2	2	.714	150	54
Rochester Jeffersons	6	3	2	.667	156	57
Canton Bulldogs	7	4	2	.636	208	57
Detroit Heralds	2	3	3	.400	53	82
Cleveland Tigers	2	4	2	.333	28	46
Chicago Tigers	2	5	1	.286	49	63
Hammond Pros	2	5	0	.286	31	154
Columbus Panhandles	2	6	2	.250	41	121
Muncie Flyers	0	1	0	.000	0	45

1921

	S	N	U	Pct.	EP	GP
Chicago Staleys	9	1	1	.900	128	53
Buffalo All-Americans	9	1	2	.900	211	29
Akron Pros	8	3	1	.727	148	31
Canton Bulldogs	5	2	3	.714	106	55
Rock Island Independents	4	2	1	.667	65	30
Green Bay Packers	3	2	1	.600	70	55
Evansville Crimson Giants	3	2	0	.600	89	46
Dayton Triangles	4	4	1	.500	96	67
Chicago Cardinals	3	3	2	.500	54	53
Rochester Jeffersons	2	3	0	.400	85	76
Cleveland Tigers	3	5	0	.375	95	58
Washington Senators	1	2	0	.333	21	43
Hammond Pros	1	3	1	.250	17	45
Minneapolis Marines	1	3	0	.250	37	41
Cincinnati Celts	1	3	0	.250	14	117
Detroit Tigers	1	5	1	.167	19	109
Columbos Panhandles	1	8	0	.111	47	222
Tonawanda Kardex	0	1	0	.000	0	45
Louisville Brecks	0	2	0	.000	0	27
Muncis Flyers	0	2	0	.000	0	28
N.Y. Brickley´s Giants	0	2	0	.000	0	72

1922

	S	N	U	Pct.	EP	GP
Canton Bulldogs	10	0	2	1.000	184	15
Chicago Bears	9	3	0	.750	123	44
Chicago Cardinals	8	3	0	.727	96	50
Toledo Maroons	5	2	2	.714	94	59
RockIsland Independents	4	2	1	.667	154	27
Racine Legion	6	4	1	.600	122	56
Dayton Triangles	4	3	1	.571	80	62
Green Bay Packers	4	3	3	.571	70	54
Buffalo All-Americans	5	4	1	.556	87	41
Akron Pros	3	5	2	.375	146	95
Milwaukee Badgers	2	4	3	.333	52	71
Oorang Indians	3	6	0	.333	69	190
Minneapolis Marines	1	3	0	.250	19	40
Louisville Brecks	1	3	0	.250	13	140
Rochester Jeffersons	0	4	1	.000	13	76
Hammond Pros	0	5	1	.000	0	69
Evansville Crimson Giants	0	3	0	.000	6	88
Columbus Panhandles	0	8	0	.000	24	174

1923

	S	N	U	Pct.	EP	GP
Canton Bulldogs	11	0	1	1.000	246	19
Chicago Bears	9	2	1	.818	130	42
Green Bay Packers	7	2	1	.778	85	34
Milwaukee Badgers	7	2	4	.778	107	56
Cleveland Indians	3	1	3	.750	52	49
Chicago Cardinals	8	4	0	.667	161	56
Duluth Kelleys	4	3	0	.571	35	33
Columbus Tigers	5	4	1	.556	119	35
Buffalo All-Americans	5	4	3	.556	94	43
Racine Legion	4	4	2	.500	86	76
Toledo Maroons	3	3	2	.500	41	66
Rock Island Independents	2	3	3	.400	41	81
Minneapolis Marines	2	5	2	.286	48	81
St. Louis All-Stars	1	4	2	.200	14	39
Hammond Pros	1	5	1	.167	14	59
Dayton Triangles	1	6	1	.143	16	95
Akron Pros	1	6	0	.143	25	74
Oorang Indians	1	10	0	.091	50	257
Louisville Brecks	0	3	0	.000	0	90
Rochester Jeffersons	0	4	0	.000	6	141

Erläuterung:
S = Siege / N = Niederlagen / U = Unentschieden
Pct. = „Percentage", Anzahl der Siege im Verhältnis zu den Spielen, in den frühen Jahren der NFL wurden bei der Ermittlung dieses Wertes unentschiedene Spiele nicht berücksichtigt, in der modernen NFL werden sie als „halbe Siege" einbezogen;
EP = eigene Punkte / GP = gegnerische Punkte / * = Wild Card Teams

1924

	S	N	U	Pct.	EP	GP
Cleveland Bulldogs	7	1	1	.875	229	60
Chicago Bears	6	1	4	.857	136	55
Frankford Yellow Jackets	11	2	1	.846	109	23
Duluth Kelleys	5	1	0	.833	56	16
Rock Island Independents	5	2	2	.714	88	38
Green Bay Packers	7	4	0	.636	108	38
Racine Legion	4	3	3	.571	69	47
Chicago Cardinals	5	4	1	.556	90	67
Buffalo Bisons	6	5	0	.545	120	140
Columbus Tigers	4	4	0	.500	91	68
Hammond Pros	2	2	1	.500	18	45
Milwaukee Badgers	5	8	0	.385	142	188
Akron Pros	2	6	0	.250	59	132
Dayton Triangles	2	6	0	.250	45	148
Kansas City Blues	2	7	0	.222	46	124
Kenosha Maroons	0	4	1	.000	12	117
Minneapolis Marines	0	6	0	.000	14	108
Rochester Jeffersons	0	7	0	.000	71	56

1925

	S	N	U	Pct.	EP	GP
Chicago Cardinals	11	2	1	.846	230	65
Pottsville Maroons	10	2	0	.833	270	45
Detroit Panthers	8	2	2	.800	129	39
New York Giants	8	4	0	.667	122	67
Akron Pros	4	2	2	.667	65	51
Frankford Yellow Jackets	13	7	0	.650	190	169
Chicago Bears	9	5	3	.643	158	96
Rock Island Independents	5	3	3	.625	99	58
Green Bay Packers	8	5	0	.615	151	110
Providence Steam Roller	6	5	1	.545	111	101
Canton Bulldogs	4	4	0	.500	50	73
Cleveland Bulldogs	5	8	1	.385	75	135
Kansas City Cowboys	2	5	1	.286	65	97
Hammond Pros	1	4	0	.200	23	87
Buffalo Bisons	1	6	2	.143	33	113
Duluth Kelleys	0	3	0	.000	6	25
Rochester Jeffersons	0	6	1	.000	26	111
Milwaukee Badgers	0	6	0	.000	7	191
Dayton Triangles	0	7	1	.000	3	84
Columbus Tigers	0	9	0	.000	28	124

1926

	S	N	U	Pct.	EP	GP
Frankford Yellow Jackets	14	1	2	.933	236	49
Chicago Bears	12	1	3	.923	216	63
Pottsville Maroons	10	2	2	.833	155	29
Kansas City Cowboys	8	3	0	.727	76	53
Green Bay Packers	7	3	3	.700	151	61
Los Angeles Buccaneers	6	3	1	.667	67	57
New York Giants	8	4	1	.667	147	51
Duluth Eskimos	6	5	3	.545	113	81
Buffalo Rangers	4	4	2	.500	53	62
Chicago Cardinals	5	6	1	.455	74	98
Providence Steam Roller	5	7	1	.417	99	103
Detroit Panthers	4	6	2	.400	107	60
Hartford Blues	3	7	0	.300	57	99
Brooklyn Lions	3	8	0	.273	60	150
Milwaukee Badgers	2	7	0	.222	41	66
Akron Indians	1	4	3	.200	23	89
Dayton Triangles	1	4	1	.200	15	82
Racine Tornadoes	1	4	0	.200	8	92
Columbus Tigers	1	6	0	.143	26	93
Canton Bulldogs	1	9	3	.100	46	161
Hammond Pros	0	4	0	.000	3	56
Louisville Colonels	0	4	0	.000	0	108

1927

	S	N	U	Pct.	EP	GP
New York Giants	11	1	1	.917	197	20
Green Bay Packers	7	2	1	.778	113	43
Chicago Bears	9	3	2	.750	149	98
Cleveland Bulldogs	8	4	1	.667	209	107
Providence Steam Roller	8	5	1	.615	105	88
New York Yankees	7	8	1	.467	142	174
Frankford Yellow Jackets	6	9	3	.400	152	166
Pottsville Maroons	5	8	0	.385	80	163
Chicago Cardinals	3	7	1	.300	69	134
Dayton Triangles	1	6	1	.143	15	57
Duluth Eskimos	1	8	0	.111	68	134
Buffalo Bisons	0	5	0	.000	8	123

1928

	S	N	U	Pct.	EP	GP
Providence Steam Roller	8	1	2	.889	128	42
Frankford Yellow Jackets	11	3	2	.786	175	84
Detroit Wolverines	7	2	1	.778	189	76
Green Bay Packers	6	4	3	.600	120	92
Chicago Bears	7	5	1	.583	182	85
New York Giants	4	7	2	.364	79	136
New York Yankees	4	8	1	.333	103	179
Pottsville Maroons	2	8	0	.200	74	134
Chicago Cardinals	1	5	0	.167	7	107
Dayton Triangles	0	7	0	.000	9	131

1929

	S	N	U	Pct.	EP	GP
Green Bay Packers	12	0	1	1.000	198	22
New York Giants	13	1	1	.929	312	86
Frankford Yellow Jackets	10	4	5	.714	139	128
Chicago Cardinals	6	6	1	.500	154	83
Boston Bulldogs	4	4	0	.500	98	73
Staten Island Stapletons	3	4	3	.429	89	65
Providence Steam Roller	4	6	2	.400	107	117
Orange Tornadoes	3	5	4	.375	35	90
Chicago Bears	4	9	2	.308	119	227
Buffalo Bisons	1	7	1	.125	48	142
Minneapolis Redjackets	1	9	0	.100	48	185
Dayton Triangles	0	6	0	.000	7	136

1930

	S	N	U	Pct.	EP	GP
Green Bay Packers	10	3	1	.769	234	111
New York Giants	13	4	0	.765	308	98
Chicago Bears	9	4	1	.692	169	71
Brooklyn Dodgers	7	4	1	.636	154	59
Providence Steam Roller	6	4	1	.600	90	125
Staten Island Stapletons	5	5	2	.500	95	112
Chicago Cardinals	5	6	2	.455	128	132
Portsmouth Spartans	5	6	3	.455	176	161
Frankford Yellow Jackets	4	13	1	.235	116	321
Minneapolis Redjackets	1	7	1	.125	27	165
Newark Tornadoes	1	10	1	.091	51	190

1931

	S	N	U	Pct.	EP	GP
Green Bay Packers	12	2	0	.857	291	87
Portsmouth Spartans	11	3	0	.786	175	77
Chicago Bears	8	5	0	.615	145	92
Chicago Cardinals	5	4	0	.556	120	128
New York Giants	7	6	1	.538	154	100
Providence Steam Roller	4	4	3	.500	78	127
Staten Island Stapletons	4	6	1	.400	79	118
Cleveland Indians	2	8	0	.200	45	137
Brooklyn Dodgers	2	12	0	.143	64	199
Frankford Yellow Jackets	1	6	1	.143	13	99

1932

	S	N	U	Pct.	EP	GP
Chicago Bears	7	1	6	.875	160	44
Green Bay Packers	10	3	1	.769	152	63
Portsmouth Spartans	6	2	4	.750	116	71
Boston Braves	4	4	2	.500	55	79
New York Giants	4	6	2	.400	93	113
Brooklyn Dodgers	3	9	0	.250	63	131
Chicago Cardinals	2	6	2	.250	72	114
Staten Island Stapletons	2	7	3	.222	77	143

1933

NFL East	S	N	U	Pct.	EP	GP
New York Giants	11	3	0	.786	244	101
Brooklyn Dodgers	5	4	1	.556	93	54
Boston Redskins	5	5	2	.500	103	97
Philadelphia Eagles	3	5	1	.375	77	158
Pittsburgh Pirates	3	6	2	.333	67	208

NFL West	S	N	U	Pct.	EP	GP
Chicago Bears	10	2	1	.833	133	82
Portsmouth Spartans	6	5	0	.545	128	87
Green Bay Packers	5	7	1	.417	170	107
Cincinnati Reds	3	6	1	.333	38	110
Chicago Cardinals	1	9	1	.100	52	101

NFL Championship:
Chicago Bears - New York Giants 23:21

1934

NFL East	S	N	U	Pct.	EP	GP
New York Giants	8	5	0	.615	147	107
Boston Redskins	6	6	0	.500	107	94
Brooklyn Dodgers	4	7	0	.364	61	153
Philadelphia Eagles	4	7	0	.364	127	85
Pittsburgh Pirates	2	10	0	.167	51	206

NFL West	S	N	U	Pct.	EP	GP
Chicago Bears	13	0	0	1.000	286	86
Detroit Lions	10	3	0	.769	238	59
Green Bay Packers	7	6	0	.538	156	112
Chicago Cardinals	5	6	0	.455	80	84
Cincinnati Reds	0	8	0	.000	102	43
St. Louis Gunners	1	2	0	.333	27	61

NFL Championshp:
New York Giants - Chicago Bears 30:13

1935

NFL East	S	N	U	Pct.	EP	GP
New York Giants	9	3	0	.750	180	96
Brooklyn Dodgers	5	6	1	.455	90	141
Pittsburgh Pirates	4	8	0	.333	100	209
Boston Redskins	2	8	1	.200	65	123
Philadelphia Eagles	2	9	0	.182	60	179

NFL West	S	N	U	Pct.	EP	GP
Detroit Lions	7	3	2	.700	191	111
Green Bay Packers	8	4	0	.667	181	96
Chicago Bears	6	4	2	.600	192	106
Chicago Cardinals	6	4	2	.600	99	97

NFL Championship:
Detroit Lions - New York Giants 26:7

Zum eigentlichen Saisonende herrschte Gleichstand zwischen den Chicago Bears und den Portsmouth Spartans. Um über die Meisterschaft zu entscheiden, wurde ein Playoff-Spiel angesetzt, das die Bears mit 9:0 gewonnen. Dieses Spiel wurde in die Tabelle eingerechnet.

1936

NFL East	S	N	U	Pct.	EP	GP
Boston Redskins	7	5	0	.583	149	110
Pittsburgh Pirates	6	6	0	.500	98	187
New York Giants	5	6	1	.455	115	163
Brooklyn Dodgers	3	8	1	.273	92	161
Philadelphia Eagles	1	11	0	.083	51	206

NFL West	S	N	U	Pct.	EP	GP
Green Bay Packers	10	1	1	.909	248	118
Chicago Bears	9	3	0	.750	222	94
Detroit Lions	8	4	0	.667	235	102
Chicago Cardinals	3	8	1	.273	74	143

NFL Championship:
Green Bay Packers – Boston Redskins 21:6

1937

NFL East	S	N	U	Pct.	EP	GP
Washington Redskins	8	3	0	.727	195	120
New York Giants	6	3	2	.667	128	109
Pittsburgh Pirates	4	7	0	.364	122	145
Brooklyn Dodgers	3	7	1	.300	82	174
Philadelphia Eagles	2	8	1	.200	86	177

NFL West	S	N	U	Pct.	EP	GP
Chicago Bears	9	1	1	.900	201	100
Green Bay Packers	7	4	0	.636	220	122
Detroit Lions	7	4	0	.636	180	105
Chicago Cardinals	5	5	1	.500	135	165
Cleveland Rams	1	10	0	.091	75	207

NFL Championship:
Chicago Bears – Washington Redskins 21:28

1938

NFL East	S	N	U	Pct.	EP	GP
New York Giants	8	2	1	.800	194	79
Washington Redskins	6	3	2	.667	148	154
Brooklyn Dodgers	4	4	3	.500	131	161
Philadelphia Eagles	5	6	0	.455	154	164
Pittsburgh Pirates	2	9	0	.182	79	169

NFL West	S	N	U	Pct.	EP	GP
Green Bay Packers	8	3	0	.727	223	118
Detroit Lions	7	4	0	.636	119	108
Chicago Bears	6	5	0	.545	194	148
Cleveland Rams	4	7	0	.364	131	215
Chicago Cardinals	2	9	0	.182	111	168

NFL Championship:
New York Giants – Green Bay Packers 23:17

1939

NFL East	S	N	U	Pct.	EP	GP
New York Giants	9	1	1	.900	168	85
Washington Redskins	8	2	1	.800	242	94
Brooklyn Dodgers	4	6	1	.400	108	219
Philadelphia Eagles	1	9	1	.100	105	200
Pittsburgh Pirates	1	9	1	.100	114	216

NFL West	S	N	U	Pct.	EP	GP
Green Bay Packers	9	2	0	.818	233	153
Chicago Bears	8	3	0	.727	298	157
Detroit Lions	6	5	0	.545	145	150
Cleveland Rams	5	5	1	.500	195	164
Chicago Cardinals	1	10	0	.091	84	254

NFL Championship:
Green Bay Packers – New York Giants 27:0

1940

NFL East	S	N	U	Pct.	EP	GP
Washington Redskins	9	2	0	.818	245	142
Brooklyn Dodgers	8	3	0	.727	186	120
New York Giants	6	4	1	.600	131	133
Pittsburgh Pirates	2	7	2	.222	60	178
Philadelphia Eagles	1	10	0	.091	111	211

NFL West	S	N	U	Pct.	EP	GP
Chicago Bears	8	3	0	.727	238	152
Green Bay Packers	6	4	1	.600	238	155
Detroit Lions	5	5	1	.500	138	153
Cleveland Rams	4	6	1	.400	171	191
Chicago Cardinals	2	7	2	.222	139	222

NFL Championship:
Washington Redskins – Chicago Bears 0:73

1941

NFL East	S	N	U	Pct.	EP	GP
New York Giants	8	3	0	.727	238	114
Brooklyn Dodgers	7	4	0	.636	158	127
Washington Redskins	6	5	0	.545	176	174
Philadelphia Eagles	2	8	1	.200	119	218
Pittsburgh Steelers	1	9	1	.100	103	276

NFL West	S	N	U	Pct.	EP	GP
Chicago Bears	10	1	0	.909	396	147
Green Bay Packers	10	1	0	.909	258	120
Detroit Lions	4	6	1	.400	121	195
Chicago Cardinals	3	7	1	.300	127	197
Cleveland Rams	2	9	0	.182	116	244

Western Division Playoff:
Chicago Bears – Green Bay Packers 33:14

NFL Championship:
Chicago Bears – Washington Redskins 37:9

1942

NFL East
	S	N	U	Pct.	EP	GP
Washington Redskins	10	1	0	.909	227	102
Pittsburgh Steelers	7	4	0	.636	167	119
New York Giants	5	5	1	.500	155	139
Brooklyn Dodgers	3	8	0	.273	100	168
Philadelphia Eagles	2	9	0	.182	134	239

NFL West
	S	N	U	Pct.	EP	GP
Chicago Bears	11	0	0	1.000	376	84
Green Bay Packers	8	2	1	.800	300	215
Cleveland Rams	5	6	0	.455	150	207
Chicago Cardinals	3	8	0	.273	98	209
Detroit Lions	0	11	0	.000	38	263

NFL Championship:
Washington Redskins - Chicago Bears 14:6

1943

NFL East
	S	N	U	Pct.	EP	GP
Washington Redskins	6	3	1	.667	229	137
New York Giants	6	3	1	.667	197	170
Philadelphia–Pittsburgh Steagles						
	5	4	1	.556	225	230
Brooklyn Dodgers	2	8	0	.200	65	234

Eastern Divison Playoff:
New York Giants - Washington Redskins 0:28

NFL West
	S	N	U	Pct.	EP	GP
Chicago Bears	8	1	1	.889	303	157
Green Bay Packers	7	2	1	.778	264	172
Detroit Lions	3	6	1	.333	178	218
Chicago Cardinals	0	10	0	.000	95	238

NFL Championship:
Chicago Bears - Washington Redskins 41:21

1944

NFL East
	S	N	U	Pct.	EP	GP
New York Giants	8	1	1	.889	206	75
Philadelphia Eagles	7	1	2	.875	267	131
Washington Redskins	6	3	1	.667	169	180
Boston Yanks	2	8	0	.200	82	233
Brooklyn Tigers	0	10	0	.000	69	166

NFL West
	S	N	U	Pct.	EP	GP
Green Bay Packers	8	2	0	.800	238	141
Chicago Bears	6	3	1	.667	258	172
Detroit Lions	6	3	1	.667	216	151
Cleveland Rams	4	6	0	.400	188	224
Chicago Cards-Pittsburgh	0	10	0	.000	108	328

NFL Championship:
New York Giants - Green Bay Packers 7:14

1945

NFL East
	S	N	U	Pct.	EP	GP
Washington Redskins	8	2	0	.800	209	121
Philadelphia Eagles	7	3	0	.700	272	133
New York Giants	3	6	1	.333	179	198
Boston Yanks	3	6	1	.333	123	211
Pittsburgh Steelers	2	8	0	.200	79	220

NFL West
	S	N	U	Pct.	EP	GP
Cleveland Rams	9	1	0	.900	244	136
Detroit Lions	7	3	0	.700	195	194
Green Bay Packers	6	4	0	.600	258	173
Chicago Bears	3	7	0	.300	192	235
Chicago Cardinals	1	9	0	.100	98	228

NFL Championship:
Cleveland Rams - Washington Redskins 15:14

1946

NFL East
	S	N	U	Pct.	EP	GP
New York Giants	7	3	1	.700	236	162
Philadelphia Eagles	6	5	0	.545	231	220
Washington Redskins	5	5	1	.500	171	191
Pittsburgh Steelers	5	5	1	.500	136	117
Boston Yanks	2	8	1	.200	189	273

NFL West
	S	N	U	Pct.	EP	GP
Chicago Bears	8	2	1	.800	289	193
Los Angeles Rams	6	4	1	.600	277	257
Green Bay Packers	6	5	0	.545	148	158
Chicago Cardinals	6	5	0	.545	260	198
Detroit Lions	1	10	0	.091	142	310

NFL Championship:
New York Giants - Chicago Bears 14:24

1947

NFL East
	S	N	U	Pct.	EP	GP
Philadelphia Eagles	8	4	0	.667	308	242
Pittsburgh Steelers	8	4	0	.667	240	259
Boston Yanks	4	7	1	.364	168	256
Washington Redskins	4	8	0	.333	295	367
New York Giants	2	8	2	.200	190	309

NFL West
	S	N	U	Pct.	EP	GP
Chicago Cardinals	9	3	0	.750	306	231
Chicago Bears	8	4	0	.667	363	241
Green Bay Packers	6	5	1	.545	274	210
Los Angeles Rams	6	6	0	.500	259	214
Detroit Lions	3	9	0	.250	231	305

Eastern Championship:
Pittsburgh Steelers - Philadelphia Eagles 0:21

NFL Championship:
Chicago Cardinals - Philadelphia Eagles 28.21

1948

NFL East	S	N	U	Pct.	EP	GP
Philadelphia Eagles	9	2	1	.818	376	156
Washington Redskins	7	5	0	.583	291	287
New York Giants	4	8	0	.333	297	388
Pittsburgh Steelers	4	8	0	.333	200	243
Boston Yanks	3	9	0	.250	174	372

NFL West	S	N	U	Pct.	EP	GP
Chicago Cardinals	11	1	0	.917	395	226
Chicago Bears	10	2	0	.833	375	151
Los Angeles Rams	6	5	1	.545	327	269
Green Bay Packers	3	9	0	.250	154	290
Detroit Lions	2	10	0	.167	200	407

NFL Championship:
Philadelphia Eagles – Chicago Cardinals 7:0

1949

NFL East	S	N	U	Pct.	EP	GP
Philadelphia Eagles	11	1	0	.917	364	134
Pittsburgh Steelers	6	5	1	.545	224	214
New York Giants	6	6	0	.500	287	298
Washington Redskins	4	7	1	.364	268	339
New York Bulldogs	1	10	1	.091	153	368

NFL West	S	N	U	Pct.	EP	GP
Los Angeles Rams	8	2	2	.800	360	239
Chicago Bears	9	3	0	.750	332	218
Chicago Cardinals	6	5	1	.545	360	301
Detroit Lions	4	8	0	.333	237	259
Green Bay Packers	2	10	0	.167	114	329

NFL Championship:
Los Angeles Rams – Philadelphia Eagles 0:14

1950

American Conference	S	N	U	Pct.	EP	GP
Cleveland Browns	10	2	0	.833	310	144
New York Giants	10	2	0	.833	268	150
Philadelphia Eagles	6	6	0	.500	254	141
Pittsburgh Steelers	6	6	0	.500	180	195
Chicago Cardinals	5	7	0	.417	233	287
Washington Redskins	3	9	0	.250	232	326

AC Playoff:
Cleveland Browns – New York Giants 8:3

National Conference	S	N	U	Pct.	EP	GP
Los Angeles Rams	9	3	0	.750	466	309
Chicago Bears	9	3	0	.750	279	207
New York Yanks	7	5	0	.583	366	367
Detroit Lions	6	6	0	.500	321	285
Green Bay Packers	3	9	0	.250	244	406
San Francisco 49ers	3	9	0	.250	213	300
Baltimore Colts	1	11	0	.083	213	462

NC Playoff:
Los Angeles Rams – Chicago Bears 24:14

NFL Championship:
Cleveland Browns – Los Angeles Rams 30:28

1951

American Conference	S	N	U	Pct.	EP	GP
Cleveland Browns	11	1	0	.917	331	152
New York Giants	9	2	1	.818	254	161
Washington Redskins	5	7	0	.417	183	296
Pittsburgh Steelers	4	7	1	.364	183	235
Philadelphia Eagles	4	8	0	.333	234	264
Chicago Cardinals	3	9	0	.250	210	287

National Conference	S	N	U	Pct.	EP	GP
Los Angeles Rams	8	4	0	.667	392	261
Detroit Lions	7	4	1	.636	336	259
San Francisco 49ers	7	4	1	.636	255	205
Chicago Bears	7	5	0	.583	286	282
Green Bay Packers	3	9	0	.250	254	375
New York Yanks	1	9	2	.100	241	382

NFL Championship:
Los Angeles Rams – Cleveland Browns 24:17

1952

American Conference	S	N	U	Pct.	EP	GP
Cleveland Browns	8	4	0	.667	310	213
New York Giants	7	5	0	.583	234	231
Philadelphia Eagles	7	5	0	.583	252	271
Pittsburgh Steelers	5	7	0	.417	300	273
Chicago Cardinals	4	8	0	.333	172	221
Washington Redskins	4	8	0	.333	240	287

National Conference	S	N	U	Pct.	EP	GP
Detroit Lions	9	3	0	.750	344	192
Los Angeles Rams	9	3	0	.750	349	234
San Francisco 49ers	7	5	0	.583	285	221
Green Bay Packers	6	6	0	.500	295	312
Chicago Bears	5	7	0	.417	245	326
Dallas Texans	1	11	0	.083	182	427

NC Playoffs:
Detroit Lions – Los Angeles Rams 31:21

NFL Championship:
Cleveland Browns – Detroit Lions 7:17

1953

NFL East	S	N	U	Pct.	EP	GP
Cleveland Browns	11	1	0	.917	348	162
Philadelphia Eagles	7	4	1	.636	352	215
Washington Redskins	6	5	1	.545	208	215
Pittsburgh Steelers	6	6	0	.500	211	263
New York Giants	3	9	0	.250	179	277
Chicago Cardinals	1	10	1	.091	190	337

NFL West	S	N	U	Pct.	EP	GP
Detroit Lions	10	2	0	.833	271	205
San Francisco 49ers	9	3	0	.750	372	237
Los Angeles Rams	8	3	1	.727	366	236
Chicago Bears	3	8	1	.273	218	262
Baltimore Colts	3	9	0	.250	182	350
Green Bay Packers	2	9	1	.182	200	338

NFL Championship:
Detroit Lions – Cleveland Browns 17:16

1954

NFL East	S	N	U	Pct.	EP	GP
Cleveland Browns	9	3	0	.750	336	162
Philadelphia Eagles	7	4	1	.636	284	230
New York Giants	7	5	0	.583	293	184
Pittsburgh Steelers	5	7	0	.417	219	263
Washington Redskins	3	9	0	.250	207	432
Chicago Cardinals	2	10	0	.167	183	347

NFL West	S	N	U	Pct.	EP	GP
Detroit Lions	9	2	1	.818	337	189
Chicago Bears	8	4	0	.667	301	279
San Francisco 49ers	7	4	1	.636	313	251
Los Angeles Rams	6	5	1	.545	314	285
Green Bay Packers	4	8	0	.333	234	251
Baltimore Colts	3	9	0	.250	131	279

NFL Championship:
Cleveland Browns – Detroit Lions 57:10

1955

NFL East	S	N	U	Pct.	EP	GP
Cleveland Browns	9	2	1	.818	349	218
Washington Redskins	8	4	0	.667	246	222
New York Giants	6	5	1	.545	267	223
Chicago Cardinals	4	7	1	.364	224	252
Philadelphia Eagles	4	7	1	.364	248	231
Pittsburgh Steelers	4	8	0	.333	195	285

NFL West	S	N	U	Pct.	EP	GP
Los Angeles Rams	8	3	1	.727	260	231
Chicago Bears	8	4	0	.667	294	251
Green Bay Packers	6	6	0	.500	258	276
Baltimore Colts	5	6	1	.455	214	239
San Francisco 49ers	4	8	0	.333	216	298
Detroit Lions	3	9	0	.250	230	275

NFL Championship:
Los Angeles Rams – Cleveland Browns 14:38

1956

NFL East	S	N	U	Pct.	EP	GP
New York Giants	8	3	1	.727	264	197
Chicago Cardinals	7	5	0	.583	240	182
Washington Redskins	6	6	0	.500	183	225
Cleveland Browns	5	7	0	.417	167	177
Pittsburgh Steelers	5	7	0	.417	217	250
Philadelphia Eagles	3	8	1	.273	143	215

NFL West	S	N	U	Pct.	EP	GP
Chicago Bears	9	2	1	.818	363	246
Detroit Lions	9	3	0	.750	300	188
San Francisco 49ers	5	6	1	.455	233	284
Baltimore Colts	5	7	0	.417	270	322
Green Bay Packers	4	8	0	.333	264	342
Los Angeles Rams	4	8	0	.333	291	307

NFL Championship:
New York Giants – Chicago Bears 47:7

1957

NFL East	S	N	U	Pct.	EP	GP
Cleveland Browns	9	2	1	.818	269	172
New York Giants	7	5	0	.583	254	211
Pittsburgh Steelers	6	6	0	.500	161	178
Washington Redskins	5	6	1	.455	251	230
Philadelphia Eagles	4	8	0	.333	173	230
Chicago Cardinals	3	9	0	.250	200	299

NFL West	S	N	U	Pct.	EP	GP
Detroit Lions	8	4	0	.667	251	231
San Francisco 49ers	8	4	0	.667	260	264
Baltimore Colts	7	5	0	.583	303	235
Los Angeles Rams	6	6	0	.500	307	278
Chicago Bears	5	7	0	.417	203	211
Green Bay Packers	3	9	0	.250	218	311

Western Conference Playoff:
San Francisco 49ers – Detroit Lions 27:31

NFL Championship:
Detroit Lions – Cleveland Browns 59:14

1958

NFL East	S	N	U	Pct.	EP	GP
New York Giants	9	3	0	.750	246	183
Cleveland Browns	9	3	0	.750	302	217
Pittsburgh Steelers	7	4	1	.636	261	230
Washington Redskins	4	7	1	.364	214	268
Chicago Cardinals	2	9	1	.182	261	356
Philadelphia Eagles	2	9	1	.182	235	306

Eastern Conference Playoff:
New York Giants – Cleveland Browns 10:0

NFL West	S	N	U	Pct.	EP	GP
Baltimore Colts	9	3	0	.750	381	203
Chicago Bears	8	4	0	.667	298	230
Los Angeles Rams	8	4	0	.667	344	278
San Francisco 49ers	6	6	0	.500	257	324
Detroit Lions	4	7	1	.364	261	276
Green Bay Packers	1	10	1	.091	193	382

NFL Championship:
New York Giants – Baltimore Colts 17:23 (OT)

1959

NFL East	S	N	U	Pct.	EP	GP
New York Giants	10	2	0	.833	284	170
Cleveland Browns	7	5	0	.583	270	214
Philadelphia Eagles	7	5	0	.583	268	278
Pittsburgh Steelers	6	5	1	.545	257	216
Washington Redskins	3	9	0	.250	185	350
Chicago Cardinals	2	10	0	.167	234	324

NFL West	S	N	U	Pct.	EP	GP
Baltimore Colts	9	3	0	.750	374	251
Chicago Bears	8	4	0	.667	252	196
Green Bay Packers	7	5	0	.583	248	246
San Francisco 49ers	7	5	0	.583	255	237
Detroit Lions	3	8	1	.273	203	275
Los Angeles Rams	2	10	0	.167	242	315

NFL Championship:
Baltimore Colts – New York Giants 31:16

1960

NFL East	S	N	U	Pct.	EP	GP
Philadelphia Eagles	10	2	0	.833	321	246
Cleveland Browns	8	3	1	.727	362	217
New York Giants	6	4	2	.600	271	261
St. Louis Cardinals	6	5	1	.545	288	230
Pittsburgh Steelers	5	6	1	.455	240	275
Washington Redskins	1	9	2	.100	178	309

NFL West	S	N	U	Pct.	EP	GP
Green Bay Packers	8	4	0	.667	332	209
Detroit Lions	7	5	0	.583	239	212
San Francisco 49ers	7	5	0	.583	208	205
Baltimore Colts	6	6	0	.500	288	234
Chicago Bears	5	6	1	.455	194	299
Los Angeles Rams	4	7	1	.364	265	297
Dallas Cowboys	0	11	1	.000	177	369

NFL Championship:
Philadelphia Eagles – Green Bay Packers 17:13

AFL East	S	N	U	Pct.	EP	GP
Houston Oilers	10	4	0	.714	379	285
New York Titans	7	7	0	.500	382	399
Buffalo Bills	5	8	1	.385	296	303
Boston Patriots	5	9	0	.357	286	349

AFL West	S	N	U	Pct.	EP	GP
Los Angeles Chargers	10	4	0	.714	373	336
Dallas Texans	8	6	0	.571	362	253
Oakland Raiders	6	8	0	.429	319	388
Denver Broncos	4	9	1	.308	309	393

AFL Championship:
Houston Oilers – Los Angeles Chargers 24:16

1961

NFL East	S	N	U	Pct.	EP	GP
New York Giants	10	3	1	.769	368	220
Philadelphia Eagles	10	4	0	.714	361	297
Cleveland Browns	8	5	1	.615	319	270
St. Louis Cardinals	7	7	0	.500	279	267
Pittsburgh Steelers	6	8	0	.429	295	287
Dallas Cowboys	4	9	1	.308	236	380
Washington Redskins	1	12	1	.077	174	392

NFL West	S	N	U	Pct.	EP	GP
Green Bay Packers	11	3	0	.786	391	223
Detroit Lions	8	5	1	.615	270	258
Baltimore Colts	8	6	0	.571	302	307
Chicago Bears	8	6	0	.571	326	302
San Francisco 49ers	7	6	1	.538	346	272
Los Angeles Rams	4	10	0	.286	263	333
Minnesota Vikings	3	11	0	.214	285	407

NFL Championship:
Green Bay Packers – New York Giants 37:0

AFL East	S	N	U	Pct.	EP	GP
Houston Oilers	10	3	1	.769	513	242
Boston Patriots	9	4	1	.692	413	313
New York Titans	7	7	0	.500	301	390
Buffalo Bills	6	8	0	.429	294	342

AFL West	S	N	U	Pct.	EP	GP
San Diego Chargers	12	2	0	.857	396	219
Dallas Texans	6	8	0	.429	334	343
Denver Broncos	3	11	0	.214	251	432
Oakland Raiders	2	12	0	.143	237	458

AFL Championship:
San Diego Chargers – Houston Oilers 3:10

1962

NFL East

	S	N	U	Pct.	EP	GP
New York Giants	12	2	0	.857	398	283
Pittsburgh Steelers	9	5	0	.643	312	363
Cleveland Browns	7	6	1	.538	291	257
Washington Redskins	5	7	2	.417	305	376
Dallas Cowboys	5	8	1	.385	398	402
St. Louis Cardinals	4	9	1	.308	287	361
Philadelphia Eagles	3	10	1	.231	282	356

NFL West

	S	N	U	Pct.	EP	GP
Green Bay Packers	13	1	0	.929	415	148
Detroit Lions	11	3	0	.786	315	177
Chicago Bears	9	5	0	.643	321	287
Baltimore Colts	7	7	0	.500	293	288
San Francisco 49ers	6	8	0	.429	282	331
Minnesota Vikings	2	11	1	.154	254	410
Los Angeles Rams	1	12	1	.077	220	334

NFL Championship:
New York Giants – Green Bay Packers 7:16

AFL East

	S	N	U	Pct.	EP	GP
Houston Oilers	11	3	0	.786	387	270
Boston Patriots	9	4	1	.692	346	295
Buffalo Bills	7	6	1	.538	309	272
New York Titans	5	9	0	.357	278	423

AFL West

	S	N	U	Pct.	EP	GP
Dallas Texans	11	3	0	.786	389	233
Denver Broncos	7	7	0	.500	353	334
San Diego Chargers	4	10	0	.286	314	392
Oakland Raiders	1	13	0	.071	213	370

AFL Championship:
Houston Oilers – Dallas Texans 17:20 (OT)

1963

NFL East

	S	N	U	Pct.	EP	GP
New York Giants	11	3	0	.786	448	280
Cleveland Browns	10	4	0	.714	343	262
St. Louis Cardinals	9	5	0	.643	341	283
Pittsburgh Steelers	7	4	3	.636	321	295
Dallas Cowboys	4	10	0	.286	305	378
Washington Redskins	3	11	0	.214	279	398
Philadelphia Eagles	2	10	2	.167	242	381

NFL West

	S	N	U	Pct.	EP	GP
Chicago Bears	11	1	2	.917	301	144
Green Bay Packers	11	2	1	.846	369	206
Baltimore Colts	8	6	0	.571	316	285
Detroit Lions	5	8	1	.385	326	265
Minnesota Vikings	5	8	1	.385	309	390
Los Angeles Rams	5	9	0	.357	210	350
San Francisco 49ers	2	12	0	.143	198	391

NFL Championship:
Chicago Bears – New York Giants 14:10

AFL East

	S	N	U	Pct.	EP	GP
Boston Patriots	7	6	1	.538	327	257
Buffalo Bills	7	6	1	.538	304	291
Houston Oilers	6	8	0	.429	302	372
New York Jets	5	8	1	.385	249	399

AFL West

	S	N	U	Pct.	EP	GP
San Diego Chargers	11	3	0	.786	399	255
Oakland Raiders	10	4	0	.714	363	282
Kansas City Chiefs	5	7	2	.417	347	263
Denver Broncos	2	11	1	.154	301	473

Eastern Division Playoff:
Buffalo Bills – Boston Patriots 8:26

AFL Championship:
San Diego Chargers – Boston Patriots 51:10

1964					
NFL East	S	N	U	Pct.	EP GP
Cleveland Browns	10	3	1	.769	415 293
St. Louis Cardinals	9	3	2	.750	357 331
Philadelphia Eagles	6	8	0	.429	312 313
Washington Redskins	6	8	0	.429	307 305
Dallas Cowboys	5	8	1	.385	250 289
Pittsburgh Steelers	5	9	0	.357	253 315
New York Giants	2	10	2	.167	241 399

NFL West	S	N	U	Pct.	EP GP
Baltimore Colts	12	2	0	.857	428 225
Green Bay Packers	8	5	1	.615	342 245
Minnesota Vikings	8	5	1	.615	355 296
Detroit Lions	7	5	2	.583	280 260
Los Angeles Rams	5	7	2	.417	283 339
Chicago Bears	5	9	0	.357	260 379
San Francisco 49ers	4	10	0	.286	236 330

NFL Championship:
Cleveland Browns – Baltimore Colts 27:0

AFL East	S	N	U	Pct.	EP GP
Buffalo Bills	12	2	0	.857	400 242
Boston Patriots	10	3	1	.769	365 297
New York Jets	5	8	1	.385	278 315
Houston Oilers	4	10	0	.286	310 355

AFL West	S	N	U	Pct.	EP GP
San Diego Chargers	8	5	1	.615	341 300
Kansas City Chiefs	7	7	0	.500	366 306
Oakland Raiders	5	7	2	.417	303 350
Denver Broncos	2	11	1	.154	240 438

AFL Championship:
Buffalo Bills – San Diego Chargers 20:7

1965					
NFL East	S	N	U	Pct.	EP GP
Cleveland Browns	11	3	0	.786	363 325
Dallas Cowboys	7	7	0	.500	325 280
New York Giants	7	7	0	.500	270 338
Washington Redskins	6	8	0	.429	257 301
Philadelphia Eagles	5	9	0	.357	363 359
St. Louis Cardinals	5	9	0	.357	296 309
Pittsburgh Steelers	2	12	0	.143	202 397

NFL West	S	N	U	Pct.	EP GP
Green Bay Packers	10	3	1	.769	316 224
Baltimore Colts	10	3	1	.769	389 284
Chicago Bears	9	5	0	.643	409 275
San Francisco 49ers	7	6	1	.538	421 402
Minnesota Vikings	7	7	0	.500	383 403
Detroit Lions	6	7	1	.462	257 295
Los Angeles Rams	4	10	0	.286	269 328

Western Conference Playoff:
Green Bay Packers – Baltimore Colts 13:10 (OT)

NFL Championship:
Green Bay Packers – Cleveland Browns 23:12

AFL East	S	N	U	Pct.	EP GP
Buffalo Bills	10	3	1	.769	313 226
New York Jets	5	8	1	.385	285 303
Boston Patriots	4	8	2	.333	244 302
Houston Oilers	4	10	0	.286	298 429

AFL West	S	N	U	Pct.	EP GP
San Diego Chargers	9	2	3	.818	340 227
Oakland Raiders	8	5	1	.615	298 239
Kansas City Chiefs	7	5	2	.583	322 285
Denver Broncos	4	10	0	.286	303 392

AFL Championship:
San Diego Chargers – Buffalo Bills 0:23

NFL East	S	N	U	Pct.	EP	GP
Dallas Cowboys	10	3	1	.769	445	239
Cleveland Browns	9	5	0	.643	403	259
Philadelphia Eagles	9	5	0	.643	326	340
St. Louis Cardinals	8	5	1	.615	264	265
Washington Redskins	7	7	0	.500	351	355
Pittsburgh Steelers	5	8	1	.385	316	347
Atlanta Falcons	3	11	0	.214	204	437
New York Giants	1	12	1	.077	263	501

NFL West	S	N	U	Pct.	EP	GP
Green Bay Packers	12	2	0	.857	335	163
Baltimore Colts	9	5	0	.643	314	226
Los Angeles Rams	8	6	0	.571	289	212
San Francisco 49ers	6	6	2	.500	320	325
Chicago Bears	5	7	2	.417	234	272
Detroit Lions	4	9	1	.308	206	317
Minnesota Vikings	4	9	1	.308	292	304

NFL Championship:
Dallas Cowboys – Green Bay Packers 27:34

AFL East	S	N	U	Pct.	EP	GP
Buffalo Bills	9	4	1	.692	358	255
Boston Patriots	8	4	2	.667	315	283
New York Jets	6	6	2	.500	322	312
Houston Oilers	3	11	0	.214	335	396
Miami Dolphins	3	11	0	.214	213	362

AFL West	S	N	U	Pct.	EP	GP
Kansas City Chiefs	11	2	1	.846	448	276
Oakland Raiders	8	5	1	.615	315	288
San Diego Chargers	7	6	1	.538	335	284
Denver Broncos	4	10	0	.286	196	381

AFL Championship:
Buffalo Bills – Kansas City Chiefs 7:31

Super Bowl I:
Green Bay Packers – Kansas City Chiefs 35:10

Eastern Conference

NFL Capital	S	N	U	Pct.	EP	GP
Dallas Cowboys	9	5	0	.643	342	268
Philadelphia Eagles	6	7	1	.462	351	409
Washington Redskins	5	6	3	.455	347	353
New Orleans Saints	3	11	0	.214	233	379

NFL Century	S	N	U	Pct.	EP	GP
Cleveland Browns	9	5	0	.643	334	297
New York Giants	7	7	0	.500	369	379
St. Louis Cardinals	6	7	1	.462	333	356
Pittsburgh Steelers	4	9	1	.308	281	320

Eastern Conference Playoff:
Dallas Cowboys – Cleveland Browns 52:14

Western Conference

NFL Coastal	S	N	U	Pct.	EP	GP
Los Angeles Rams	11	1	2	.917	398	196
Baltimore Colts	11	1	2	.917	394	198
San Francisco 49ers	7	7	0	.500	273	337
Atlanta Falcons	1	12	1	.077	175	422

NFL Central	S	N	U	Pct.	EP	GP
Green Bay Packers	9	4	1	.692	332	209
Chicago Bears	7	6	1	.538	239	218
Detroit Lions	5	7	2	.417	260	259
Minnesota Vikings	3	8	3	.273	233	294

Western Conference Playoff:
Green Bay Packers – Los Angeles Rams 28:7

NFL Championship:
Green Bay Packers – Dallas Cowboys 21:17

AFL East	S	N	U	Pct.	EP	GP
Houston Oilers	9	4	1	.692	258	199
New York Jets	8	5	1	.615	371	329
Buffalo Bills	4	10	0	.286	237	285
Miami Dolphins	4	10	0	.286	219	407
Boston Patriots	3	10	1	.231	280	389

AFL West	S	N	U	Pct.	EP	GP
Oakland Raiders	13	1	0	.929	468	233
Kansas City Chiefs	9	5	0	.643	408	254
San Diego Chargers	8	5	1	.615	360	352
Denver Broncos	3	11	0	.214	256	409

AFL Championship:
Oakland Raiders – Houston Oilers 40:7

Super Bowl II:
Green Bay Packers – Oakland Raiders 33:14

1968

Eastern Conference

NFL Capital	S	N	U	Pct.	EP	GP
Dallas Cowboys	12	2	0	.857	431	186
New York Giants	7	7	0	.500	294	325
Washington Redskins	5	9	0	.357	249	358
Philadelphia Eagles	2	12	0	.143	202	351

NFL Century	S	N	U	Pct.	EP	GP
Cleveland Browns	10	4	0	.714	394	273
St. Louis Cardinals	9	4	1	.692	325	289
New Orleans Saints	4	9	1	.308	246	327
Pittsburgh Steelers	2	11	1	.154	244	397

Eastern Conference Playoff:
Cleveland Browns - Dallas Cowboys 31:20

Western Conference

NFL Coastal	S	N	U	Pct.	EP	GP
Baltimore Colts	13	1	0	.929	402	144
Los Angeles Rams	10	3	1	.769	312	200
San Francisco 49ers	7	6	1	.538	303	310
Atlanta Falcons	2	12	0	.143	170	389

NFL Central	S	N	U	Pct.	EP	GP
Minnesota Vikings	8	6	0	.571	282	242
Chicago Bears	7	7	0	.500	250	333
Green Bay Packers	6	7	1	.462	281	227
Detroit Lions	4	8	2	.333	207	241

Western Conference Playoff:
Baltimore Colts - Minnesota Vikings 24:14

NFL Championship:
Cleveland Browns - Baltimore Colts 0:34

AFL East	S	N	U	Pct.	EP	GP
New York Jets	11	3	0	.786	419	280
Houston Oilers	7	7	0	.500	303	248
Miami Dolphins	5	8	1	.385	276	355
Boston Patriots	4	10	0	.286	229	406
Buffalo Bills	1	12	1	.077	199	367

AFL West	S	N	U	Pct.	EP	GP
Oakland Raiders	12	2	0	.857	453	233
Kansas City Chiefs	12	2	0	.857	371	170
San Diego Chargers	9	5	0	.643	382	310
Denver Broncos	5	9	0	.357	255	404
Cincinnati Bengals	3	11	0	.214	215	329

Western Division Playoff:
Oakland Raiders - Kansas City Chiefs 41:6

AFL Championship:
New York Jets - Oakland Raiders 27:23

Super Bowl III:
New York Jets - Baltimore Colts 16:7

1969

Eastern Conference

NFL Capital	S	N	U	Pct.	EP	GP
Dallas Cowboys	11	2	1	.846	369	223
Washington Redskins	7	5	2	.583	307	319
New Orleans Saints	5	9	0	.357	311	393
Philadelphia Eagles	4	9	1	.308	279	377

NFL Century	S	N	U	Pct.	EP	GP
Cleveland Browns	10	3	1	.769	351	300
New York Giants	6	8	0	.429	264	298
St. Louis Cardinals	4	9	1	.308	314	389
Pittsburgh Steelers	1	13	0	.071	218	404

Eastern Conference Playoff:
Dallas Cowboys - Cleveland Browns 14:38

Western Conference

NFL Coastal	S	N	U	Pct.	EP	GP
Los Angeles Rams	11	3	0	.786	320	243
Baltimore Colts	8	5	1	.615	279	268
Atlanta Falcons	6	8	0	.429	276	268
San Francisco 49ers	4	8	2	.333	277	319

NFL Central	S	N	U	Pct.	EP	GP
Minnesota Vikings	12	2	0	.857	379	133
Detroit Lions	9	4	1	.692	259	188
Green Bay Packers	8	6	0	.571	269	221
Chicago Bears	1	13	0	.071	210	339

Western Conference Playoff:
Minnesota Vikings - Los Angeles Rams 23:20

NFL Championship:
Minnesota Vikings - Cleveland Browns 27:7

AFL East	S	N	U	Pct.	EP	GP
New York Jets	10	4	0	.714	353	269
Houston Oilers	6	6	2	.500	278	279
Boston Patriots	4	10	0	.286	266	316
Buffalo Bills	4	10	0	.286	230	359
Miami Dolphins	3	10	1	.231	233	332

AFL West	S	N	U	Pct.	EP	GP
Oakland Raiders	12	1	1	.923	377	242
Kansas City Chiefs	11	3	0	.786	359	177
San Diego Chargers	8	6	0	.571	288	276
Denver Broncos	5	8	1	.385	297	344
Cincinnati Bengals	4	9	1	.308	280	367

Playoffs:
New York Jets - Kansas City Chiefs 6:13
Oakland Raiders - Houston Oilers 56:7

AFL Championship:
Kansas City Chiefs - Oakland Raiders 17:7

Super Bowl IV:
Kansas City Chiefs - Minnesota Vikings 23:7

1970

AFC East	S	N	U	Pct.	EP	GP
Baltimore Colts	11	2	1	.846	321	234
Miami Dolphins*	10	4	0	.714	297	228
New York Jets	4	10	0	.286	255	286
Buffalo Bills	3	10	1	.231	204	337
Boston Patriots	2	12	0	.143	149	361

AFC Central	S	N	U	Pct.	EP	GP
Cincinnati Bengals	8	6	0	.571	312	255
Cleveland Browns	7	7	0	.500	286	265
Pittsburgh Steelers	5	9	0	.357	210	272
Houston Oilers	3	10	1	.231	217	352

AFC West	S	N	U	Pct.	EP	GP
Oakland Raiders	8	4	2	.667	300	293
Kansas City Chiefs	7	5	2	.583	272	244
San Diego Chargers	5	6	3	.455	282	278
Denver Broncos	5	8	1	.385	253	264

AFC Playoffs:
Baltimore Colts – Cincinnati Bengals 17:0
Oakland Raiders – Miami Dolphins 21:14

AFC Championship:
Baltimore Colts – Oakland Raiders 27:17

NFC East	S	N	U	Pct.	EP	GP
Dallas Cowboys	10	4	0	.714	299	221
New York Giants	9	5	0	.643	301	270
St. Louis Cardinals	8	5	1	.615	325	228
Washington Redskins	6	8	0	.429	297	314
Philadelphia Eagles	3	10	1	.231	241	332

NFC Central	S	N	U	Pct.	EP	GP
Minnesota Vikings	12	2	0	.857	335	143
Detroit Lions*	10	4	0	.714	347	202
Chicago Bears	6	8	0	.429	256	261
Green Bay Packers	6	8	0	.429	196	293

NFC West	S	N	U	Pct.	EP	GP
San Francisco 49ers	10	3	1	.769	352	267
Los Angeles Rams	9	4	1	.692	325	202
Atlanta Falcons	4	8	2	.333	206	261
New Orleans Saints	2	11	1	.154	172	347

NFC Playoffs:
Dallas Cowboys – Detroit Lions 5:0
San Francisco 49ers – Minnesota Vikings 17:14

NFC Championship:
San Francisco 49ers – Dallas Cowboys 10:17

Super Bowl V:
Baltimore Colts – Dallas Cowboys 16:13

1971

AFC East	S	N	U	Pct.	EP	GP
Miami Dolphins	10	3	1	.769	315	174
Baltimore Colts*	10	4	0	.714	313	140
New England Patriots	6	8	0	.429	238	325
New York Jets	6	8	0	.429	212	299
Buffalo Bills	1	13	0	.071	184	394

AFC Central	S	N	U	Pct.	EP	GP
Cleveland Browns	9	5	0	.643	285	273
Pittsburgh Steelers	6	8	0	.429	246	292
Houston Oilers	4	9	1	.308	251	330
Cincinnati Bengals	4	10	0	.286	284	265

AFC West	S	N	U	Pct.	EP	GP
Kansas City Chiefs	10	3	1	.769	302	208
Oakland Raiders	8	4	2	.667	344	278
San Diego Chargers	6	8	0	.429	311	341
Denver Broncos	4	9	1	.308	203	275

AFC Playoffs:
Kansas City Chiefs – Miami Dolphins Dolphins 24:27
Cleveland Browns – Baltimore Colts 3:20

AFC Championship:
Miami Dolphins – Baltimore Colts 21:0

NFC East	S	N	U	Pct.	EP	GP
Dallas Cowboys	11	3	0	.786	406	222
Washington Redskins*	9	4	1	.692	276	190
Philadelphia Eagles	6	7	1	.462	221	302
St. Louis Cardinals	4	9	1	.308	231	279
New York Giants	4	10	0	.286	228	362

NFC Central	S	N	U	Pct.	EP	GP
Minnesota Vikings	11	3	0	.786	245	139
Detroit Lions	7	6	1	.538	341	286
Chicago Bears	6	8	0	.429	185	276
Green Bay Packers	4	8	2	.333	274	298

NFC West	S	N	U	Pct.	EP	GP
San Francisco 49ers	9	5	0	.643	300	216
Los Angeles Rams	8	5	1	.615	313	260
Atlanta Falcons	7	6	1	.538	274	277
New Orleans Saints	4	8	2	.333	266	347

NFC Playoffs:
Minnesota Vikings – Dallas Cowboys 12:20
San Francisco 49ers – Washington Redskins 24:20

NFC Championship:
Dallas Cowboys – San Francisco 49ers 14:3

Super Bowl VI:
Dallas Cowboys – Miami Dolphins 24:3

1972 AFC East	S	N	U	Pct.	EP	GP
Miami Dolphins	14	0	0	1.000	385	171
New York Jets	7	7	0	.500	367	324
Baltimore Colts	5	9	0	.357	235	252
Buffalo Bills	4	9	1	.321	257	377
New England Patriots	3	11	0	.214	192	446

AFC Central	S	N	U	Pct.	EP	GP
Pittsburgh Steelers	11	3	0	.786	343	175
Cleveland Browns*	10	4	0	.714	268	249
Cincinnati Bengals	8	6	0	.571	299	229
Houston Oilers	1	13	0	.071	164	380

AFC West	S	N	U	Pct.	EP	GP
Oakland Raiders	10	3	1	.750	365	248
Kansas City Chiefs	8	6	0	.571	287	254
Denver Broncos	5	9	0	.357	325	350
San Diego Chargers	4	9	1	.321	264	344

AFC Playoffs:
Pittsburgh Steelers – Oakland Raiders 13:7
Miami Dolphins – Cleveland Browns 20:14

AFC Championship:
Pittsburgh Steelers – Miami Dolphins 17:21

NFC East	S	N	U	Pct.	EP	GP
Washington Redskins	11	3	0	.786	336	218
Dallas Cowboys*	10	4	0	.714	319	240
New York Giants	8	6	0	.571	331	247
St. Louis Cardinals	4	9	1	.321	193	303
Philadelphia Eagles	2	11	1	.179	145	352

NFC Central	S	N	U	Pct.	EP	GP
Green Bay Packers	10	4	0	.714	304	226
Detroit Lions	8	5	1	.607	339	290
Minnesota Vikings	7	7	0	.500	301	252
Chicago Bears	4	9	1	.321	225	275

NFC West	S	N	U	Pct.	EP	GP
San Francisco 49ers	8	5	1	.607	353	249
Atlanta Falcons	7	7	0	.500	269	274
Los Angeles Rams	6	7	1	.464	291	286
New Orleans Saints	2	11	1	.179	215	361

NFC Playoffs:
San Francisco 49ers – Dallas Cowboys 28:30
Washington Redskins – Green Bay Packers 16:3

NFC Championship:
Washington Redskins – Dallas Cowboys 26:3

Super Bowl VII:
Miami Dolphins – Washington Redskins 14:7

1973 AFC East	S	N	U	Pct.	EP	GP
Miami Dolphins	12	2	0	.857	343	150
Buffalo Bills	9	5	0	.643	259	230
New England Patriots	5	9	0	.357	258	300
Baltimore Colts	4	10	0	.286	226	341
New York Jets	4	10	0	.286	240	306

AFC Central	S	N	U	Pct.	EP	GP
Cincinnati Bengals	10	4	0	.714	286	231
Pittsburgh Steelers*	10	4	0	.714	347	210
Cleveland Browns	7	5	2	.571	234	255
Houston Oilers	1	13	0	.071	199	447

AFC West	S	N	U	Pct.	EP	GP
Oakland Raiders	9	4	1	.679	292	175
Denver Broncos	7	5	2	.571	354	296
Kansas City Chiefs	7	5	2	.571	231	192
San Diego Chargers	2	11	1	.179	188	386

AFC Playoffs:
Pittsburgh Steelers – Oakland Raiders 14:33
Miami Dolphins – Cincinnati Bengals 34:16

AFC Championship:
Miami Dolphins – Oakland Raiders 27:10

NFC East	S	N	U	Pct.	EP	GP
Dallas Cowboys	10	4	0	.714	382	203
Washington Redskins*	10	4	0	.714	325	198
Philadelphia Eagles	5	8	1	.393	310	393
St. Louis Cardinals	4	9	1	.321	286	365
New York Giants	2	11	1	.179	226	362

NFC Central	S	N	U	Pct.	EP	GP
Minnesota Vikings	12	2	0	.857	296	168
Detroit Lions	6	7	1	.464	271	247
Green Bay Packers	5	7	2	.429	202	259
Chicago Bears	3	11	0	.214	195	334

NFC West	S	N	U	Pct.	EP	GP
Los Angeles Rams	12	2	0	.857	388	178
Atlanta Falcons	9	5	0	.643	318	224
New Orleans Saints	5	9	0	.357	163	312
San Francisco 49ers	5	9	0	.357	262	319

NFC Playoffs:
Minnesota Vikings – Washington Redskins 27:20
Los Angeles Rams – Dallas Cowboys 16:27

NFC Championship:
Dallas Cowboys – Minnesota Vikings 10:27

Super Bowl VIII:
Miami Dolphins – Minnesota Vikings 24:7

AFC East	S	N	U	Pct.	EP	GP
Miami Dolphins	11	3	0	.786	327	216
Buffalo Bills*	9	5	0	.643	264	244
New England Patriots	7	7	0	.500	348	289
New York Jets	7	7	0	.500	279	300
Baltimore Colts	2	12	0	.143	190	329

AFC Central	S	N	U	Pct.	EP	GP
Pittsburgh Steelers	10	3	1	.750	305	189
Cincinnati Bengals	7	7	0	.500	283	259
Houston Oilers	7	7	0	.500	236	282
Cleveland Browns	4	10	0	.286	251	344

AFC West	S	N	U	Pct.	EP	GP
Oakland Raiders	12	2	0	.857	355	228
Denver Broncos	7	6	1	.536	302	294
Kansas City Chiefs	5	9	0	.357	233	293
San Diego Chargers	5	9	0	.357	212	285

AFC Playoffs:
Oakland Raiders – Miami Dolphins 28:26
Pittsburgh Steelers – Buffalo Bills 32:14

AFC Championship:
Oakland Raiders – Pittsburgh Steelers 13:24

NFC East	S	N	U	Pct.	EP	GP
St. Louis Cardinals	10	4	0	.714	285	218
Washington Redskins*	10	4	0	.714	320	196
Dallas Cowboys	8	6	0	.571	297	235
Philadelphia Eagles	7	7	0	.500	242	217
New York Giants	2	12	0	.143	195	299

NFC Central	S	N	U	Pct.	EP	GP
Minnesota Vikings	10	4	0	.714	310	195
Detroit Lions	7	7	0	.500	256	270
Green Bay Packers	6	8	0	.429	210	206
Chicago Bears	4	10	0	.286	152	279

NFC West	S	N	U	Pct.	EP	GP
Los Angeles Rams	10	4	0	.714	263	181
San Francisco 49ers	6	8	0	.429	226	236
New Orleans Saints	5	9	0	.357	166	263
Atlanta Falcons	3	11	0	.214	111	271

NFC Playoffs:
Los Angeles Rams – Washington Redskins 19:10
Minnesota Vikings – St. Louis Cardinals 30:14

NFC Championship:
Minnesota Vikings – Los Angeles Rams 14:10

Super Bowl IX:
Pittsburgh Steelers – Minnesota Vikings 16:6

AFC East	S	N	U	Pct.	EP	GP
Baltimore Colts	10	4	0	.714	395	269
Miami Dolphins	10	4	0	.714	357	222
Buffalo Bills	8	6	0	.571	420	355
New England Patriots	3	11	0	.214	258	358
New York Jets	3	11	0	.214	258	433

AFC Central	S	N	U	Pct.	EP	GP
Pittsburgh Steelers	12	2	0	.857	373	162
Cincinnati Bengals*	11	3	0	.786	340	246
Houston Oilers	10	4	0	.714	293	226
Cleveland Browns	3	11	0	.214	218	372

AFC West	S	N	U	Pct.	EP	GP
Oakland Raiders	11	3	0	.786	375	255
Denver Broncos	6	8	0	.429	254	307
Kansas City Chiefs	5	9	0	.357	282	341
San Diego Chargers	2	12	0	.143	189	345

AFC Playoffs:
Pittsburgh Steelers – Baltimore Colts 28:10
Oakland Raiders – Cincinnati Bengals 31:28

AFC Championship:
Pittsburgh Steelers – Oakland Raiders 16:10

NFC East	S	N	U	Pct.	EP	GP
St. Louis Cardinals	11	3	0	.786	356	276
Dallas Cowboys*	10	4	0	.714	350	268
Washington Redskins	8	6	0	.571	325	276
New York Giants	5	9	0	.357	216	306
Philadelphia Eagles	4	10	0	.286	225	302

NFC Central	S	N	U	Pct.	EP	GP
Minnesota Vikings	12	2	0	.857	377	180
Detroit Lions	7	7	0	.500	245	262
Chicago Bears	4	10	0	.286	191	379
Green Bay Packers	4	10	0	.286	226	285

NFC West	S	N	U	Pct.	EP	GP
Los Angeles Rams	12	2	0	.857	312	135
San Francisco 49ers	5	9	0	.357	255	286
Atlanta Falcons	4	10	0	.286	240	289
New Orleans Saints	2	12	0	.143	165	360

NFC Playoffs:
Los Angeles Rams – St. Louis Cardinals 35:23
Minnesota Vikings – Dallas Cowboys 14:17

NFC Championship:
Los Angeles Rams – Dallas Cowboys 7:37

Super Bowl X:
Pittsburgh Steelers – Dallas Cowboys 21:17

1976

AFC East	S	N	U	Pct.	EP	GP
Baltimore Colts	11	3	0	.786	417	246
New England Patriots*	11	3	0	.786	376	236
Miami Dolphins	6	8	0	.429	263	264
New York Jets	3	11	0	.214	169	383
Buffalo Bills	2	12	0	.143	245	363

AFC Central	S	N	U	Pct.	EP	GP
Pittsburgh Steelers	10	4	0	.714	342	138
Cincinnati Bengals	10	4	0	.714	335	210
Cleveland Browns	9	5	0	.643	267	287
Houston Oilers	5	9	0	.357	222	273

AFC West	S	N	U	Pct.	EP	GP
Oakland Raiders	13	1	0	.929	350	237
Denver Broncos	9	5	0	.643	315	206
San Diego Chargers	6	8	0	.429	248	285
Kansas City Chiefs	5	9	0	.357	290	376
Tampa Bay Buccaneers	0	14	0	.000	125	412

AFC Playoffs:
Oakland Raiders - New England Patriots 24:21
Baltimore Colts - Pittsburgh Steelers 14:40

AFC Championship:
Oakland Raiders - Pittsburgh Steelers 24:7

NFC East	S	N	U	Pct.	EP	GP
Dallas Cowboys	11	3	0	.786	296	194
Washington Redskins*	10	4	0	.714	291	217
St. Louis Cardinals	10	4	0	.714	309	267
Philadelphia Eagles	4	10	0	.286	165	286
New York Giants	3	11	0	.214	170	250

NFC Central	S	N	U	Pct.	EP	GP
Minnesota Vikings	11	2	1	.821	305	176
Chicago Bears	7	7	0	.500	253	216
Detroit Lions	6	8	0	.429	262	220
Green Bay Packers	5	9	0	.357	218	299

NFC West	S	N	U	Pct.	EP	GP
Los Angeles Rams	10	3	1	.750	351	190
San Francisco 49ers	8	6	0	.571	270	190
Atlanta Falcons	4	10	0	.286	172	312
New Orleans Saints	4	10	0	.286	253	346
Seattle Seahawks	2	12	0	.143	229	429

NFC Playoffs:
Minnesota Vikings - Washington Redskins 35:20
Dallas Cowboys - Los Angeles Rams 12:14

NFC Championship:
Minnesota Vikings - Los Angeles Rams 24:13

Super Bowl XI:
Oakland Raiders - Minnesota Vikings 32:14

1977

AFC East	S	N	U	Pct.	EP	GP
Baltimore Colts	10	4	0	.714	295	221
Miami Dolphins	10	4	0	.714	313	197
New England Patriots	9	5	0	.643	278	217
New York Jets	3	11	0	.214	191	300
Buffalo Bills	3	11	0	.214	160	313

AFC Central	S	N	U	Pct.	EP	GP
Pittsburgh Steelers	9	5	0	.643	283	243
Houston Oilers	8	6	0	.571	299	230
Cincinnati Bengals	8	6	0	.571	238	235
Cleveland Browns	6	8	0	.429	269	267

AFC West	S	N	U	Pct.	EP	GP
Denver Broncos	12	2	0	.857	274	148
Oakland Raiders*	11	3	0	.786	351	230
San Diego Chargers	7	7	0	.500	222	205
Seattle Seahawks	5	9	0	.357	282	373
Kansas City Chiefs	2	12	0	.143	225	349

AFC Playoffs:
Denver Broncos - Pittsburgh Steelers 34:21
Baltimore Colts - Oakland Raiders 31:37 (OT)

AFC Championship:
Denver Broncos - Oakland Raiders 20:17

NFC East	S	N	U	Pct.	EP	GP
Dallas Cowboys	12	2	0	.857	345	212
Washington Redskins	9	5	0	.643	196	189
St. Louis Cardinals	7	7	0	.500	272	287
Philadelphia Eagles	5	9	0	.357	220	207
New York Giants	5	9	0	.357	181	265

NFC Central	S	N	U	Pct.	EP	GP
Minnesota Vikings	9	5	0	.643	231	227
Chicago Bears*	9	5	0	.643	255	253
Detroit Lions	6	8	0	.429	183	252
Green Bay Packers	4	10	0	.286	134	219
Tampa Bay Buccaneers	2	12	0	.143	103	223

NFC West	S	N	U	Pct.	EP	GP
Los Angeles Rams	10	4	0	.714	302	146
Atlanta Falcons	7	7	0	.500	179	129
San Francisco 49ers	5	9	0	.357	220	260
New Orleans Saints	3	11	0	.214	232	336

NFC Playoffs:
Dallas Cowboys - Chicago Bears 37:7
Los Angeles Rams - Minnesota Vikings 7:14

NFC Championship:
Dallas Cowboys - Minnesota Vikings 23:6

Super Bowl XII:
Dallas Cowboys - Denver Broncos 27:10

1978

AFC East	S	N	U	Pct.	EP	GP
New England Patriots	11	5	0	.688	358	286
Miami Dolphins*	11	5	0	.688	372	254
New York Jets	8	8	0	.500	359	364
Buffalo Bills	5	11	0	.313	302	354
Baltimore Colts	5	11	0	.313	239	421

AFC Central	S	N	U	Pct.	EP	GP
Pittsburgh Steelers	14	2	0	.875	356	195
Houston Oilers*	10	6	0	.625	283	298
Cleveland Browns	8	8	0	.500	334	356
Cincinnati Bengals	4	12	0	.250	252	284

AFC West	S	N	U	Pct.	EP	GP
Denver Broncos	10	6	0	.625	282	198
Oakland Raiders	9	7	0	.563	311	283
Seattle Seahawks	9	7	0	.563	345	358
San Diego Chargers	9	7	0	.563	355	309
Kansas City Chiefs	4	12	0	.250	243	327

AFC Wild Card:
Miami Dolphins – Houston Oilers 9:17

AFC Playoffs:
New England Patriots – Houston Oilers 14:31
Pittsburgh Steelers – Denver Broncos 33:10

AFC Championship:
Pittsburgh Steelers – Houston Oilers 34:5

NFC East	S	N	U	Pct.	EP	GP
Dallas Cowboys	12	4	0	.750	384	208
Philadelphia Eagles*	9	7	0	.563	270	250
Washington Redskins	8	8	0	.500	273	283
St. Louis Cardinals	6	10	0	.375	248	296
New York Giants	6	10	0	.375	264	298

NFC Central	S	N	U	Pct.	EP	GP
Minnesota Vikings	8	7	1	.531	294	306
Green Bay Packers	8	7	1	.531	249	269
Detroit Lions	7	9	0	.438	290	300
Chicago Bears	7	9	0	.438	253	274
Tampa Bay Buccaneers	5	11	0	.313	241	259

NFC West	S	N	U	Pct.	EP	GP
Los Angeles Rams	12	4	0	.750	316	245
Atlanta Falcons*	9	7	0	.563	240	290
New Orleans Saints	7	9	0	.438	281	298
San Francisco 49ers	2	14	0	.125	219	350

NFC Wild Card:
Atlanta Falcons – Philadelphia Eagles 14:13

NFC Playoffs:
Dallas Cowboys – Atlanta Falcons 27:20
Los Angeles Rams – Minnesota Vikings 34:10

NFC Championship:
Los Angeles Rams – Dallas Cowboys 0:28

Super Bowl XIII:
Pittsburgh Steelers – Dallas Cowboys 35:31

1979

AFC East	S	N	U	Pct.	EP	GP
Miami Dolphins	10	6	0	.625	341	257
New England Patriots	9	7	0	.563	411	326
New York Jets	8	8	0	.500	337	383
Buffalo Bills	7	9	0	.438	268	279
Baltimore Colts	5	11	0	.313	271	351

AFC Central	S	N	U	Pct.	EP	GP
Pittsburgh Steelers	12	4	0	.750	416	262
Houston Oilers*	11	5	0	.688	362	331
Cleveland Browns	9	7	0	.563	359	352
Cincinnati Bengals	4	12	0	.250	337	421

AFC West	S	N	U	Pct.	EP	GP
San Diego Chargers	12	4	0	.750	411	246
Denver Broncos*	10	6	0	.625	289	262
Seattle Seahawks	9	7	0	.563	378	372
Oakland Raiders	9	7	0	.563	365	337
Kansas City Chiefs	7	9	0	.438	238	262

AFC Wild Card:
Houston Oilers – Denver Broncos 13:7

AFC Playoffs:
San Diego Chargers – Houston Oilers 14:17
Pittsburgh Steelers – Miami Dolphins 34:14

AFC Championship:
Pittsburgh Steelers – Houston Oilers 27:13

NFC East	S	N	U	Pct.	EP	GP
Dallas Cowboys	11	5	0	.688	371	313
Philadelphia Eagles*	11	5	0	.688	339	282
Washington Redskins	10	6	0	.625	348	295
New York Giants	6	10	0	.375	237	323
St. Louis Cardinals	5	11	0	.313	307	358

NFC Central	S	N	U	Pct.	EP	GP
Tampa Bay Buccaneers	10	6	0	.625	273	237
Chicago Bears*	10	6	0	.625	306	249
Minnesota Vikings	7	9	0	.438	259	337
Green Bay Packers	5	11	0	.313	246	316
Detroit Lions	2	14	0	.125	219	365

NFC West	S	N	U	Pct.	EP	GP
Los Angeles Rams	9	7	0	.563	323	309
New Orleans Saints	8	8	0	.500	370	360
Atlanta Falcons	6	10	0	.375	300	388
San Francisco 49ers	2	14	0	.125	308	416

NFC Wild Card:
Philadelphia Eagles – Chicago Bears 27:17

NFC Playoffs:
Tampa Bay Buccaneers – Philadelphia Eagles 24:17
Dallas Cowboys – Los Angeles Rams 19:21

NFC Championship:
Tampa Bay Buccaneers – Los Angeles Rams 0:9

Super Bowl XIV:
Pittsburgh Steelers – Los Angeles Rams 31:19

1980

AFC East	S	N	U	Pct.	EP	GP
Buffalo Bills	11	5	0	.688	320	260
New England Patriots	10	6	0	.625	441	325
Miami Dolphins	8	8	0	.500	266	305
Baltimore Colts	7	9	0	.438	355	387
New York Jets	4	12	0	.250	302	395

AFC Central	S	N	U	Pct.	EP	GP
Cleveland Browns	11	5	0	.688	357	310
Houston Oilers*	11	5	0	.688	295	251
Pittsburgh Steelers	9	7	0	.563	352	313
Cincinnati Bengals	6	10	0	.375	244	312

AFC West	S	N	U	Pct.	EP	GP
San Diego Chargers	11	5	0	.688	418	327
Oakland Raiders*	11	5	0	.688	364	306
Kansas City Chiefs	8	8	0	.500	319	336
Denver Broncos	8	8	0	.500	310	323
Seattle Seahawks	4	12	0	.250	291	408

AFC Wild Card:
Oakland Raiders – Houston Oilers 27:7

AFC Playoffs:
San Diego Chargers – Buffalo Bills 20:14
Cleveland Browns – Oakland Raiders 12:14

AFC Championship:
San Diego Chargers – Oakland Raiders 13:34

NFC East	S	N	U	Pct.	EP	GP
Philadelphia Eagles	12	4	0	.750	384	222
Dallas Cowboys*	12	4	0	.750	454	311
Washington Redskins	6	10	0	.375	261	293
St. Louis Cardinals	5	11	0	.313	299	350
New York Giants	4	12	0	.250	249	425

NFC Central	S	N	U	Pct.	EP	GP
Minnesota Vikings	9	7	0	.563	317	308
Detroit Lions	9	7	0	.563	334	272
Chicago Bears	7	9	0	.438	304	264
Tampa Bay Buccaneers	5	10	1	.344	271	341
Green Bay Packers	5	10	1	.344	231	371

NFC West	S	N	U	Pct.	EP	GP
Atlanta Falcons	12	4	0	.750	405	272
Los Angeles Rams*	11	5	0	.688	424	289
San Francisco 49ers	6	10	0	.375	320	415
New Orleans Saints	1	15	0	.063	291	487

NFC Wild Card:
Dallas Cowboys – Los Angeles Rams 34:13

NFC Playoffs:
Philadelphia Eagles – Minnesota Vikings 31:16
Atlanta Falcons – Dallas Cowboys 27:30

NFC Championship:
Philadelphia Eagles – Dallas Cowboys 30:27

Super Bowl XV:
Oakland Raiders – Philadelphia Eagles 27:10

1981

AFC East	S	N	U	Pct.	EP	GP
Miami Dolphins	11	4	1	.719	345	275
New York Jets*	10	5	1	.656	355	287
Buffalo Bills*	10	6	0	.625	311	276
Baltimore Colts	2	14	0	.125	259	533
New England Patriots	2	14	0	.125	322	370

AFC Central	S	N	U	Pct.	EP	GP
Cincinnati Bengals	12	4	0	.750	421	304
Pittsburgh Steelers	8	8	0	.500	356	297
Houston Oilers	7	9	0	.438	281	355
Cleveland Browns	5	11	0	.313	276	375

AFC West	S	N	U	Pct.	EP	GP
San Diego Chargers	10	6	0	.625	478	390
Denver Broncos	10	6	0	.625	321	289
Kansas City Chiefs	9	7	0	.563	343	290
Oakland Raiders	7	9	0	.438	273	343
Seattle Seahawks	6	10	0	.375	322	388

AFC Wild Card:
New York Jets – Buffalo Bills 27:31

AFC Playoffs:
Miami Dolphins – San Diego Chargers 38:41 (OT)
Cincinnati Bengals – Buffalo Bills 28:21

AFC Championship:
Cincinnati Bengals – San Diego Chargers 27:7

NFC East	S	N	U	Pct.	EP	GP
Dallas Cowboys	12	4	0	.750	367	277
Philadelphia Eagles*	10	6	0	.625	368	221
New York Giants*	9	7	0	.563	295	257
Washington Redskins	8	8	0	.500	347	349
St. Louis Cardinals	7	9	0	.438	315	408

NFC Central	S	N	U	Pct.	EP	GP
Tampa Bay Buccaneers	9	7	0	.563	315	268
Detroit Lions	8	8	0	.500	397	322
Green Bay Packers	8	8	0	.500	324	361
Minnesota Vikings	7	9	0	.438	325	369
Chicago Bears	6	10	0	.375	253	324

NFC West	S	N	U	Pct.	EP	GP
San Francisco 49ers	13	3	0	.813	357	250
Atlanta Falcons	7	9	0	.438	426	355
Los Angeles Rams	6	10	0	.375	303	351
New Orleans Saints	4	12	0	.250	207	378

NFC Wild Card:
Philadelphia Eagles – New York Giants 21:27

NFC Playoffs:
Dallas Cowboys – Tampa Bay Buccaneers 38:0
San Francisco 49ers – New York Giants 38:24

NFC Championship:
San Francisco 49ers – Dallas Cowboys 28:27

Super Bowl XVI:
San Francisco 49ers – Cincinnati Bengals 26:21

1982

AFC	S	N	U	Pct.	EP	GP
Los Angeles Raiders	8	1	0	.889	260	200
Miami Dolphins	7	2	0	.778	198	131
Cincinnati Bengals	7	2	0	.778	232	177
Pittsburgh Steelers	6	3	0	.667	204	146
San Diego Chargers	6	3	0	.667	288	221
New York Jets	6	3	0	.667	245	166
New England Patriots	5	4	0	.556	143	157
Cleveland Browns	4	5	0	.444	140	182
Buffalo Bills	4	5	0	.444	150	154
Seattle Seahawks	4	5	0	.444	127	147
Kansas City Chiefs	3	6	0	.333	176	184
Denver Broncos	2	7	0	.222	148	226
Houston Oilers	1	8	0	.111	136	245
Baltimore Colts	0	8	1	.056	113	236

AFC Playoffs – 1. Runde:
Miami Dolphins – New England Patriots 28:13
Los Angeles Raiders – Cleveland Browns 27:10
Cincinnati Bengals – New York Jets 17:44
Pittsburgh Steelers – San Diego Chargers 28:31

AFC Playoffs – 2. Runde:
Los Angeles Raiders – New York Jets 14:17
Miami Dolphins – San Diego Chargers 34:13

AFC Championship:
Miami Dolphins – New York Jets 14:0

NFC	S	N	U	Pct.	EP	GP
Washington Redskins	8	1	0	.889	190	128
Dallas Cowboys	6	3	0	.667	226	145
Green Bay Packers	5	3	1	.611	226	169
Minnesota Vikings	5	4	0	.556	187	198
Atlanta Falcons	5	4	0	.556	183	199
St. Louis Cardinals	5	4	0	.556	135	170
Tampa Bay Buccaneers	5	4	0	.556	158	178
Detroit Lions	4	5	0	.444	181	176
New Orleans Saints	4	5	0	.444	129	160
New York Giants	4	5	0	.444	164	160
San Francisco 49ers	3	6	0	.333	209	206
Chicago Bears	3	6	0	.333	141	174
Philadelphia Eagles	3	6	0	.333	191	195
Los Angeles Rams	2	7	0	.222	200	250

NFC Playoffs – 1. Runde:
Washington Redskins – Detroit Lions 31:7
Green Bay Packers – St. Louis Cardinals 41:16
Minnesota Vikings – Atlanta Falcons 30:24
Dallas Cowboys – Tampa Bay Buccaneers 30:17

NFC Playoffs – 2. Runde:
Washington Redskins – Minnesota Vikings 21:7
Dallas Cowboys – Green Bay Packers 37:26

NFC Championship:
Washington Redskins – Dallas Cowboys 31:17

Super Bowl XVII:
Washington Redskins – Miami Dolphins 27:17

1983

AFC East	S	N	U	Pct.	EP	GP
Miami Dolphins	12	4	0	.750	389	250
New England Patriots	8	8	0	.500	274	289
Buffalo Bills	8	8	0	.500	283	351
Baltimore Colts	7	9	0	.438	264	354
New York Jets	7	9	0	.438	313	331

AFC Central	S	N	U	Pct.	EP	GP
Pittsburgh Steelers	10	6	0	.625	355	303
Cleveland Browns	9	7	0	.563	356	342
Cincinnati Bengals	7	9	0	.438	346	303
Houston Oilers	2	14	0	.125	288	460

AFC West	S	N	U	Pct.	EP	GP
Los Angeles Raiders	12	4	0	.750	443	338
Seattle Seahawks*	9	7	0	.563	403	397
Denver Broncos*	9	7	0	.563	302	327
San Diego Chargers	6	10	0	.375	358	462
Kansas City Chiefs	6	10	0	.375	386	367

Wild Card:
Seattle Seahawks – Denver Broncos 31:7

AFC Playoffs:
Miami Dolphins – Seattle Seahawks 20:27
Los Angeles Raiders – Pittsburgh Steelers 38:10

AFC Championship:
Los Angeles Raiders – Seattle Seahawks 30:14

NFC East	S	N	U	Pct.	EP	GP
Washington Redskins	14	2	0	.875	541	332
Dallas Cowboys*	12	4	0	.750	479	360
St. Louis Cardinals	8	7	1	.531	374	428
Philadelphia Eagles	5	11	0	.313	233	322
New York Giants	3	12	1	.219	267	347

NFC Central	S	N	U	Pct.	EP	GP
Detroit Lions	9	7	0	.563	347	286
Green Bay Packers	8	8	0	.500	429	439
Chicago Bears	8	8	0	.500	311	301
Minnesota Vikings	8	8	0	.500	316	348
Tampa Bay Buccaneers	2	14	0	.125	241	380

NFC West	S	N	U	Pct.	EP	GP
San Francisco 49ers	10	6	0	.625	432	293
Los Angeles Rams*	9	7	0	.563	361	344
New Orleans Saints	8	8	0	.500	319	337
Atlanta Falcons	7	9	0	.438	370	389

NFC Wild Card:
Dallas Cowboys – Los Angeles Rams 17:24

NFC Playoffs:
San Francisco 49ers – Detroit Lions 24:23
Washington Redskins – Los Angeles Rams 51:7

NFC Championship:
Washington – San Francisco 49ers 24:21

Super Bowl XVIII:
Los Angeles Raiders – Washington Redskins 38:9

1984

AFC East	S	N	U	Pct.	EP	GP
Miami Dolphins	14	2	0	.875	513	298
New England Patriots	9	7	0	.563	362	352
New York Jets	7	9	0	.438	332	364
Indianapolis Colts	4	12	0	.250	239	414
Buffalo Bills	2	14	0	.125	250	454

AFC Central	S	N	U	Pct.	EP	GP
Pittsburgh Steelers	9	7	0	.563	387	310
Cincinnati Bengals	8	8	0	.500	339	339
Cleveland Browns	5	11	0	.313	250	297
Houston Oilers	3	13	0	.188	240	437

AFC West	S	N	U	Pct.	EP	GP
Denver Broncos	13	3	0	.813	353	241
Seattle Seahawks*	12	4	0	.750	418	282
Los Angeles Raiders*	11	5	0	.688	368	278
Kansas City Chiefs	8	8	0	.500	314	324
San Diego Chargers	7	9	0	.438	394	413

AFC Wild Card:
Seattle Seahawks – Los Angeles Raiders 13:7

AFC Playoffs:
Miami Dolphins – Seattle Seahawks 31:10
Denver Broncos – Pittsburgh Steelers 17:24

AFC Championship:
Miami Dolphins – Pittsburgh Steelers 45:28

NFC East	S	N	U	Pct.	EP	GP
Washington Redskins	11	5	0	.688	426	310
New York Giants*	9	7	0	.563	299	301
St. Louis Cardinals	9	7	0	.563	423	345
Dallas Cowboys	9	7	0	.563	308	308
Philadelphia Eagles	6	9	1	.406	278	320

NFC Central	S	N	U	Pct.	EP	GP
Chicago Bears	10	6	0	.625	325	248
Green Bay Packers	8	8	0	.500	390	309
Tampa Bay Buccaneers	6	10	0	.375	335	380
Detroit Lions	4	11	1	.281	283	408
Minnesota Vikings	3	13	0	.188	276	484

NFC West	S	N	U	Pct.	EP	GP
San Francisco 49ers	15	1	0	.938	475	227
Los Angeles Rams*	10	6	0	.625	346	316
New Orleans Saints	7	9	0	.438	298	361
Atlanta Falcons	4	12	0	.250	281	382

NFC Wild Card:
Los Angeles Rams – New York Giants 13:16

NFC Playoffs:
San Francisco 49ers – New York Giants 21:10
Washington Redskins – Chicago Bears 19:23

NFC Championship:
San Francisco 49ers – Chicago Bears 23:0

Super Bowl XIX:
San Francisco 49ers – Miami Dolphins 38:16

1985

AFC East	S	N	U	Pct.	EP	GP
Miami Dolphins	12	4	0	.750	428	320
New York Jets*	11	5	0	.688	393	264
New England Patriots*	11	5	0	.688	362	290
Indianapolis Colts	5	11	0	.313	320	386
Buffalo Bills	2	14	0	.125	200	381

AFC Central	S	N	U	Pct.	EP	GP
Cleveland Browns	8	8	0	.500	287	294
Cincinnati Bengals	7	9	0	.438	441	437
Pittsburgh Steelers	7	9	0	.438	379	355
Houston Oilers	5	11	0	.313	284	412

AFC West	S	N	U	Pct.	EP	GP
Los Angeles Raiders	12	4	0	.750	354	308
Denver Broncos	11	5	0	.688	380	329
Seattle Seahawks	8	8	0	.500	349	303
San Diego Chargers	8	8	0	.500	467	435
Kansas City Chiefs	6	10	0	.375	317	360

AFC Wild Card:
New York Jets – New England Patriots 14:26

AFC Playoffs:
Miami Dolphins – Cleveland Browns 24:21
Los Angeles Raiders – New England Patriots 20:27

AFC Championship:
Miami Dolphins – New England Patriots 14:31

NFC East	S	N	U	Pct.	EP	GP
Dallas Cowboys	10	6	0	.625	357	333
New York Giants*	10	6	0	.625	399	283
Washington Redskins	10	6	0	.625	297	312
Philadelphia Eagles	7	9	0	.438	286	310
St. Louis Cardinals	5	11	0	.313	278	414

NFC Central	S	N	U	Pct.	EP	GP
Chicago Bears	15	1	0	.938	456	198
Green Bay Packers	8	8	0	.500	337	355
Minnesota Vikings	7	9	0	.438	346	359
Detroit Lions	7	9	0	.438	307	366
Tampa Bay Buccaneers	2	14	0	.125	294	448

NFC West	S	N	U	Pct.	EP	GP
Los Angeles Rams	11	5	0	.688	340	277
San Francisco 49ers*	10	6	0	.625	411	263
New Orleans Saints	5	11	0	.313	294	401
Atlanta Falcons	4	12	0	.250	282	452

NFC Wild Card:
New York Giants – San Francisco 49ers 17:3

NFC Playoffs:
Los Angeles Rams – Dallas Cowboys 20:0
Chicago Bears – New York Giants 21:0

NFC Championship:
Chicago Bears – Los Angeles Rams 24:0

Super Bowl XX:
Chicago Bears – New England Patriots 46:10

AFC East	S	N	U	Pct.	EP	GP
New England Patriots	11	5	0	.688	412	307
New York Jets	10	6	0	.625	364	386
Miami Dolphins	8	8	0	.500	430	405
Buffalo Bills	4	12	0	.250	287	348
Indianapolis Colts	3	13	0	.188	229	400

AFC Central	S	N	U	Pct.	EP	GP
Cleveland Browns	12	4	0	.750	391	310
Cincinnati Bengals	10	6	0	.625	409	394
Pittsburgh Steelers	6	10	0	.375	307	336
Houston Oilers	5	11	0	.313	274	329

AFC West	S	N	U	Pct.	EP	GP
Denver Broncos	11	5	0	.688	378	327
Kansas City Chiefs	10	6	0	.625	358	326
Seattle Seahawks	10	6	0	.625	366	293
Los Angeles Raiders	8	8	0	.500	323	346
San Diego Chargers	4	12	0	.250	335	396

AFC Wild Card:
New York Jets – Kansas City Chiefs 35:15

AFC Playoffs:
Cleveland Browns – New York Jets 23:20 (OT)
Denver Broncos – New England Patriots 22:17

AFC Championship:
Cleveland Browns – Denver Broncos 20:23 (OT)

NFC East	S	N	U	Pct.	EP	GP
New York Giants	14	2	0	.875	371	236
Washington Redskins*	12	4	0	.750	368	296
Dallas Cowboys	7	9	0	.438	346	337
Philadelphia Eagles	5	10	1	.344	256	312
St. Louis Cardinals	4	11	1	.281	218	351

NFC Central	S	N	U	Pct.	EP	GP
Chicago Bears	14	2	0	.875	352	187
Minnesota Vikings	9	7	0	.563	398	273
Detroit Lions	5	11	0	.313	277	326
Green Bay Packers	4	12	0	.250	254	418
Tampa Bay Buccaneers	2	14	0	.125	239	473

NFC West	S	N	U	Pct.	EP	GP
San Francisco 49ers	10	5	1	.656	374	247
Los Angeles Rams*	10	6	0	.625	309	267
Atlanta Falcons	7	8	1	.469	280	280
New Orleans Saints	7	9	0	.438	288	287

NFC Wild Card:
Washington Redskins – Los Angeles Rams 19:7

NFC Playoffs:
Chicago Bears – Washington Redskins 13:27
New York Giants – San Francisco 49ers 49:3

NFC Championship:
New York Giants – Washington Redskins 17:0

Super Bowl XXI:
New York Giants – Denver Broncos 39:20

AFC East	S	N	U	Pct.	EP	GP
Indianapolis Colts	9	6	0	.600	300	238
New England Patriots	8	7	0	.533	320	293
Miami Dolphins	8	7	0	.533	362	335
Buffalo Bills	7	8	0	.467	270	305
New York Jets	6	9	0	.400	334	360

AFC Central	S	N	U	Pct.	EP	GP
Cleveland Browns	10	5	0	.667	390	239
Houston Oilers	9	6	0	.600	345	349
Pittsburgh Steelers	8	7	0	.533	285	299
Cincinnati Bengals	4	11	0	.267	285	370

AFC West	S	N	U	Pct.	EP	GP
Denver Broncos	10	4	1	.700	379	288
Seattle Seahawks	9	6	0	.600	371	314
San Diego Chargers	8	7	0	.533	253	317
Los Angeles Raiders	5	10	0	.333	301	289
Kansas City Chiefs	4	11	0	.267	273	388

AFC Wild Card:
Houston Oilers – Seattle Seahawks 23:20 (OT)

AFC Playoffs:
Cleveland Browns – Indianapolis Colts 38:21
Denver Broncos – Houston Oilers 34:10

AFC Championship:
Denver Broncos – Cleveland Browns 38:33

NFC East	S	N	U	Pct.	EP	GP
Washington Redskins	11	4	0	.733	379	285
Dallas Cowboys	7	8	0	.467	340	348
St. Louis Cardinals	7	8	0	.467	362	368
Philadelphia Eagles	7	8	0	.467	337	380
New York Giants	6	9	0	.400	280	312

NFC Central	S	N	U	Pct.	EP	GP
Chicago Bears	11	4	0	.733	356	282
Minnesota Vikings*	8	7	0	.533	336	335
Green Bay Packers	5	9	1	.367	255	300
Tampa Bay Buccaneers	4	11	0	.267	286	360
Detroit Lions	4	11	0	.267	269	384

NFC West	S	N	U	Pct.	EP	GP
San Francisco 49ers	13	2	0	.867	459	253
New Orleans Saints*	12	3	0	.800	422	283
Los Angeles Rams	6	9	0	.400	317	361
Atlanta Falcons	3	12	0	.200	205	436

NFC Wild Card:
New Orleans Saints – Minnesota Vikings 10:44

NFC Playoffs:
San Francisco 49ers – Minnesota Vikings 24:36
Chicago Bears – Washington Redskins 17:21

NFC Championship:
Washington Redskins – Minnesota Vikings 17:10

Super Bowl XXII:
Washington Redskins – Denver Broncos 42:10

1988

AFC East	S	N	U	Pct.	EP	GP
Buffalo Bills	12	4	0	.750	329	237
Indianapolis Colts	9	7	0	.563	354	315
New England Patriots	9	7	0	.563	250	284
New York Jets	8	7	1	.531	372	354
Miami Dolphins	6	10	0	.375	319	380

AFC Central	S	N	U	Pct.	EP	GP
Cincinnati Bengals	12	4	0	.750	448	329
Cleveland Browns*	10	6	0	.625	304	288
Houston Oilers*	10	6	0	.625	424	365
Pittsburgh Steelers	5	11	0	.313	336	421

AFC West	S	N	U	Pct.	EP	GP
Seattle Seahawks	9	7	0	.563	339	329
Denver Broncos	8	8	0	.500	327	352
Los Angeles Raiders	7	9	0	.438	325	369
San Diego Chargers	6	10	0	.375	231	332
Kansas City Chiefs	4	11	1	.281	254	320

AFC Wild Card:
Cleveland Browns – Houston Oilers 23:24

AFC Playoffs:
Cincinnati Bengals – Seattle Seahawks 21:13
Buffalo Bills – Houston Oilers 17:10

AFC Championship:
Cincinnati Bengals – Buffalo Bills 21:10

NFC East	S	N	U	Pct.	EP	GP
Philadelphia Eagles	10	6	0	.625	379	319
New York Giants	10	6	0	.625	359	304
Washington Redskins	7	9	0	.438	345	387
Phoenix Cardinals	7	9	0	.438	344	398
Dallas Cowboys	3	13	0	.188	265	381

NFC Central	S	N	U	Pct.	EP	GP
Chicago Bears	12	4	0	.750	312	215
Minnesota Vikings*	11	5	0	.688	406	233
Tampa Bay Buccaneers	5	11	0	.313	261	350
Detroit Lions	4	12	0	.250	220	313
Green Bay Packers	4	12	0	.250	240	315

NFC West	S	N	U	Pct.	EP	GP
San Francisco 49ers	10	6	0	.625	369	294
Los Angeles Rams*	10	6	0	.625	407	293
New Orleans Saints	10	6	0	.625	312	283
Atlanta Falcons	5	11	0	.313	244	315

NFC Wild Card:
Minnesota Vikings – Los Angeles Rams 28:17

NFC Playoffs:
Chicago Bears – Philadelphia Eagles 20:12
San Francisco 49ers – Minnesota Vikings 34:9

NFC Championship:
San Francisco 49ers – Chicago Bears 28:3

Super Bowl XXIII:
San Francisco 49ers – Cincinnati Bengals 20:16

1989

AFC East	S	N	U	Pct.	EP	GP
Buffalo Bills	9	7	0	.563	409	317
Indianapolis Colts	8	8	0	.500	298	301
Miami Dolphins	8	8	0	.500	331	379
New England Patriots	5	11	0	.313	297	391
New York Jets	4	12	0	.250	253	411

AFC Central	S	N	U	Pct.	EP	GP
Cleveland Browns	9	6	1	.594	334	254
Houston Oilers*	9	7	0	.563	365	412
Pittsburgh Steelers*	9	7	0	.563	265	326
Cincinnati Bengals	8	8	0	.500	404	285

AFC West	S	N	U	Pct.	EP	GP
Denver Broncos	11	5	0	.688	362	226
Kansas City Chiefs	8	7	1	.531	318	286
Los Angeles Raiders	8	8	0	.500	315	297
Seattle Seahawks	7	9	0	.438	241	327
San Diego Chargers	6	10	0	.375	266	290

AFC Wild Card:
Pittsburgh Steelers – Houston Oilers 26:23 (OT)

AFC Playoffs:
Cleveland Browns – Buffalo Bills 34:30
Denver Broncos – Pittsburgh Steelers 24:23

AFC Championship:
Denver Broncos – Cleveland Browns 37:21

NFC East	S	N	U	Pct.	EP	GP
New York Giants	12	4	0	.750	348	252
Philadelphia Eagles*	11	5	0	.688	342	274
Washington Redskins	10	6	0	.625	386	308
Phoenix Cardinals	5	11	0	.313	258	377
Dallas Cowboys	1	15	0	.063	204	393

NFC Central	S	N	U	Pct.	EP	GP
Minnesota Vikings	10	6	0	.625	351	275
Green Bay Packers	10	6	0	.625	362	356
Detroit Lions	7	9	0	.438	312	364
Chicago Bears	6	10	0	.375	358	377
Tampa Bay Buccaneers	5	11	0	.313	320	419

NFC West	S	N	U	Pct.	EP	GP
San Francisco 49ers	14	2	0	.875	442	253
Los Angeles Rams*	11	5	0	.688	426	344
New Orleans Saints	9	7	0	.563	386	301
Atlanta Falcons	3	13	0	.188	279	437

NFC Wild Card:
Philadelphia Eagles – Los Angeles Rams 7:21

NFC Playoffs:
New York Giants – Los Angeles Rams 13:19 (OT)
San Francisco 49ers – Minnesota Vikings 41:13

NFC Championship:
San Francisco 49ers – Los Angeles Rams 30:3

Super Bowl XXIV:
San Francisco 49ers – Denver Broncos 55:10

1990

AFC East	S	N	U	Pct.	EP	GP
Buffalo Bills	13	3	0	.813	428	263
Miami Dolphins*	12	4	0	.750	336	242
Indianapolis Colts	7	9	0	.438	281	353
New York Jets	6	10	0	.375	295	345
New England Patriots	1	15	0	.063	181	446

AFC Central	S	N	U	Pct.	EP	GP
Cincinnati Bengals	9	7	0	.563	360	352
Houston Oilers*	9	7	0	.563	405	307
Pittsburgh Steelers	9	7	0	.563	292	240
Cleveland Browns	3	13	0	.188	228	462

AFC West	S	N	U	Pct.	EP	GP
Los Angeles Raiders	12	4	0	.750	337	268
Kansas City Chiefs*	11	5	0	.688	369	257
Seattle Seahawks	9	7	0	.563	306	286
San Diego Chargers	6	10	0	.375	315	281
Denver Broncos	5	11	0	.313	331	374

AFC Wild Card:
Miami Dolphins – Kansas City Chiefs 17:16
Cincinnati Bengals – Houston Oilers 41:14

AFC Playoffs:
Buffalo Bills – Miami Dolphins 44:34
Los Angeles Raiders – Cincinnati Bengals 20:10

AFC Championship:
Buffalo Bills – Los Angeles Raiders 51:3

NFC East	S	N	U	Pct.	EP	GP
New York Giants	13	3	0	.813	335	211
Philadelphia Eagles*	10	6	0	.625	396	299
Washington Redskins*	10	6	0	.625	381	301
Dallas Cowboys	7	9	0	.438	244	308
Phoenix Cardinals	5	11	0	.313	268	396

NFC Central	S	N	U	Pct.	EP	GP
Chicago Bears	11	5	0	.688	348	280
Tampa Bay Buccaneers	6	10	0	.375	264	367
Detroit Lions	6	10	0	.375	373	413
Green Bay Packers	6	10	0	.375	271	347
Minnesota Vikings	6	10	0	.375	351	326

NFC West	S	N	U	Pct.	EP	GP
San Francisco 49ers	14	2	0	.875	353	239
New Orleans Saints*	8	8	0	.500	274	275
Los Angeles Rams	5	11	0	.313	345	412
Atlanta Falcons	5	11	0	.313	348	365

NFC Wild Card:
Philadelphia Eagles – Washington Redskins 6:20
Chicago Bears – New Orleans Saints 16:6

NFC Playoffs:
San Francisco 49ers – Washington Redskins 28:10
New York Giants – Chicago Bears 31:3

NFC Championship:
San Francisco 49ers – New York Giants 13:15

Super Bowl XXV:
New York Giants – Buffalo Bills 20:19

1991

AFC East	S	N	U	Pct.	EP	GP
Buffalo Bills	13	3	0	.813	458	318
New York Jets*	8	8	0	.500	314	293
Miami Dolphins	8	8	0	.500	343	349
New England Patriots	6	10	0	.375	211	305
Indianapolis Colts	1	15	0	.063	143	381

AFC Central	S	N	U	Pct.	EP	GP
Houston Oilers	11	5	0	.688	386	251
Pittsburgh Steelers	7	9	0	.438	292	344
Cleveland Browns	6	10	0	.375	293	298
Cincinnati Bengals	3	13	0	.188	263	435

AFC West	S	N	U	Pct.	EP	GP
Denver Broncos	12	4	0	.750	304	235
Kansas City Chiefs*	10	6	0	.625	322	252
Los Angeles Raiders*	9	7	0	.563	298	297
Seattle Seahawks	7	9	0	.438	276	261
San Diego Chargers	4	12	0	.250	274	342

AFC Wild Card:
Kansas City Chiefs – Los Angeles Raiders 10:6
Houston Oilers – New York Jets 17:10

AFC Playoffs:
Denver Broncos – Houston Oilers 26:24
Buffalo Bills – Kansas City Chiefs 37:14

AFC Championship:
Buffalo Bills – Denver Broncos 10:7

NFC East	S	N	U	Pct.	EP	GP
Washington Redskins	14	2	0	.875	485	224
Dallas Cowboys*	11	5	0	.688	342	310
Philadelphia Eagles	10	6	0	.625	285	244
New York Giants	8	8	0	.500	281	297
Phoenix Cardinals	4	12	0	.250	196	344

NFC Central	S	N	U	Pct.	EP	GP
Detroit Lions	12	4	0	.750	339	295
Chicago Bears*	11	5	0	.688	299	269
Minnesota Vikings	8	8	0	.500	301	306
Green Bay Packers	4	12	0	.250	273	313
Tampa Bay Buccaneers	3	13	0	.188	199	365

NFC West	S	N	U	Pct.	EP	GP
New Orleans Saints	11	5	0	.688	341	211
Atlanta Falcons*	10	6	0	.625	361	338
San Francisco 49ers	10	6	0	.625	393	239
Los Angeles Rams	3	13	0	.188	234	390

NFC Wild Card:
New Orleans Saints – Atlanta Falcons 20:27
Chicago Bears – Dallas Cowboys 13:17

NFC Playoffs:
Washington Redskins – Atlanta Falcons 24:7
Detroit Lions – Dallas Cowboys 38:6

NFC Championship:
Washington Redskins – Detroit Lions 41:10

Super Bowl XXVI:
Washington Redskins – Buffalo Bills 37:24

	1992					
AFC East	S	N	U	Pct.	EP	GP
Miami Dolphins	11	5	0	.688	340	281
Buffalo Bills*	11	5	0	.688	381	283
Indianapolis Colts	9	7	0	.563	216	302
New York Jets	4	12	0	.250	220	315
New England Patriots	2	14	0	.125	205	363
AFC Central	S	N	U	Pct.	EP	GP
Pittsburgh Steelers	11	5	0	.688	299	225
Houston Oilers*	10	6	0	.625	352	258
Cleveland Browns	7	9	0	.438	272	275
Cincinnati Bengals	5	11	0	.313	274	364
AFC West	S	N	U	Pct.	EP	GP
San Diego Chargers	11	5	0	.688	335	241
Kansas City Chiefs*	10	6	0	.625	348	282
Denver Broncos	8	8	0	.500	262	329
Los Angeles Raiders	7	9	0	.438	249	281
Seattle Seahawks	2	14	0	.125	140	312

AFC Wild Card:
San Diego Chargers – Kansas City Chiefs 17:0
Buffalo Bills – Houston Oilers 41:38 (OT)

AFC Playoffs:
Pittsburgh Steelers – Buffalo Bills 3:24
Miami Dolphins – San Diego Chargers 31:0

AFC Championship:
Miami Dolphins – Buffalo Bills 10:29

NFC East	S	N	U	Pct.	EP	GP
Dallas Cowboys	13	3	0	.813	409	243
Philadelphia Eagles*	11	5	0	.688	354	245
Washington Redskins*	9	7	0	.563	300	255
New York Giants	6	10	0	.375	306	367
Phoenix Cardinals	4	12	0	.250	243	332
NFC Central	S	N	U	Pct.	EP	GP
Minnesota Vikings	11	5	0	.688	374	249
Green Bay Packers	9	7	0	.563	276	296
Tampa Bay Buccaneers	5	11	0	.313	267	365
Chicago Bears	5	11	0	.313	295	361
Detroit Lions	5	11	0	.313	273	332
NFC West	S	N	U	Pct.	EP	GP
San Francisco 49ers	14	2	0	.875	431	236
New Orleans Saints*	12	4	0	.750	330	202
Atlanta Falcons	6	10	0	.375	327	414
Los Angeles Rams	6	10	0	.375	313	383

NFC Wild Card:
Minnesota Vikings – Washington Redskins 7:24
New Orleans Saints – Philadelphia Eagles 20:36

NFC Playoffs:
San Francisco 49ers – Washington Redskins 20:13
Dallas Cowboys – Philadelphia Eagles 34:10

NFC Championship:
San Francisco 49ers – Dallas Cowboys 20:30

Super Bowl XXVII:
Dallas Cowboys – Buffalo Bills 52:17

	1993					
AFC East	S	N	U	Pct.	EP	GP
Buffalo Bills	12	4	0	.750	329	242
Miami Dolphins	9	7	0	.563	349	351
New York Jets	8	8	0	.500	270	247
New England Patriots	5	11	0	.313	238	286
Indianapolis Colts	4	12	0	.250	189	378
AFC Central	S	N	U	Pct.	EP	GP
Houston Oilers	12	4	0	.750	368	238
Pittsburgh Steelers*	9	7	0	.563	308	281
Cleveland Browns	7	9	0	.438	304	307
Cincinnati Bengals	3	13	0	.188	187	319
AFC West	S	N	U	Pct.	EP	GP
Kansas City Chiefs	11	5	0	.688	328	291
Los Angeles Raiders*	10	6	0	.625	306	326
Denver Broncos*	9	7	0	.563	373	284
San Diego Chargers	8	8	0	.500	322	290
Seattle Seahawks	6	10	0	.375	280	314

AFC Wild Card:
Kansas City Chiefs – Pittsburgh Steelers 27:24 (OT)
Los Angeles Raiders – Denver Broncos 42:24

AFC Playoffs:
Buffalo Bills – Los Angeles Raiders 29:23
Kansas City Chiefs – Houston Oilers 28:20

AFC Championship:
Kansas City Chiefs – Buffalo Bills 13:30

NFC East	S	N	U	Pct.	EP	GP
Dallas Cowboys	12	4	0	.750	376	229
New York Giants*	11	5	0	.688	288	205
Philadelphia Eagles	8	8	0	.500	293	315
Phoenix Cardinals	7	9	0	.438	326	269
Washington Redskins	4	12	0	.250	230	345
NFC Central	S	N	U	Pct.	EP	GP
Detroit Lions	10	6	0	.625	298	292
Minnesota Vikings*	9	7	0	.563	277	290
Green Bay Packers*	9	7	0	.563	340	282
Chicago Bears	7	9	0	.438	234	230
Tampa Bay Buccaneers	5	11	0	.313	237	376
NFC West	S	N	U	Pct.	EP	GP
San Francisco 49ers	10	6	0	.625	473	295
New Orleans Saints	8	8	0	.500	317	343
Atlanta Falcons	6	10	0	.375	316	385
Los Angeles Rams	5	11	0	.313	221	367

NFC Wild Card:
Detroit Lions – Green Bay Packers 24:28
New York Giants – Minnesota Vikings 17:10

NFC Playoffs:
San Francisco 49ers – New York Giants 44:3
Dallas Cowboys – Green Bay Packers 27:17

NFC Championship:
Dallas Cowboys – San Francisco 49ers 38:21

Super Bowl XXVIII:
Dallas Cowboys – Buffalo Bills 30:13

1994

AFC East	S	N	U	Pct.	EP	GP
Miami Dolphins	10	6	0	.625	389	327
New England Patriots*	10	6	0	.625	351	312
Indianapolis Colts	8	8	0	.500	307	320
Buffalo Bills	7	9	0	.438	340	356
New York Jets	6	10	0	.375	264	320

AFC Central	S	N	U	Pct.	EP	GP
Pittsburgh Steelers	12	4	0	.750	316	234
Cleveland Browns*	11	5	0	.688	340	204
Cincinnati Bengals	3	13	0	.188	276	406
Houston Oilers	2	14	0	.125	226	352

AFC West	S	N	U	Pct.	EP	GP
San Diego Chargers	11	5	0	.688	381	306
Kansas City Chiefs*	9	7	0	.563	319	298
Los Angeles Raiders	9	7	0	.563	303	327
Denver Broncos	7	9	0	.438	347	396
Seattle Seahawks	6	10	0	.375	287	323

AFC Wild Card:
Miami Dolphins – Kansas City Chiefs 27:17
Cleveland Browns – New England Patriots 20:13

AFC Playoffs:
Pittsburgh Steelers – Cleveland Browns 29:9
San Diego Chargers – Miami Dolphins 22:21

AFC Championship:
Pittsburgh Steelers – San Diego Chargers 13:17

NFC East	S	N	U	Pct.	EP	GP
Dallas Cowboys	12	4	0	.750	414	248
New York Giants	9	7	0	.563	279	305
Arizona Cardinals	8	8	0	.500	235	267
Philadelphia Eagles	7	9	0	.438	308	308
Washington Redskins	3	13	0	.188	320	412

NFC Central	S	N	U	Pct.	EP	GP
Minnesota Vikings	10	6	0	.625	356	314
Detroit Lions*	9	7	0	.563	357	342
Green Bay Packers*	9	7	0	.563	382	287
Chicago Bears*	9	7	0	.563	271	307
Tampa Bay Buccaneers	6	10	0	.375	251	351

NFC West	S	N	U	Pct.	EP	GP
San Francisco 49ers	13	3	0	.813	505	296
New Orleans Saints	7	9	0	.438	348	407
Atlanta Falcons	7	9	0	.438	317	385
Los Angeles Rams	4	12	0	.250	286	365

NFC Wild Card:
Green Bay Packers – Detroit Lions 16:12
Minnesota Vikings – Chicago Bears 18:35

NFC Playoffs:
San Francisco 49ers – Chicago Bears 44:15
Dallas Cowboys – Green Bay Packers 35:9

NFC Championship:
San Francisco 49ers – Dallas Cowboys 38:28

Super Bowl XXIX:
San Francisco 49ers – San Diego Chargers 49:26

1995

AFC East	S	N	U	Pct.	EP	GP
Buffalo Bills	10	6	0	.625	350	335
Indianapolis Colts*	9	7	0	.563	331	316
Miami Dolphins*	9	7	0	.563	398	332
New England Patriots	6	10	0	.375	294	377
New York Jets	3	13	0	.188	233	384

AFC Central	S	N	U	Pct.	EP	GP
Pittsburgh Steelers	11	5	0	.688	407	327
Cincinnati Bengals	7	9	0	.438	349	374
Houston Oilers	7	9	0	.438	348	324
Cleveland Browns	5	11	0	.313	289	356
Jacksonville Jaguars	4	12	0	.250	275	404

AFC West	S	N	U	Pct.	EP	GP
Kansas City Chiefs	13	3	0	.813	358	241
San Diego Chargers*	9	7	0	.563	321	323
Denver Broncos	8	8	0	.500	388	345
Seattle Seahawks	8	8	0	.500	363	366
Oakland Raiders	8	8	0	.500	348	332

AFC Wild Card:
Buffalo Bills – Miami Dolphins 37:22
San Diego Chargers – Indianapolis Colts 20:35
AFC Playoffs:
Pittsburgh Steelers – Buffalo Bills 40:21
Kansas City Chiefs – Indianapolis Colts 7:10
AFC Championship:
Pittsburgh Steelers – Indianapolis Colts 20:16

NFC East	S	N	U	Pct.	EP	GP
Dallas Cowboys	12	4	0	.750	435	291
Philadelphia Eagles*	10	6	0	.625	318	338
Washington Redskins	6	10	0	.375	326	359
New York Giants	5	11	0	.313	290	340
Arizona Cardinals	4	12	0	.250	275	422

NFC Central	S	N	U	Pct.	EP	GP
Green Bay Packers	11	5	0	.688	404	314
Detroit Lions*	10	6	0	.625	436	336
Chicago Bears	9	7	0	.563	392	360
Minnesota Vikings	8	8	0	.500	412	385
Tampa Bay Buccaneers	7	9	0	.438	238	335

NFC West	S	N	U	Pct.	EP	GP
San Francisco 49ers	11	5	0	.688	457	258
Atlanta Falcons*	9	7	0	.563	362	349
St. Louis Rams	7	9	0	.438	309	418
Carolina Panthers	7	9	0	.438	289	325
New Orleans Saints	7	9	0	.438	319	348

NFC Wild Card:
Philadelphia Eagles – Detroit Lions 58:37
Green Bay Packers – Atlanta Falcons 37:20
NFC Playoffs:
San Francisco 49ers – Green Bay Packers 17:27
Dallas Cowboys – Philadelphia Eagles 30:11
NFC Championship:
Dallas Cowboys – Green Bay Packers 38:27

Super Bowl XXX:
Dallas Cowboys – Pittsburgh Steelers 27:17

1996					
AFC East	S	N	U	Pct.	EP GP
New England Patriots	11	5	0	.688	418 313
Buffalo Bills*	10	6	0	.625	319 266
Indianapolis Colts*	9	7	0	.563	317 334
Miami Dolphins	8	8	0	.500	339 325
New York Jets	1	15	0	.063	279 454

AFC Central	S	N	U	Pct.	EP GP
Pittsburgh Steelers	10	6	0	.625	344 257
Jacksonville Jaguars*	9	7	0	.563	325 335
Cincinnati Bengals	8	8	0	.500	372 369
Houston Oilers	8	8	0	.500	345 319
Baltimore Ravens	4	12	0	.250	371 441

AFC West	S	N	U	Pct.	EP GP
Denver Broncos	13	3	0	.813	391 275
Kansas City Chiefs	9	7	0	.563	297 300
San Diego Chargers	8	8	0	.500	310 376
Oakland Raiders	7	9	0	.438	340 293
Seattle Seahawks	7	9	0	.438	317 376

AFC Wild Card:
Buffalo Bills – Jacksonville Jaguars 27:30
Pittsburgh Steelers - Indianapolis Colts 42:14
AFC Playoffs:
Denver Broncos – Jacksonville Jaguars 27:30
New England Patriots – Pittsburgh Steelers 28:3
AFC Championship:
New England Patriots – Jacksonville Jaguars 20:6

NFC East	S	N	U	Pct.	EP GP
Dallas Cowboys	10	6	0	.625	286 250
Philadelphia Eagles*	10	6	0	.625	363 341
Washington Redskins	9	7	0	.563	364 312
Arizona Cardinals	7	9	0	.438	300 397
New York Giants	6	10	0	.375	242 297

NFC Central	S	N	U	Pct.	EP GP
Green Bay Packers	13	3	0	.813	456 210
Minnesota Vikings*	9	7	0	.563	298 315
Chicago Bears	7	9	0	.438	283 305
Tampa Bay Buccaneers	6	10	0	.375	221 293
Detroit Lions	5	11	0	.313	302 368

NFC West	S	N	U	Pct.	EP GP
Carolina Panthers	12	4	0	.750	367 218
San Francisco 49ers*	12	4	0	.750	398 257
St. Louis Rams	6	10	0	.375	303 409
Atlanta Falcons	3	13	0	.188	309 461
New Orleans Saints	3	13	0	.188	229 339

NFC Wild Card:
Dallas Cowboys – Minnesota Vikings 40:15
San Francisco 49ers – Philadelphia Eagles 14:0
NFC Playoffs:
Green Bay Packers - San Francisco 49ers 35:14
Carolina Panthers - Dallas Cowboys 26:17
NFC Championship:
Green Bay Packers – Carolina Panthers 30:13

Super Bowl XXXI:
Green Bay Packers – New England Patriots 35:21

1997					
AFC East	S	N	U	Pct.	EP GP
New England Patriots	10	6	0	.625	369 289
Miami Dolphins*	9	7	0	.563	339 327
New York Jets	9	7	0	.563	348 287
Buffalo Bills	6	10	0	.375	255 367
Indianapolis Colts	3	13	0	.188	313 401

AFC Central	S	N	U	Pct.	EP GP
Pittsburgh Steelers	11	5	0	.688	372 307
Jacksonville Jaguars*	11	5	0	.688	394 318
Tennessee Oilers	8	8	0	.500	333 310
Cincinnati Bengals	7	9	0	.438	355 405
Baltimore Ravens	6	9	1	.406	326 345

AFCWest	S	N	U	Pct.	EP GP
Kansas City Chiefs	13	3	0	.813	375 232
Denver Broncos*	12	4	0	.750	472 287
Seattle Seahawks	8	8	0	.500	365 362
Oakland Raiders	4	12	0	.250	324 419
San Diego Chargers	4	12	0	.250	266 425

AFC Wild Card:
Denver Broncos – Jacksonville Jaguars 42:17
New England Patriots – Miami Dolphins 17:3
AFC Playoffs:
Pittsburgh Steelers – New England Patriots 7:6
Kansas City Chiefs – Denver Broncos 10:14
AFC Championship:
Pittsburgh Steelers – Denver Broncos 21:24

NFC East	S	N	U	Pct.	EP GP
New York Giants	10	5	1	.656	307 265
Washington Redskins	8	7	1	.531	327 289
Philadelphia Eagles	6	9	1	.406	317 372
Dallas Cowboys	6	10	0	.375	304 314
Arizona Cardinals	4	12	0	.250	283 379

NFC Central	S	N	U	Pct.	EP GP
Green Bay Packers	13	3	0	.813	422 282
Tampa Bay Buccaneers*	10	6	0	.625	299 263
Detroit Lions*	9	7	0	.563	379 306
Minnesota Vikings*	9	7	0	.563	354 359
Chicago Bears	4	12	0	.250	263 421

NFC West	S	N	U	Pct.	EP GP
San Francisco 49ers	13	3	0	.813	375 265
Carolina Panthers	7	9	0	.438	265 314
Atlanta Falcons	7	9	0	.438	320 361
New Orleans Saints	6	10	0	.375	237 327
St. Louis Rams	5	11	0	.313	299 359

NFC Wild Card:
New York Giants – Minnesota Vikings 22:23
Tampa Bay Buccaneers – Detroit Lions 20:10
NFC Playoffs:
San Francisco 49ers – Minnesota Vikings 38:22
Green Bay Packers – Tampa Bay Buccaneers 21:7
NFC Championship:
San Francisco 49ers – Green Bay Packers 10:23

Super Bowl XXXII:
Denver Broncos – Green Bay Packers 31:24

1998

AFC East	S	N	U	Pct.	EP	GP
New York Jets	12	4	0	.750	416	266
Miami Dolphins*	10	6	0	.625	321	265
Buffalo Bills*	10	6	0	.625	400	333
New England Patriots*	9	7	0	.563	337	329
Indianapolis Colts	3	13	0	.188	310	444

AFC Central	S	N	U	Pct.	EP	GP
Jacksonville Jaguars	11	5	0	.688	392	338
Tennessee Oilers	8	8	0	.500	330	320
Pittsburgh Steelers	7	9	0	.438	263	303
Baltimore Ravens	6	10	0	.375	269	335
Cincinnati Bengals	3	13	0	.188	268	452

AFC West	S	N	U	Pct.	EP	GP
Denver Broncos	14	2	0	.875	501	309
Oakland Raiders	8	8	0	.500	288	356
Seattle Seahawks	8	8	0	.500	372	310
Kansas City Chiefs	7	9	0	.438	327	363
San Diego Chargers	5	11	0	.313	241	342

AFC Wild Card:
Miami Dolphins – Buffalo Bills 24:17
Jacksonville Jaguars – New England Patriots 25:10
AFC Playoffs:
Denver Broncos – Miami Dolphins 38:3
New York Jets – Jacksonville Jaguars 34:24
AFC Championship:
Denver Broncos – New York Jets 23:10

NFC East	S	N	U	Pct.	EP	GP
Dallas Cowboys	10	6	0	.625	381	275
Arizona Cardinals*	9	7	0	.563	325	378
New York Giants	8	8	0	.500	287	309
Washington Redskins	6	10	0	.375	319	421
Philadelphia Eagles	3	13	0	.188	161	344

NFC Central	S	N	U	Pct.	EP	GP
Minnesota Vikings	15	1	0	.938	556	296
Green Bay Packers*	11	5	0	.688	408	319
Tampa Bay Buccaneers	8	8	0	.500	314	295
Detroit Lions	5	11	0	.313	306	378
Chicago Bears	4	12	0	.250	276	368

NFC West	S	N	U	Pct.	EP	GP
Atlanta Falcons	14	2	0	.875	442	289
San Francisco 49ers*	12	4	0	.750	479	328
New Orleans Saints	6	10	0	.375	305	359
Carolina Panthers	4	12	0	.250	336	413
St. Louis Rams	4	12	0	.250	285	378

NFC Wild Card:
Dallas Cowboys – Arizona Cardinals 17:20
San Francisco 49ers – Green Bay Packers 30:27
NFC Playoffs:
Atlanta Falcons – San Francisco 49ers 20:18
Minnesota Vikings – Arizona Cardinals 41:21
NFC Championship:
Minnesota Vikings – Atlanta Falcons 27:30 (OT)

Super Bowl XXXIII:
Denver Broncos – Atlanta Falcons 34:19

1999

AFC East	S	N	U	Pct.	EP	GP
Indianapolis Colts	13	3	0	.813	423	333
Buffalo Bills*	11	5	0	.688	320	229
Miami Dolphins*	9	7	0	.563	326	336
New York Jets	8	8	0	.500	308	309
New England Patriots	8	8	0	.500	299	284

AFC Central	S	N	U	Pct.	EP	GP
Jacksonville Jaguars	14	2	0	.875	396	217
Tennessee Titans*	13	3	0	.813	392	324
Baltimore Ravens	8	8	0	.500	324	277
Pittsburgh Steelers	6	10	0	.375	317	320
Cincinnati Bengals	4	12	0	.250	283	460
Cleveland Browns	2	14	0	.125	217	437

AFC West	S	N	U	Pct.	EP	GP
Seattle Seahawks	9	7	0	.563	338	298
Kansas City Chiefs	9	7	0	.563	390	322
San Diego Chargers	8	8	0	.500	269	316
Oakland Raiders	8	8	0	.500	390	329
Denver Broncos	6	10	0	.375	314	318

AFC Wild Card:
Tennessee Titans – Buffalo Bills 22:16
Seattle Seahawks – Miami Dolphins 17:20
AFC Playoffs:
Jacksonville Jaguars – Miami Dolphins 62:7
Indianapolis Colts – Tennessee Titans 16:19
AFC Championship:
Jacksonville Jaguars – Tennessee Titans 14:33

NFC East	S	N	U	Pct.	EP	GP
Washington Redskins	10	6	0	.625	443	377
Dallas Cowboys*	8	8	0	.500	352	276
New York Giants	7	9	0	.438	299	358
Arizona Cardinals	6	10	0	.375	245	382
Philadelphia Eagles	5	11	0	.313	272	357

NFC Central	S	N	U	Pct.	EP	GP
Tampa Bay Buccaneers	11	5	0	.688	270	235
Minnesota Vikings*	10	6	0	.625	399	335
Detroit Lions*	8	8	0	.500	322	323
Green Bay Packers	8	8	0	.500	357	341
Chicago Bears	6	10	0	.375	272	341

NFC West	S	N	U	Pct.	EP	GP
St. Louis Rams	13	3	0	.813	526	242
Carolina Panthers	8	8	0	.500	421	381
Atlanta Falcons	5	11	0	.313	285	380
San Francisco 49ers	4	12	0	.250	295	453
New Orleans Saints	3	13	0	.188	260	434

NFC Wild Card:
Washington Redskins – Detroit Lions 27:13
Minnesota Vikings – Dallas Cowboys 27:10
NFC Playoffs:
Tampa Bay Buccaneers – Washington Redskins 14:13
St. Louis Rams – Minnesota Vikings 49:37
NFC Championship:
St. Louis Rams – Tampa Bay Buccaneers 11:6

Super Bowl XXXIV:
St. Louis Rams – Tennessee Titans 23:16

	2000					
AFC East	S	N	U	Pct.	EP	GP
Miami Dolphins	11	5	0	.688	323	226
Indianapolis Colts*	10	6	0	.625	429	326
New York Jets	9	7	0	.563	321	321
Buffalo Bills	8	8	0	.500	315	350
New England Patriots	5	11	0	.313	276	338
AFC Central	S	N	U	Pct.	EP	GP
Tennessee Titans	13	3	0	.813	346	191
Baltimore Ravens*	12	4	0	.750	333	165
Pittsburgh Steelers	9	7	0	.563	321	255
Jacksonville Jaguars	7	9	0	.438	367	327
Cincinnati Bengals	4	12	0	.250	185	359
Cleveland Browns	3	13	0	.188	161	419
AFC West	S	N	U	Pct.	EP	GP
Oakland Raiders	12	4	0	.750	479	299
Denver Broncos*	11	5	0	.688	485	369
Kansas City Chiefs	7	9	0	.438	355	354
Seattle Seahawks	6	10	0	.375	320	405
San Diego Chargers	1	15	0	.063	269	440

AFC Wild Card:
Miami Dolphins – Indianapolis Colts 23:17 (OT)
Baltimore Ravens – Denver Broncos 21:3
AFC Playoffs:
Oakland Raiders – Miami Dolphins 27:0
Tennessee Titans – Baltimore Ravens 10:24
AFC Championship:
Oakland Raiders – Baltimore Ravens 3:16

	2000					
NFC East	S	N	U	Pct.	EP	GP
New York Giants	12	4	0	.750	328	246
Philadelphia Eagles*	11	5	0	.688	351	245
Washington Redskins	8	8	0	.500	281	269
Dallas Cowboys	5	11	0	.313	294	361
Arizona Cardinals	3	13	0	.188	210	443
NFC Central	S	N	U	Pct.	EP	GP
Minnesota Vikings	11	5	0	.688	397	371
Tampa Bay Buccaneers*	10	6	0	.625	388	269
Green Bay Packers	9	7	0	.563	353	323
Detroit Lions	9	7	0	.563	307	307
Chicago Bears	5	11	0	.313	216	355
NFC West	S	N	U	Pct.	EP	GP
New Orleans Saints	10	6	0	.625	354	305
St. Louis Rams*	10	6	0	.625	540	471
Carolina Panthers	7	9	0	.438	310	310
San Francisco 49ers	6	10	0	.375	388	422
Atlanta Falcons	4	12	0	.250	252	413

NFC Wild Card:
New Orleans Saints – St. Louis Rams 31:28
Philadelphia Eagles – Tampa Bay Buccaneers 21:3
NFC Playoffs:
Minnesota Vikings – New Orleans Saints 34:16
New York Giants – Philadelphia Eagles 20:10
NFC Championship:
New York Giants – Minnesota Vikings 41:0

Super Bowl XXXV:
Baltimore Ravens – New York Giants 34:7

	2001					
AFC East	S	N	U	Pct.	EP	GP
New England Patriots	11	5	0	.688	371	272
Miami Dolphins*	11	5	0	.688	344	290
New York Jets*	10	6	0	.625	308	295
Indianapolis Colts	6	10	0	.375	413	486
Buffalo Bills	3	13	0	.188	265	420
AFC Central	S	N	U	Pct.	EP	GP
Pittsburgh Steelers	13	3	0	.813	352	212
Baltimore Ravens*	10	6	0	.625	303	265
Cleveland Browns	7	9	0	.438	285	319
Tennessee Titans	7	9	0	.438	336	388
Jacksonville Jaguars	6	10	0	.375	294	286
Cincinnati Bengals	6	10	0	.375	226	309
AFC West	S	N	U	Pct.	EP	GP
Oakland Raiders	10	6	0	.625	399	327
Seattle Seahawks	9	7	0	.563	301	324
Denver Broncos	8	8	0	.500	340	339
Kansas City Chiefs	6	10	0	.375	320	344
San Diego Chargers	5	11	0	.313	332	321

AFC Wild Card:
Oakland Raiders – New York Jets 38:24
Miami Dolphins – Baltimore Ravens 3:20
AFC Playoffs:
New England Patriots   Oakland Raiders 16:13 (OT)
Pittsburgh Steelers – Baltimore Ravens 27:10
AFC Championship:
Pittsburgh Steelers – New England Patriots 17:24

	2001					
NFC East	S	N	U	Pct.	EP	GP
Philadelphia Eagles	11	5	0	.688	343	208
Washington Redskins	8	8	0	.500	256	303
New York Giants	7	9	0	.438	294	321
Arizona Cardinals	7	9	0	.438	295	343
Dallas Cowboys	5	11	0	.313	246	338
NFC Central	S	N	U	Pct.	EP	GP
Chicago Bears	13	3	0	.813	338	203
Green Bay Packers*	12	4	0	.750	390	266
Tampa Bay Buccaneers*	9	7	0	.563	324	280
Minnesota Vikings	5	11	0	.313	290	390
Detroit Lions	2	14	0	.125	270	424
NFC West	S	N	U	Pct.	EP	GP
St. Louis Rams	14	2	0	.875	503	273
San Francisco 49ers*	12	4	0	.750	409	282
New Orleans Saints	7	9	0	.438	333	409
Atlanta Falcons	7	9	0	.438	291	377
Carolina Panthers	1	15	0	.063	253	410

NFC Wild Card:
Philadelphia Eagles – Tampa Bay Buccaneers 31:9
Green Bay Packers – San Francisco 49ers 25:15
NFC Playoffs:
Chicago Bears – Philadelphia Eagles 19:33
St. Louis Rams – Green Bay Packers 45:17
NFC Championship:
St. Louis Rams – Philadelphia Eagles 29:24

Super Bowl XXXVI:
New England Patriots – St. Louis Rams 20:17

2002

AFC East	S	N	U	Pct.	EP	GP
New York Jets	9	7	0	.563	359	336
New England Patriots	9	7	0	.563	381	346
Miami Dolphins	9	7	0	.563	378	301
Buffalo Bills	8	8	0	.500	379	397

AFC North	S	N	U	Pct.	EP	GP
Pittsburgh Steelers	10	5	1	.656	390	345
Cleveland Browns*	9	7	0	.563	344	320
Baltimore Ravens	7	9	0	.438	316	354
Cincinnati Bengals	2	14	0	.125	279	456

AFC South	S	N	U	Pct.	EP	GP
Tennessee Titans	11	5	0	.688	367	324
Indianapolis Colts*	10	6	0	.625	349	313
Jacksonville Jaguars	6	10	0	.375	328	315
Houston Texans	4	12	0	.250	213	356

AFC West	S	N	U	Pct.	EP	GP
Oakland Raiders	11	5	0	.688	450	304
Denver Broncos	9	7	0	.563	392	344
San Diego Chargers	8	8	0	.500	333	367
Kansas City Chiefs	8	8	0	.500	467	399

AFC Wild Card:
New York Jets - Indianapolis Colts 41:0
Pittsburgh Steelers - Cleveland Browns 36:33
AFC Playoffs:
Tennessee Titans - Pittsburgh Steelers 41:38 (OT)
Oakland Raiders - New York Jets 30:10
AFC Championship:
Oakland Raiders - Tennessee Titans 41:24

NFC East	S	N	U	Pct.	EP	GP
Philadelphia Eagles	12	4	0	.750	415	241
New York Giants*	10	6	0	.625	320	279
Washington Redskins	7	9	0	.438	307	365
Dallas Cowboys	5	11	0	.313	217	329

NFC North	S	N	U	Pct.	EP	GP
Green Bay Packers	12	4	0	.750	398	328
Minnesota Vikings	6	10	0	.375	390	442
Chicago Bears	4	12	0	.250	281	379
Detroit Lions	3	13	0	.188	306	451

NFC South	S	N	U	Pct.	EP	GP
Tampa Bay Buccaneers	12	4	0	.750	346	196
Atlanta Falcons*	9	6	1	.594	402	314
New Orleans Saints	9	7	0	.563	432	388
Carolina Panthers	7	9	0	.438	258	302

NFC West	S	N	U	Pct.	EP	GP
San Francisco 49ers	10	6	0	.625	367	351
St. Louis Rams	7	9	0	.438	316	369
Seattle Seahawks	7	9	0	.438	355	369
Arizona Cardinals	5	11	0	.313	262	417

NFC Wild Card:
Green Bay Packers - Atlanta Falcons 7:27
San Francisco 49ers - New York Giants 39:38
NFC Playoffs:
Philadelphia Eagles - Atlanta Falcons 20:6
Tampa Bay Buccaneers - San Francisco 49ers 31:6
NFC Championship:
Philadelphia Eagles - Tampa Bay Buccaneers 10:27

Super Bowl XXXVII:
Tampa Bay Buccaneers - Oakland Raiders 48:21

2003

AFC East	S	N	U	Pct.	EP	GP
New England Patriots	14	2	0	.875	348	238
Miami Dolphins	10	6	0	.625	311	261
Buffalo Bills	6	10	0	.375	243	279
New York Jets	6	10	0	.375	283	299

AFC North	S	N	U	Pct.	EP	GP
Baltimore Ravens	10	6	0	.625	391	281
Cincinnati Bengals	8	8	0	.500	346	384
Pittsburgh Steelers	6	10	0	.375	300	327
Cleveland Browns	5	11	0	.313	254	322

AFC South	S	N	U	Pct.	EP	GP
Indianapolis Colts	12	4	0	.750	447	336
Tennessee Titans*	12	4	0	.750	435	324
Jacksonville Jaguars	5	11	0	.313	276	331
Houston Texans	5	11	0	.313	255	380

AFC West	S	N	U	Pct.	EP	GP
Kansas City Chiefs	13	3	0	.813	484	332
Denver Broncos*	10	6	0	.625	381	301
Oakland Raiders	4	12	0	.250	270	379
San Diego Chargers	4	12	0	.250	313	441

AFC Wild Card:
Baltimore Ravens - Tennessee Titans 17:20
Indianapolis Colts - Denver Broncos 41:10
AFC Playoffs:
New England Patriots - Tennessee Titans 17:14
Kansas City Chiefs - Indianapolis Colts 31:38
AFC Championship:
New England Patriots - Indianapolis Colts 24:14

NFC East	S	N	U	Pct.	EP	GP
Philadelphia Eagles	12	4	0	.750	374	287
Dallas Cowboys*	10	6	0	.625	289	260
Washington Redskins	5	11	0	.313	287	372
New York Giants	4	12	0	.250	243	387

NFC North	S	N	U	Pct.	EP	GP
Green Bay Packers	10	6	0	.625	442	307
Minnesota Vikings	9	7	0	.563	416	353
Chicago Bears	7	9	0	.438	283	346
Detroit Lions	5	11	0	.313	270	379

NFC South	S	N	U	Pct.	EP	GP
Carolina Panthers	11	5	0	.688	325	304
New Orleans Saints	8	8	0	.500	340	326
Tampa Bay Buccaneers	7	9	0	.438	301	264
Atlanta Falcons	5	11	0	.313	299	422

NFC West	S	N	U	Pct.	EP	GP
St. Louis Rams	12	4	0	.750	447	328
Seattle Seahawks*	10	6	0	.625	404	327
San Francisco 49ers	7	9	0	.438	384	337
Arizona Cardinals	4	12	0	.250	225	452

NFC Wild Card:
Carolina Panthers - Dallas Cowboys 29:10
Green Bay Packers - Seattle Seahawks 33:27 (OT)
NFC Playoffs:
St. Louis Rams - Carolina Panthers 23:29 (OT)
Philadelphia Eagles - Green Bay Packers 20:17 (OT)
NFC Championship:
Philadelphia Eagles - Carolina Panthers 3:14

Super Bowl XXXVIII:
New England Patriots - Carolina Panthers 32:29

2004

AFC East

	S	N	U	Pct.	EP	GP
New England Patriots	14	2	0	.875	437	260
New York Jets*	10	6	0	.625	333	261
Buffalo Bills	9	7	0	.563	395	284
Miami Dolphins	4	12	0	.250	275	354

AFC North

	S	N	U	Pct.	EP	GP
Pittsburgh Steelers	15	1	0	.938	372	251
Baltimore Ravens	9	7	0	.563	317	268
Cincinnati Bengals	8	8	0	.500	374	372
Cleveland Browns	4	12	0	.250	276	390

AFC South

	S	N	U	Pct.	EP	GP
Indianapolis Colts	12	4	0	.750	522	351
Jacksonville Jaguars	9	7	0	.563	261	280
Houston Texans	7	9	0	.438	309	339
Tennessee Titans	5	11	0	.313	344	439

AFC West

	S	N	U	Pct.	EP	GP
San Diego Chargers	12	4	0	.750	446	313
Denver Broncos*	10	6	0	.625	381	304
Kansas City Chiefs	7	9	0	.438	483	435
Oakland Raiders	5	11	0	.313	320	442

AFC Wild Card:
San Diego Chargers – New York Jets 17:20 (OT)
Indianapolis Colts – Denver Broncos 49:24
AFC Playoffs:
Pittsburgh Steelers – New York Jets 20:17 (OT)
New England Patriots – Indianapolis Colts 20:3
AFC Championship:
Pittsburgh Steelers – New England Patriots 27:41

NFC East

	S	N	U	Pct.	EP	GP
Philadelphia Eagles	13	3	0	.813	386	260
New York Giants	6	10	0	.375	303	347
Dallas Cowboys	6	10	0	.375	293	405
Washington Redskins	6	10	0	.375	240	265

NFC North

	S	N	U	Pct.	EP	GP
Green Bay Packers	10	6	0	.625	424	380
Minnesota Vikings*	8	8	0	.500	405	395
Detroit Lions	6	10	0	.375	296	350
Chicago Bears	5	11	0	.313	231	331

NFC South

	S	N	U	Pct.	EP	GP
Atlanta Falcons	11	5	0	.688	340	337
New Orleans Saints	8	8	0	.500	348	405
Carolina Panthers	7	9	0	.438	355	339
Tampa Bay Buccaneers	5	11	0	.313	301	304

NFC West

	S	N	U	Pct.	EP	GP
Seattle Seahawks	9	7	0	.563	371	373
St. Louis Rams*	8	8	0	.500	319	392
Arizona Cardinals	6	10	0	.375	284	322
San Francisco 49ers	2	14	0	.125	259	452

NFC Wild Card:
Seattle Seahawks – St. Louis Rams 20:27
Green Bay Packers – Minnesota Vikings 17:31
NFC Playoffs:
Atlanta Falcons – St. Louis Rams 47:17
Philadelphia Eagles – Minnesota Vikings 27:14
NFC Championship:
Philadelphia Eagles – Atlanta Falcons 27:10

Super Bowl XXXIX:
New England Patriots – Philadelphia Eagles 24:21

2005

AFC East

	S	N	U	Pct.	EP	GP
New England Patriots	10	6	0	.625	379	338
Miami Dolphins	9	7	0	.563	318	317
Buffalo Bills	5	11	0	.313	271	367
New York Jets	4	12	0	.250	240	355

AFC North

	S	N	U	Pct.	EP	GP
Cincinnati Bengals	11	5	0	.688	421	350
Pittsburgh Steelers*	11	5	0	.688	389	258
Baltimore Ravens	6	10	0	.375	265	299
Cleveland Browns	6	10	0	.375	232	301

AFC South

	S	N	U	Pct.	EP	GP
Indianapolis Colts	14	2	0	.875	439	247
Jacksonville Jaguars*	12	4	0	.750	361	269
Tennessee Titans	4	12	0	.250	299	421
Houston Texans	2	14	0	.125	260	383

AFC West

	S	N	U	Pct.	EP	GP
Denver Broncos	13	3	0	.813	395	258
Kansas City Chiefs	10	6	0	.625	403	325
San Diego Chargers	9	7	0	.563	418	312
Oakland Raiders	4	12	0	.250	290	383

AFC Wild Card:
Cincinnati Bengals – Pittsburgh Steelers 17:31
New England Patriots – Jacksonville Jaguars 28:3
AFC Playoffs:
Indianapolis Colts – Pittsburgh Steelers 18:21
Denver Broncos – New England Patriots 27:13
AFC Championship:
Denver Broncos – Pittsburgh Steelers 17:34

NFC East

	S	N	U	Pct.	EP	GP
New York Giants	11	5	0	.688	422	314
Washington Redskins*	10	6	0	.625	359	293
Dallas Cowboys	9	7	0	.563	325	308
Philadelphia Eagles	6	10	0	.375	310	388

NFC North

	S	N	U	Pct.	EP	GP
Chicago Bears	11	5	0	.688	260	202
Minnesota Vikings	9	7	0	.563	306	344
Detroit Lions	5	11	0	.313	254	345
Green Bay Packers	4	12	0	.250	298	344

NFC South

	S	N	U	Pct.	EP	GP
Tampa Bay Buccaneers	11	5	0	.688	300	274
Carolina Panthers*	11	5	0	.688	391	259
Atlanta Falcons	8	8	0	.500	351	341
New Orleans Saints	3	13	0	.188	235	428

NFC West

	S	N	U	Pct.	EP	GP
Seattle Seahawks	13	3	0	.813	452	271
St. Louis Rams	6	10	0	.375	363	429
Arizona Cardinals	5	11	0	.313	311	387
San Francisco 49ers	4	12	0	.250	239	428

NFC Wild Card:
Tampa Bay Buccaneers – Washington Redskins 10:17
New York Giants – Carolina Panthers 0:23
NFC Playoffs:
Seattle Seahawks – Washington Redskins 20:10
Chicago Bears – Carolina Panthers 21:29
NFC Championship:
Seattle Seahawks – Carolina Panthers 34:14

Super Bowl XL:
Pittsburgh Steelers – Seattle Seahawks 21:10

2006

AFC East
	S	N	U	Pct.	EP	GP
New England Patriots	12	4	0	.750	385	237
New York Jets*	10	6	0	.625	316	295
Buffalo Bills	7	9	0	.438	300	311
Miami Dolphins	6	10	0	.375	260	283

AFC North
	S	N	U	Pct.	EP	GP
Baltimore Ravens	13	3	0	.813	353	201
Cincinnati Bengals	8	8	0	.500	373	331
Pittsburgh Steelers	8	8	0	.500	353	315
Cleveland Browns	4	12	0	.250	238	356

AFC South
	S	N	U	Pct.	EP	GP
Indianapolis Colts	12	4	0	.750	427	360
Tennessee Titans	8	8	0	.500	324	400
Jacksonville Jaguars	8	8	0	.500	371	274
Houston Texans	6	10	0	.375	267	366

AFC West
	S	N	U	Pct.	EP	GP
San Diego Chargers	14	2	0	.875	492	303
Kansas City Chiefs*	9	7	0	.563	331	315
Denver Broncos	9	7	0	.563	319	305
Oakland Raiders	2	14	0	.125	168	332

AFC Wild Card:
New England Patriots - New York Jets 37:16
Indianapolis Colts - Kansas City Chiefs 23:8
AFC Playoffs:
San Diego Chargers - New England Patriots 21:24
Baltimore Ravens - Indianapolis Colts 6:15
AFC Championship:
Indianapolis Colts - New England Patriots 38:34

NFC East
	S	N	U	Pct.	EP	GP
Philadelphia Eagles	10	6	0	.625	398	328
Dallas Cowboys*	9	7	0	.563	425	350
New York Giants*	8	8	0	.500	355	362
Washington Redskins	5	11	0	.313	307	376

NFC North
	S	N	U	Pct.	EP	GP
Chicago Bears	13	3	0	.813	427	255
Green Bay Packers	8	8	0	.500	301	366
Minnesota Vikings	6	10	0	.375	282	327
Detroit Lions	3	13	0	.188	305	398

NFC South
	S	N	U	Pct.	EP	GP
New Orleans Saints	10	6	0	.625	413	322
Carolina Panthers	8	8	0	.500	270	305
Atlanta Falcons	7	9	0	.438	292	328
Tampa Bay Buccaneers	4	12	0	.250	211	353

NFC West
	S	N	U	Pct.	EP	GP
Seattle Seahawks	9	7	0	.563	335	341
St. Louis Rams	8	8	0	.500	367	381
San Francisco 49ers	7	9	0	.438	298	412
Arizona Cardinals	5	11	0	.313	314	389

NFC Wild Card:
Philadelphia Eagles - New York Giants 23:20
Seattle Seahawks - Dallas Cowboys 21:20
NFC Playoffs:
Chicago Bears - Seattle Seahawks 27:24 (OT)
New Orleans Saints - Philadelphia Eagles 27:24
NFC Championship:
Chicago Bears - New Orleans Saints 39:14

Super Bowl XLI:
Indianapolis Colts - Chicago Bears 29:17

2007

AFC East
	S	N	U	Pct.	EP	GP
New England Patriots	16	0	0	1.000	589	274
Buffalo Bills	7	9	0	.438	252	354
New York Jets	4	12	0	.250	268	355
Miami Dolphins	1	15	0	.063	267	437

AFC North
	S	N	U	Pct.	EP	GP
Pittsburgh Steelers	10	6	0	.625	393	269
Cleveland Browns	10	6	0	.625	402	382
Cincinnati Bengals	7	9	0	.438	380	385
Baltimore Ravens	5	11	0	.313	275	384

AFC South
	S	N	U	Pct.	EP	GP
Indianapolis Colts	13	3	0	.813	450	262
Jacksonville Jaguars*	11	5	0	.688	411	304
Tennessee Titans*	10	6	0	.625	301	297
Houston Texans	8	8	0	.500	379	384

AFC West
	S	N	U	Pct.	EP	GP
San Diego Chargers	11	5	0	.688	412	284
Denver Broncos	7	9	0	.438	320	409
Kansas City Chiefs	4	12	0	.250	226	335
Oakland Raiders	4	12	0	.250	283	398

AFC Wild Card:
San Diego Chargers - Tennessee Titans 17:6
Pittsburgh Steelers - Jacksonville Jaguars 29:31
AFC Playoffs:
New England Patriots - Jacksonville Jaguars 31:20
Indianapolis Colts - San Diego Chargers 24:28
AFC Championship:
New England Patriots - San Diego Chargers 21:12

NFC East
	S	N	U	Pct.	EP	GP
Dallas Cowboys	13	3	0	.813	455	325
New York Giants*	10	6	0	.625	373	351
Washington Redskins*	9	7	0	.563	334	310
Philadelphia Eagles	8	8	0	.500	336	300

NFC North
	S	N	U	Pct.	EP	GP
Green Bay Packers	13	3	0	.813	435	291
Minnesota Vikings	8	8	0	.500	365	311
Detroit Lions	7	9	0	.438	346	444
Chicago Bears	7	9	0	.438	334	348

NFC South
	S	N	U	Pct.	EP	GP
Tampa Bay Buccaneers	9	7	0	.563	334	270
Carolina Panthers	7	9	0	.438	267	347
New Orleans Saints	7	9	0	.438	379	388
Atlanta Falcons	4	12	0	.250	259	414

NFC West
	S	N	U	Pct.	EP	GP
Seattle Seahawks	10	6	0	.625	393	291
Arizona Cardinals	8	8	0	.500	404	399
San Francisco 49ers	5	11	0	.313	219	364
St. Louis Rams	3	13	0	.188	263	438

NFC Wild Card:
Seattle Seahawks - Washington Redskins 35:14
Tampa Bay Buccaneers - New York Giants 14:24
NFC Playoffs:
Dallas Cowboys - New York Giants 17:21
Green Bay Packers - Seattle Seahawks 42:20
NFC Championship:
Green Bay Packers - New York Giants 20:23 (OT)

Super Bowl XLII:
New York Giants - New England Patriots 17:14

2008

AFC East

AFC East	S	N	U	Pct.	EP	GP
Miami Dolphins	11	5	0	.688	345	317
New England Patriots	11	5	0	.688	410	309
New York Jets	9	7	0	.563	405	356
Buffalo Bills	7	9	0	.438	336	342

AFC North	S	N	U	Pct.	EP	GP
Pittsburgh Steelers	12	4	0	.750	347	223
Baltimore Ravens*	11	5	0	.688	385	244
Cincinnati Bengals	4	11	1	.281	204	364
Cleveland Browns	4	12	0	.250	232	350

AFC South	S	N	U	Pct.	EP	GP
Tennessee Titans	13	3	0	.813	375	234
Indianapolis Colts*	12	4	0	.750	377	298
Houston Texans	8	8	0	.500	366	394
Jacksonville Jaguars	5	11	0	.313	302	367

AFC West	S	N	U	Pct.	EP	GP
Denver Broncos	8	8	0	.500	370	448
San Diego Chargers	8	8	0	.500	439	347
Oakland Raiders	5	11	0	.313	263	388
Kansas City Chiefs	2	14	0	.125	291	440

AFC Wild Card:
Miami Dolphins – Baltimore Ravens 9:27
San Diego Chargers – Indianapolis Colts 23:17
AFC Playoffs:
Tennessee Titans – Baltimore Ravens 10:13
Pittsburgh Steelers – San Diego Chargers 35:24
AFC Championship:
Pittsburgh Steelers – Baltimore Ravens 23:14

NFC East	S	N	U	Pct.	EP	GP
New York Giants	12	4	0	.750	427	294
Philadelphia Eagles*	9	6	1	.594	416	289
Dallas Cowboys	9	7	0	.563	362	365
Washington Redskins	8	8	0	.500	265	296

NFC North	S	N	U	Pct.	EP	GP
Minnesota Vikings	10	6	0	.625	379	333
Chicago Bears	9	7	0	.563	375	350
Green Bay Packers	6	10	0	.375	419	380
Detroit Lions	0	16	0	.000	268	517

NFC South	S	N	U	Pct.	EP	GP
Carolina Panthers	12	4	0	.750	414	329
Atlanta Falcons*	11	5	0	.688	391	325
Tampa Bay Buccaneers	9	7	0	.563	361	323
New Orleans Saints	8	8	0	.500	463	393

NFC West	S	N	U	Pct.	EP	GP
Arizona Cardinals	9	7	0	.563	427	426
San Francisco 49ers	7	9	0	.438	339	381
Seattle Seahawks	4	12	0	.250	294	392
St. Louis Rams	2	14	0	.125	232	465

NFC Wild Card:
Minnesota Vikings – Philadelphia Eagles 14:26
Arizona Cardinals – Atlanta Falcons 30:24
NFC Playoffs:
New York Giants – Philadelphia Eagles 11:23
Carolina Panthers – Arizona Cardinals 13:33
NFC Championship:
Arizona Cardinals – Philadelphia Eagles 32:25

Super Bowl XLIII:
Pittsburgh Steelers – Arizona Cardinals 27:23

2009

AFC East

AFC East	S	N	U	Pct.	EP	GP
New England Patriots	10	6	0	.625	427	285
New York Jets*	9	7	0	.563	348	236
Miami Dolphins	7	9	0	.438	360	390
Buffalo Bills	6	10	0	.375	258	326

AFC North	S	N	U	Pct.	EP	GP
Cincinnati Bengals	10	6	0	.625	305	291
Baltimore Ravens*	9	7	0	.563	391	261
Pittsburgh Steelers	9	7	0	.563	368	324
Cleveland Browns	5	11	0	.313	245	375

AFC South	S	N	U	Pct.	EP	GP
Indianapolis Colts	14	2	0	.875	416	307
Houston Texans	9	7	0	.563	388	333
Tennessee Titans	8	8	0	.500	354	402
Jacksonville Jaguars	7	9	0	.438	290	380

AFC West	S	N	U	Pct.	EP	GP
San Diego Chargers	13	3	0	.813	454	320
Denver Broncos	8	8	0	.500	326	324
Oakland Raiders	5	11	0	.313	197	379
Kansas City Chiefs	4	12	0	.250	294	424

AFC Wild Card:
Cincinnati Bengals – New York Jets 14:24
New England Patriots – Baltimore Ravens 14:33
AFC Playoffs:
Indianapolis Colts – Baltimore Ravens 20:3
San Diego Chargers – New York Jets 14:17
AFC Championship:
Indianapolis Colts – New York Jets 30:17

NFC East	S	N	U	Pct.	EP	GP
Dallas Cowboys	11	5	0	.688	361	250
Philadelphia Eagles*	11	5	0	.688	429	337
New York Giants	8	8	0	.500	402	427
Washington Redskins	4	12	0	.250	266	336

NFC North	S	N	U	Pct.	EP	GP
Minnesota Vikings	12	4	0	.750	470	312
Green Bay Packers*	11	5	0	.688	461	297
Chicago Bears	7	9	0	.438	327	375
Detroit Lions	2	14	0	.125	262	494

NFC South	S	N	U	Pct.	EP	GP
New Orleans Saints	13	3	0	.813	510	341
Atlanta Falcons	9	7	0	.563	363	325
Carolina Panthers	8	8	0	.500	315	308
Tampa Bay Buccaneers	3	13	0	.188	244	400

NFC West	S	N	U	Pct.	EP	GP
Arizona Cardinals	10	6	0	.625	375	325
San Francisco 49ers	8	8	0	.500	330	281
Seattle Seahawks	5	11	0	.313	280	390
St. Louis Rams	1	15	0	.063	175	436

NFC Wild Card:
Dallas Cowboys – Philadelphia Eagles 34:14
Arizona Cardinals – Green Bay Packers 51:45 (OT)
NFC Playoffs:
New Orleans Saints – Arizona Cardinals 45:14
Minnesota Vikings – Dallas Cowboys 34:3
NFC Championship:
New Orleans Saints – Minnesota Vikings 31:28 (OT)

Super Bowl XLIV:
New Orleans Saints – Indianapolis Colts 31:17

2010

AFC East
	S	N	U	Pct.	EP	GP
New England Patriots	14	2	0	.875	518	313
New York Jets*	11	5	0	.688	367	304
Miami Dolphins	7	9	0	.438	273	333
Buffalo Bills	4	12	0	.250	283	425

AFC North
	S	N	U	Pct.	EP	GP
Pittsburgh Steelers	12	4	0	.750	375	232
Baltimore Ravens*	12	4	0	.750	357	270
Cleveland Browns	5	11	0	.313	271	332
Cincinnati Bengals	4	12	0	.250	322	395

AFC South
	S	N	U	Pct.	EP	GP
Indianapolis Colts	10	6	0	.625	435	388
Jacksonville Jaguars	8	8	0	.500	353	419
Houston Texans	6	10	0	.375	390	427
Tennessee Titans	6	10	0	.375	356	339

AFC West
	S	N	U	Pct.	EP	GP
Kansas City Chiefs	10	6	0	.625	366	326
San Diego Chargers	9	7	0	.563	441	322
Oakland Raiders	8	8	0	.500	410	371
Denver Broncos	4	12	0	.250	344	471

AFC Wild Card:
Indianapolis Colts – New York Jets 16:17
Kansas City Chiefs – Baltimore Ravens 7:30
AFC Playoffs:
Pittsburgh Steelers – Baltimore Ravens 31:24
New England Patriots – New York Jets 21:28
AFC Championship:
Pittsburgh Steelers – New York Jets 24:19

NFC East
	S	N	U	Pct.	EP	GP
New York Giants	10	6	0	.625	394	347
Philadelphia Eagles	10	6	0	.625	439	377
Dallas Cowboys	6	10	0	.375	394	436
Washington Redskins	6	10	0	.375	302	377

NFC North
	S	N	U	Pct.	EP	GP
Chicago Bears	11	5	0	.688	334	286
Green Bay Packers*	10	6	0	.625	388	240
Detroit Lions	6	10	0	.375	362	369
Minnesota Vikings	6	10	0	.375	281	348

NFC South
	S	N	U	Pct.	EP	GP
Atlanta Falcons	13	3	0	.813	414	288
New Orleans Saints*	11	5	0	.688	384	307
Tampa Bay Buccaneers	10	6	0	.625	341	318
Carolina Panthers	2	14	0	.125	196	408

NFC West
	S	N	U	Pct.	EP	GP
St. Louis Rams	7	9	0	.438	289	328
Seattle Seahawks	7	9	0	.438	310	407
San Francisco 49ers	6	10	0	.375	305	346
Arizona Cardinals	5	11	0	.313	289	434

NFC Wild Card:
Seattle Seahawks – New Orleans Saints 41:36
Philadelphia Eagles – Green Bay Packers 16:21
NFC Playoffs:
Atlanta Falcons – Green Bay Packers 21:48
Chicago Bears – Seattle Seahawks 35:24
NFC Championship:
Chicago Bears – Green Bay Packers 14:21

Super Bowl XLV:
Green Bay Packers – Pittsburgh Steelers 31:25

2011

AFC East
	S	N	U	Pct.	EP	GP
New England Patriots	13	3	0	.813	513	342
New York Jets	8	8	0	.500	377	363
Buffalo Bills	6	10	0	.375	372	434
Miami Dolphins	6	10	0	.375	329	313

AFC North
	S	N	U	Pct.	EP	GP
Baltimore Ravens	12	4	0	.750	378	266
Pittsburgh Steelers*	12	4	0	.750	325	227
Cincinnati Bengals*	9	7	0	.563	344	323
Cleveland Browns	4	12	0	.250	218	307

AFC South
	S	N	U	Pct.	EP	GP
Houston Texans	10	6	0	.625	381	278
Tennessee Titans	9	7	0	.563	325	317
Jacksonville Jaguars	5	11	0	.313	243	329
Indianapolis Colts	2	14	0	.125	243	430

AFC West
	S	N	U	Pct.	EP	GP
Denver Broncos	8	8	0	.500	309	390
Oakland Raiders	8	8	0	.500	359	433
San Diego Chargers	8	8	0	.500	406	377
Kansas City Chiefs	7	9	0	.438	212	338

AFC Wild Card:
Houston Texans – Cincinnati Bengals 31:10
Denver Broncos – Pittsburgh Steelers 29:23 (OT)
AFC Playoffs:
New England Patriots – Denver Broncos 45:10
Baltimore Ravens – Houston Texans 20:13
AFC Championship:
New England Patriots – Baltimore Ravens 23:20

NFC East
	S	N	U	Pct.	EP	GP
New York Giants	9	7	0	.563	394	400
Dallas Cowboys	8	8	0	.500	369	347
Philadelphia Eagles	8	8	0	.500	396	328
Washington Redskins	5	11	0	.313	288	367

NFC North
	S	N	U	Pct.	EP	GP
Green Bay Packers	15	1	0	.938	560	359
Detroit Lions*	10	6	0	.625	474	387
Chicago Bears	8	8	0	.500	353	341
Minnesota Vikings	3	13	0	.188	340	449

NFC South
	S	N	U	Pct.	EP	GP
New Orleans Saints	13	3	0	.813	547	339
Atlanta Falcons*	10	6	0	.625	402	350
Carolina Panthers	6	10	0	.375	406	429
Tampa Bay Buccaneers	4	12	0	.250	287	494

NFC West
	S	N	U	Pct.	EP	GP
San Francisco 49ers	13	3	0	.813	380	229
Arizona Cardinals	8	8	0	.500	312	348
Seattle Seahawks	7	9	0	.438	321	315
St. Louis Rams	2	14	0	.125	193	407

NFC Wild Card:
New Orleans Saints – Detroit Lions 45:28
New York Giants – Atlanta Falcons 24:2
NFC Playoffs:
San Francisco 49ers – New Orleans Saints 36:32
Green Bay Packers – New York Giants 20:37
NFC Championship:
San Francisco 49ers – New York Giants 17:20 (OT)

Super Bowl XLVI:
New York Giants – New England Patriots 21:17

2012

AFC East	S	N	U	Pct.	EP	GP
New England Patriots	12	4	0	.750	557	331
Miami Dolphins	7	9	0	.438	288	317
Buffalo Bills	6	10	0	.375	344	435
New York Jets	6	10	0	.375	281	375

AFC North	S	N	U	Pct.	EP	GP
Baltimore Ravens	10	6	0	.625	398	344
Cincinnati Bengals*	10	6	0	.625	391	320
Pittsburgh Steelers	8	8	0	.500	336	314
Cleveland Browns	5	11	0	.313	302	368

AFC South	S	N	U	Pct.	EP	GP
Houston Texans	12	4	0	.750	416	331
Indianapolis Colts*	11	5	0	.688	357	387
Tennessee Titans	6	10	0	.375	330	471
Jacksonville Jaguars	2	14	0	.125	255	444

AFC West	S	N	U	Pct.	EP	GP
Denver Broncos	13	3	0	.813	481	289
San Diego Chargers	7	9	0	.438	350	350
Oakland Raiders	4	12	0	.250	290	443
Kansas City Chiefs	2	14	0	.125	211	425

AFC Wild Card:
Houston Texans – Cincinnati Bengals 19:13
Baltimore Ravens – Indianapolis Colts 24:9
AFC Playoffs:
Denver Broncos – Baltimore Ravens 35:38 (OT)
New England Patriots – Houston Texans 41:28
AFC Championship:
New England Patriots – Baltimore Ravens 13:28

NFC East	S	N	U	Pct.	EP	GP
Washington Redskins	10	6	0	.625	436	388
New York Giants	9	7	0	.563	429	344
Dallas Cowboys	8	8	0	.500	376	400
Philadelphia Eagles	4	12	0	.250	280	444

NFC North	S	N	U	Pct.	EP	GP
Green Bay Packers	11	5	0	.688	433	336
Minnesota Vikings*	10	6	0	.625	379	348
Chicago Bears	10	6	0	.625	375	277
Detroit Lions	4	12	0	.250	372	437

NFC South	S	N	U	Pct.	EP	GP
Atlanta Falcons	13	3	0	.813	419	299
Carolina Panthers	7	9	0	.438	357	363
New Orleans Saints	7	9	0	.438	461	454
Tampa Bay Buccaneers	7	9	0	.438	389	394

NFC West	S	N	U	Pct.	EP	GP
San Francisco 49ers	11	4	1	.719	397	273
Seattle Seahawks*	11	5	0	.688	412	245
St. Louis Rams	7	8	1	.469	299	348
Arizona Cardinals	5	11	0	.313	250	357

NFC Wild Card:
Green Bay Packers – Minnesota Vikings 24:10
Washington Redskins – Seattle Seahawks 14:24
NFC Playoffs:
San Francisco 49ers – Green Bay Packers 45:31
Atlanta Falcons – Seattle Seahawks 30:28
NFC Championship:
Atlanta Falcons – San Francisco 49ers 24:28

Super Bowl XLVII:
Baltimore Ravens – San Francisco 49ers 34:31

2013

AFC East	S	N	U	Pct.	EP	GP
New England Patriots	12	4	0	.750	444	338
New York Jets	8	8	0	.500	290	387
Miami Dolphins	8	8	0	.500	317	335
Buffalo Bills	6	10	0	.375	339	388

AFC North	S	N	U	Pct.	EP	GP
Cincinnati Bengals	11	5	0	.688	430	305
Pittsburgh Steelers	8	8	0	.500	379	370
Baltimore Ravens	8	8	0	.500	320	352
Cleveland Browns	4	12	0	.250	308	406

AFC South	S	N	U	Pct.	EP	GP
Indianapolis Colts	11	5	0	.688	391	336
Tennessee Titans	7	9	0	.438	362	381
Jacksonville Jaguars	4	12	0	.250	247	449
Houston Texans	2	14	0	.125	276	428

AFC West	S	N	U	Pct.	EP	GP
Denver Broncos	13	3	0	.813	606	399
Kansas City Chiefs*	11	5	0	.688	430	305
San Diego Chargers*	9	7	0	.563	396	348
Oakland Raiders	4	12	0	.250	322	453

AFC Wild Card:
Indianapolis Colts – Kansas City Chiefs 45:44
Cincinnati Bengals – San Diego Chargers 10:27
AFC Playoffs:
New England Patriots – Indianapolis Colts 43:22
Denver Broncos – San Diego Chargers 24:17
AFC Championship:
Denver Broncos – New England Patriots 26:16

NFC East	S	N	U	Pct.	EP	GP
Philadelphia Eagles	10	6	0	.625	442	382
Dallas Cowboys	8	8	0	.500	439	432
New York Giants	7	9	0	.438	294	383
Washington Redskins	3	13	0	.188	334	478

NFC North	S	N	U	Pct.	EP	GP
Green Bay Packers	8	7	1	.531	417	428
Chicago Bears	8	8	0	.500	445	478
Detroit Lions	7	9	0	.438	395	376
Minnesota Vikings	5	10	1	.344	391	480

NFC South	S	N	U	Pct.	EP	GP
Carolina Panthers	12	4	0	.750	366	241
New Orleans Saints*	11	5	0	.688	414	304
Atlanta Falcons	4	12	0	.250	353	443
Tampa Bay Buccaneers	4	12	0	.250	288	389

NFC West	S	N	U	Pct.	EP	GP
Seattle Seahawks	13	3	0	.813	417	231
San Francisco 49ers*	12	4	0	.750	406	272
Arizona Cardinals	10	6	0	.625	379	324
St. Louis Rams	7	9	0	.438	348	364

NFC Wild Card:
Philadelphia Eagles – New Orleans Saints 24:26
Green Bay Packers – San Francisco 49ers 20:23
NFC Playoffs:
Seattle Seahawks – New Orleans Saints 23:15
Carolina Panthers – San Francisco 49ers 10:23
NFC Championship:
Seattle Seahawks – San Francisco 49ers 23:17

Super Bowl XLVIII:
Seattle Seahawks – Denver Broncos 43:8

2014

AFC East	S	N	U	Pct.	EP	GP
New England Patriots	12	4	0	.750	468	313
Buffalo Bills	9	7	0	.563	343	289
Miami Dolphins	8	8	0	.500	388	373
New York Jets	4	12	0	.250	283	401

AFC North	S	N	U	Pct.	EP	GP
Pittsburgh Steelers	11	5	0	.688	436	368
Cincinnati Bengals*	10	5	1	.656	365	344
Baltimore Ravens*	10	6	0	.625	409	302
Cleveland Browns	7	9	0	.438	299	337

AFC South	S	N	U	Pct.	EP	GP
Indianapolis Colts	11	5	0	.688	458	369
Houston Texans	9	7	0	.563	372	307
Jacksonville Jaguars	3	13	0	.188	249	412
Tennessee Titans	2	14	0	.125	254	438

AFC West	S	N	U	Pct.	EP	GP
Denver Broncos	12	4	0	.750	482	354
Kansas City Chiefs	9	7	0	.563	353	281
San Diego Chargers	9	7	0	.563	348	348
Oakland Raiders	3	13	0	.188	253	452

AFC Wild Card:
Pittsburgh Steelers - Baltimore Ravens 17:30
Indianapolis Colts - Cincinnati Bengals 26:10
AFC Playoffs:
New England Patriots - Baltimore Ravens 35:31
Denver Broncos - Indianapolis Colts 13:24
AFC Championship:
New England Patriots - Indianapolis Colts 45:7

NFC East	S	N	U	Pct.	EP	GP
Dallas Cowboys	12	4	0	.750	467	352
Philadelphia Eagles	10	6	0	.625	474	400
New York Giants	6	10	0	.375	380	400
Washington Redskins	4	12	0	.250	301	438

NFC North	S	N	U	Pct.	EP	GP
Green Bay Packers	12	4	0	.750	486	348
Detroit Lions*	11	5	0	.688	321	282
Minnesota Vikings	7	9	0	.438	325	343
Chicago Bears	5	11	0	.313	319	442

NFC South	S	N	U	Pct.	EP	GP
Carolina Panthers	7	8	1	.469	339	374
New Orleans Saints	7	9	0	.438	401	424
Atlanta Falcons	6	10	0	.375	381	417
Tampa Bay Buccaneers	2	14	0	.125	277	410

NFC West	S	N	U	Pct.	EP	GP
Seattle Seahawks	12	4	0	.750	394	254
Arizona Cardinals*	11	5	0	.688	310	299
San Francisco 49ers	8	8	0	.500	306	340
St. Louis Rams	6	10	0	.375	324	354

NFC Wild Card:
Carolina Panthers - Arizona Cardinals 27:16
Dallas Cowboys - Detroit Lions 24:20
NFC Playoffs:
Seattle Seahawks - Carolina Panthers 31:17
Green Bay Packers - Dallas Cowboys 26:21
NFC Championship:
Seattle Seahawks - Green Bay Packers 28:22 (OT)

Super Bowl XLIX:
New England Patriots - Seattle Seahawks 28:24

2015

AFC East	S	N	U	Pct.	EP	GP
New England Patriots	12	4	0	.750	465	315
New York Jets	10	6	0	.625	387	314
Buffalo Bills	8	8	0	.500	379	359
Miami Dolphins	6	10	0	.375	310	389

AFC North	S	N	U	Pct.	EP	GP
Cincinnati Bengals	12	4	0	.750	419	279
Pittsburgh Steelers*	10	6	0	.625	423	319
Baltimore Ravens	5	11	0	.313	328	401
Cleveland Browns	3	13	0	.188	278	432

AFC South	S	N	U	Pct.	EP	GP
Houston Texans	9	7	0	.563	339	313
Indianapolis Colts	8	8	0	.500	333	408
Jacksonville Jaguars	5	11	0	.313	376	448
Tennessee Titans	3	13	0	.188	299	423

AFC West	S	N	U	Pct.	EP	GP
Denver Broncos	12	4	0	.750	355	296
Kansas City Chiefs*	11	5	0	.688	405	287
Oakland Raiders	7	9	0	.438	359	399
San Diego Chargers	4	12	0	.250	320	398

AFC Wild Card:
Houston Texans - Kansas City Chiefs 0:30
Cincinnati Bengals - Pittsburgh Steelers 16:18
AFC Playoffs:
New England Patriots - Kansas City Chiefs 27:20
Denver Broncos - Pittsburgh Steelers 23:16
AFC Championship:
Denver Broncos - New England Patriots 20:18

NFC East	S	N	U	Pct.	EP	GP
Washington Redskins	9	7	0	.563	388	379
Philadelphia Eagles	7	9	0	.438	377	430
New York Giants	6	10	0	.375	420	442
Dallas Cowboys	4	12	0	.250	275	374

NFC North	S	N	U	Pct.	EP	GP
Minnesota Vikings	11	5	0	.688	365	302
Green Bay Packers*	10	6	0	.625	368	323
Detroit Lions	7	9	0	.438	358	400
Chicago Bears	6	10	0	.375	335	397

NFC South	S	N	U	Pct.	EP	GP
Carolina Panthers	15	1	0	.938	500	308
Atlanta Falcons	8	8	0	.500	339	345
New Orleans Saints	7	9	0	.438	408	476
Tampa Bay Buccaneers	6	10	0	.375	342	417

NFC West	S	N	U	Pct.	EP	GP
Arizona Cardinals	13	3	0	.813	489	313
Seattle Seahawks*	10	6	0	.625	423	277
St. Louis Rams	7	9	0	.438	280	330
San Francisco 49ers	5	11	0	.313	238	387

NFC Wild Card:
Minnesota Vikings - Seattle Seahawks 9:10
Washington Redskins - Green Bay Packers 18:35
NFC Playoffs:
Arizona Cardinals - Green Bay Packers 26:20 (OT)
Carolina Panthers - Seattle Seahawks 31:24
NFC Championship:
Carolina Panthers - Arizona Cardinals 49:15

Super Bowl 50:
Denver Broncos - Carolina Panthers 24:10